Die Legenden der 84 Mahasiddhas

Abhayadatta

Die Legenden der 84 Mahasiddhas

Die Leben der Meister des Tantra

Übersetzt von Keith Dowman
& Bhaga Tulku Pema Tenzin
Illustriert von Robert Beer

Aus dem englischen von Jürgen Saupe

WANDEL VERLAG berlin 2023

edition khordong
Klassiker Wiederaufgelegt, Band 9

Die Leben der 84 Mahasiddhas (caturaśītisiddhapravṛtti) wurden im 12. Jhd. vom indischen buddhistischen Mönch Abhayadatta Śrī aufgeschrieben und durch den tibetischen Übersetzer Mondup Sherab (sMon grub Shes rab) ins Tibetische übertragen (Grub thob brgyad cu rtsa bzhi'i lo rgyus). Die amerikanische Originalausgabe erschien erstmals 1988 unter dem Titel: «Masters of Enchantment» bei Inner Traditions International. Deutsche Erstausgabe 1988 beim Sphinx Medien Verlag, Basel. Diese Ausgabe folgt der 3. amerikanischen Auflage von 2014: «Legends of the Mahasiddhas. Lives of the Tantric Masters».

ISBN: 978-3-942380-35-5

1. Auflage 2023

Bearbeitung, Lektorat, Umschlaggestaltung und Satz: Andreas Ruft, Berlin
Mitarbeit: Thomas Maier, Korrekturlesen: Gerhard Haberhauer

Gedruckt in Berlin auf FSC zertifiziertem 100% OBA-, säure-, chlor- & holzfreiem, recycle- und biologisch abbaubarem alterungsbeständigem Papier.
Wir unterstützen NatureFund beim Pflanzen von Bäumen (105WN).

edition khordong ist eine Publikationsreihe begründet im Khordong e.V., inspiriert von Chimed Rigdzin Rinpoche (1922-2002) und veröffentlicht beim **WANDEL VERLAG** berlin. Bitte besuchen Sie unsere Webseiten:

Web:	www.khordong.net	www.wandel-verlag.de	www.tsagli.pictures
Mail:	edition@khordong.net	mail@wandel-verlag.de	

WANDEL VERLAG berlin 2023

INHALT

Die Mahasiddhas

AUTOBIOGRAFISCHE ANMERKUNGEN

vom Illustrator

«Legends of the Mahasiddhas» ist die dritte Auflage dieses Buches, das erstmals 1989 unter dem Titel «Masters of Enchantment» und dann noch einmal 1998 unter dem Titel «Buddhist Masters of Enchantment» veröffentlicht wurde. Für die zweite Auflage habe ich eine kurze und inzwischen etwas veraltete Biografie geschrieben, denn die Zeichnungen und Gemälde, die ich für dieses Buch angefertigt habe, entstanden bereits vor einem halben Leben in einem Zeitraum von zehn Jahren zwischen 1977 und 1987.

1977 lebte ich in Bath, England, als Keith Dowman mich bat, eine Serie von 84 Einzelzeichnungen anzufertigen, um die Legenden der vierundachtzig buddhistischen Mahasiddhas des mittelalterlichen Indiens zu illustrieren, die er gerade von einem tibetischen Text im Holzschnittdruck fertig übersetzt hatte. Keith und ich kannten uns seit den frühen siebziger Jahren, als wir beide in Indien und Nepal lebten. Keith war einer der ersten westlichen Übersetzer tibetischer Texte, während ich einer der ersten westlichen Künstler war, der sich mit tibetischer Kunst und ihrer Ikonografie beschäftigte. Damals war das Leben noch anders. Fotokopierer gab es in Indien noch nicht, und so musste alles von Hand mit einem feinen Pinsel im schwachen Schein einer Petroleumlampe gezeichnet oder auf dem verblichenen Farbband einer tragbaren Schreibmaschine getippt werden, wobei eine Kopie auf Kohlepapier als Backup diente. Fehler waren leicht zu machen, aber schwer zu korrigieren. So waren Geduld, Ausdauer und Hingabe unsere wahren Lehrer in dieser Zeit.

Nachdem wir etwa dreißig dieser Zeichnungen für einen Auftraggeber angefertigt hatten, der uns später im Stich ließ, wurde der englische Illustrator Roger Dean auf dieses Projekt aufmerksam. Dcssen Buch «Views» aus dem Jahr 1975, das der Virgin Record Stores im Vertrieb hatte, avancierte zum Bestseller, noch bevor es einen einzigen britischen Buchladen erreichte. Aufgrund dieses Erfolgs gründete Roger den Verlag Dragon's World, um die Werke einiger visionärer Künstler jener Zeit zu präsentieren, und schlug die Produktion eines Farbbildbandes über die Mahasiddha-Legenden vor. Eine Zeit lang finanzierte Roger mir die Arbeit an diesem Projekt, in dessen Verlauf ich etwa zwanzig Mahasiddha-Gemälde anfertigte, die in diesem Buch abgebildet sind. Aber leider musste dieses Projekt nach etwa einem Jahr abgebrochen werden. Es lag dann mehrere Jahre lang auf Eis, bis Ehud Sperling, der Herausgeber von Inner Traditions, das Buch wieder in Auftrag gab. 1984 nahm ich die Arbeit an den Illustrationen wieder auf und fertigte eine weitere Reihe von Zeichnungen und zehn neue Gemälde an.

Die Originale dieser letzten zehn Bilder, die ich zwischen 1985 und 1987 malte, während ich im schottischen Hochland lebte, sind etwas größer und von besserer Qualität als die, die ich etwa sieben Jahre zuvor gemalt hatte. Inzwischen hatte ich viel mehr über die tibetische Ikonografie gelernt, war viel geduldiger und geschickter im Zeichnen mit einem feinen Pinsel geworden und hatte meine eigenen Techniken für die Verwendung eines Paasche AB Turbo Airbrush entwickelt, der, wenn man ihn beherrscht, ein wunderbares Werkzeug für die Arbeit mit Gouache-Pigmenten ist. Diese zehn späteren Bilder sind Luipa, Aryadeva, Nagarjuna, Naropa, Tilopa, Bhusuku, Jalandhara, Ghantapa, Charbaripa und Udhilipa.

Die Zeichnungen wurden alle mit einem Pinsel und chinesischer Tinte auf gehämmertem Kunstdruckpapier angefertigt, wobei jede Zeichnung durchschnittlich 24 Stunden in Anspruch nahm. Für jedes Gouache-Gemälde (deckende Wasserfarbe) wurden zwischen 80 und 120 Stunden aufgewendet, so dass insgesamt mehr als 4.000 Stunden für die Fertigstellung der Kunstwerke dieses Buches benötigt wurden. Obwohl einige Anbieter orientalischer Kunst behaupten, dass ihre Künstler einen Einhaarpinsel oder die «Wimper eines Kamels» für ihre feinen Details verwenden, stimmt dies nicht, da viele Haare benötigt werden, um die Tinte oder die Pigmente zu halten. Der Pinsel der Größe 000, den ich zuerst verwendet habe, musste für die feinen Linien auf einen Bruchteil seiner Größe reduziert werden, während die Kontrolle des eigenen Atems stets reguliert werden musste, insbesondere für das Zeichnen von langen, geschwungenen und spitz zulaufenden Linien. In vielerlei Hinsicht ist die Fertigkeit, mit dem Pinsel solche Linien zu ziehen, mit der Gehirnchirurgie vergleichbar.

Ich entwickelte schon früh ein starkes Interesse am Zeichnen und lernte viel über Perspektive und technisches Zeichnen durch das Kopieren von Skizzen in einem Buch aus den 1940er Jahren, «Tanks and How to Draw Them» (Panzer und wie man sie zeichnet). Rückblickend ergibt die Entwicklung vom Zeichnen von Kriegswaffen bis hin zu wilden tantrischen Gottheiten einen gewissen Sinn in

Bezug auf die Frage, die mir am häufigsten gestellt wird, nämlich: «Wie sind Sie dazu gekommen, tibetische Gottheiten zu zeichnen und zu malen?»

Ich wurde mit einer Rot-Grün-Farbenblindheit geboren und konnte daher nicht an einer Kunsthochschule studieren. Nach anfänglicher Enttäuschung erkannte ich, dass dies eine gute Sache war, da ich nicht durch den modernen Konzeptualismus konditioniert wurde, von dem ich immer noch der Meinung bin, dass er für die menschliche Seele ein Gräuel ist. Als ich dreizehn war, starb meine kleine Schwester im Alter von drei Jahren an einem Wasserkopf, und ihr Abschiedsgeschenk an mich kam in Form eines lebhaften Traums, wo wir im Geiste zusammen durch einen paradiesischen Himmel flogen und sie nicht mehr ein missgebildetes Kind war, sondern ein hochintelligentes und schönes junges Mädchen. Die Erfahrung dieser «Nach-Todes-Kommunikation» ist mir auch nach mehr als fünfzig Jahren noch sehr klar vor Augen. Diese innere Erfahrung der Kontinuität des menschlichen Geistes, markierte den Beginn meiner spirituellen Reise, denn ich wusste zwar damals, was Liebe und Trauer bedeuten, aber nicht, warum sie uns heimsuchen, und die Welt meiner Kindheit war nie mehr dieselbe.

Kurz darauf zerbrach meine Familie, und im Alter von siebzehn Jahren hatte ich alles hinter mir gelassen und ich lebte auf der Straße, wo ich bald den gnostischen Traditionen des Ostens begegnete, deren Symbolik meine künstlerische Vision und Kreativität zutiefst inspirierte. Ende 1968 geriet ich dann in eine psychedelisch induzierte Psychose oder «Kundalini-Krise», die viele Jahre andauern und den Lauf meines Lebens verändern sollte. In diesem extrem instabilen Zustand mentaler und wahrnehmungsbezogener Verzerrung reiste ich 1970 nach Indien und Nepal, wo ich fast sechs Jahre lang leben sollte. Und hier begann ich, mich intensiv mit der Darstellung der friedlichen und zornvollen visionären Welten der buddhistischen Vajrayana-Kunst zu beschäftigen. Das war nicht wirklich eine philosophische oder akademische Entscheidung, sondern intuitiv, ursprünglich und bodenständig. Die Bilder spiegeln meinen eigenen inneren Prozess auf der immer tiefer gehenden Suche nach authentischer Bedeutung wider; die Kunst ist außen, das Herz ist innen.

Die obigen Ausführungen sind eine kurze Mythologie darüber, «wie alles begann», während der Rest im Wesentlichen intern ist. Ich habe mehr als fünfundzwanzig Jahre am Zeichenbrett verbracht, oft rund um die Uhr, und die vielen Zeichnungen und Gemälde, die ich in dieser Zeit angefertigt habe, sind in mehreren hundert Büchern erschienen und zieren heute als Raubkopien unzählige Webseiten und spirituelle Kunstgegenstände. Die wichtigsten Projekte, an denen ich gearbeitet habe, sind eine Reihe von noch unveröffentlichten Zeichnungen von buddhistischen Linienhaltern und «The Encyclopedia of Tibetan Symbols and Motifs»

(1999), mit ihrem kürzeren Nachfolger, «The Handbook of Tibetan Symbols» (2003), die beide vom Shambhala Verlag veröffentlicht wurden.

Ich lebe jetzt mit meiner Partnerin Gill in Oxford, England, wo ich weiterhin über die tibetische Ikonografie forsche und schreibe, von der ich inzwischen weiß, dass sie mehr als ein ganzes Leben lang Arbeit ist. In den letzten zwanzig Jahren habe ich auch mit einigen der besten Newar-Künstler aus dem Kathmandu-Tal zusammengearbeitet, die sowohl hinduistische als auch buddhistische Gottheiten mit unglaublichem Können und Hingabe malen. Viele ihrer Arbeiten sind jetzt auf meiner Webseite zu sehen: www.tibetanart.com.

Robert Beer,
Februar 2014

Anmerkungen und Dank des Herausgebers

Diese Legenden der 84 Mahasiddhas, erstmals im 12. Jahrhundert aufgeschrieben, zeigen, dass man unabhängig woher man kommt, ob Königssohn oder unterstes Mitglied der Gesellschaft, sich auf den höchsten spirituellen Pfad machen kann und dabei auch nicht immer seine gewohnte Tätigkeit aufgeben muss. Die Sadhana, die geübt werden muss, kann alles sein und auch als höchster Gelehrter muss man sich letztlich auf diesen Pfad begeben, wenn man Befreiung erlangen möchte.

35 Jahre ist es her, dass dieses Buch in westlicher Sprache erschienen ist. Das Verständnis des tibetischen Buddhismus im Westen ist in der Zwischenzeit gewachsen und verfeinert. Viele neue Veröffentlichungen des buddhistischen Kurrikulums sowie neue Übertragungslinien haben dazu beigetragen die Vielfältigkeit und Vielschichtigkeit des Buddhismus im Westen zutage zu fördern. Keith Dowmans Einführung, die seine persönliche Sicht und seine Erfahrung der damaligen Zeit widerspiegelt, beruht auf seiner der 68er Bewegung entsprungenen Neugier auf die östlichen Weisheiten und tiefen und langjährigen Beschäftigung damit. Traditionelle buddhistische Lehrer aus Tibet, Bhutan, Nepal und Indien werden zum Teil eine etwas andere Herangehensweise und Sicht innehaben. Zum großen Glück für uns, besuchen sie den Westen nun schon seit vielen Jahrzehnten regelmäßig und ermöglichen einen direkten Zugang zu diesen Lehren. Indes hoffen wir, dass die Neuauflage dieser alten Legenden noch heute inspirieren und einen kleinen Beitrag zum Verständnis dieser wundervollen und reichen Tradition beitragen kann. Diese Wiederauflage entspricht dabei der leicht überarbeiteten amerikanischen Neuauflage von 2014.

Robert Beer hat in der ursprünglichen Ausgabe von 1988 eine ausführliche Beschreibung seines Leidensweges, der ihn letztlich zum Buddhismus und zur Thangka-Malerei gebracht hat, beschrieben. Da viele damalige Leser dies auch besonders inspirierend fanden, stellen wir diese erste Version der «Autobiografische Anmerkungen vom Illustrator» online auf unserer Webseite zur Verfügung.

Nicht möglich wären solche Wiederauflagen buddhistischer Klassiker ohne tatkräftige Hilfe aus der Sangha. Thomas Maier bin ich für seine wiederholte und enthusiastische Hilfe zu tiefem Dank verpflichtet!

Tsultrim Tarchin,
Frühjahr 2023

EINFÜHRUNG

von Keith Dowman

Nichts kann das Wesen des Tantrischen Buddhismus mehr erhellen, als die Lebensbeschreibungen der Meister und Meisterinnen, die ihn begründeten. In der umfangreichen tibetischen Literatur findet sich ein Text mit dem Titel *Die Legenden der vierundachtzig Mahasiddhas*. Diese einzigartige Sammlung soll vom indischen Gelehrten Abhayadatta Sri mündlich an den tibetischen Übersetzer Mondup Sherab im zwölften Jahrhundert weitergegeben worden sein, kurz bevor der Buddhismus in Indien verschwand. Die Legenden spiegeln das Ethos der indischen tantrischen Tradition, das Wesen der Yogas und Meditationen der tantrischen Meister und den Schleier des Mythischen, der ihre Geheimnisse vor den Blicken der Nichteingeweihten schützte.

Bei der Weitergabe der allgemeingültigen, praktischen Elemente des Tantrischen Buddhismus vom Osten in den Westen erschweren jedoch dunkle und archaische Inhalte der indischen Kultur das Verständnis. Als wir die Legenden der Mahasiddhas wörtlich aus dem Tibetischen übersetzt hatten, bearbeiteten wir sie mit dem Ziel, in ihnen die menschlichen Eigenschaften zu betonen, die über die offensichtlichen kulturellen Grenzen hinausgehen. Außerdem wollten wir die Grundlagen der tantrischen Praxis sichtbar machen. Dabei verzichteten wir auf Wiederholungen und Unwesentliches, versuchten dunkle Stellen der Beschreibungen zu klären und veränderten in einigen Legenden den Ablauf der Handlung. Aus den vierundachtzig Legenden haben wir vierundfünfzig ausgewählt. Die Lehrgedichte, die das geheime Wissen bewahren, das die Gurus den Schülern und Schülerinnen vermittelten, und die eigentliche Mitte der Geschichte darstellen, geben den ursprünglichen tibetischen Sinn so treu wie möglich wieder. Wir hoffen, dass der Inhalt der Legenden so verständlicher wurde. Er soll einen Einblick in die wesentlichen Elemente der Philosophie der Siddhas vermitteln, deren Thema die Nicht-Dualität und Leerheit ist.

Die Tradition der Siddhas

Ein Zeitalter neigte sich seinem Ende zu. Im achten Jahrhundert waren in Indien die großen Leistungen unter der Dynastie der Gupta schon Geschichte, und die Epoche, die der letzten Blüte des Hinduismus vorausging, war eine Zeit der Ruhe. Die Gesellschaft hatte sich starren Regeln und Ordnungen verschrieben. Formale Sittlichkeit knebelte die Gesellschaft und erstickte Geist und Gefühl, während das religiöse Leben vom Ritual beherrscht war. Die Gelehrten der großen Universitäten gaben sich in einer toten Sprache scholastischen Haarspaltereien hin; die Sadhus hielten ihre Segenssprüche auf dem Markt feil. An der Westgrenze Indiens rotteten sich türkische Horden zusammen. Die schreckliche Gefahr ihres Einfalls mit Mordbrennen und Plündern hing wie ein Damoklesschwert über dem indischen Subkontinent.

In dieser Welt entstand eine neue Form des Buddhismus, die zur Umgestaltung einer stagnierenden Gesellschaft führen sollte. Diese dritte und letzte Entwicklungsstufe der Lehre des Buddha Shakyamuni wird Tantrischer Buddhismus oder Vajrayana genannt. Das Tantra begann das religiöse Leben Indiens zu beherrschen. Es breitete sich nach Zentralasien, China und Japan aus und durchdrang das gesamte Leben Tibets. Bis vor kurzem haben westliche Gelehrte das heterodoxe Tantra entweder vom Standpunkt orthodoxer Brahmanen oder vom älteren Buddhismus des Hinayana oder Mahayana her beurteilt. In den letzten zwanzig Jahren haben jedoch aus ihrer Heimat geflüchtete tibetische Lamas dem Westen eine unverfälschte, lebendige Tradition des Tantra vorgeführt, die zu einer Neubewertung dieser Schule zwang.

Die Meister des Tantra, die den neuen Buddhismus beispielhaft lebten, wurden Siddhas genannt. Im Anfangsstadium, im Indien des achten Jahrhunderts, vertraten sie eine reine und reinigende Spiritualität, die aus den Tiefen der Gesellschaft heraus entstanden war. Sie hielten nichts von den toten Formen der etablierten Gesellschaft und ihrer Religion, sahen im Gesellschaftlichen das Abbild der Verworrenheit des Lebens und betrachteten die Entsagung als unbedingt erforderlich für spirituelle Errungenschaften. Das Ethos ihrer reinen Mystik ließ sie eine Gegenposition zur Gesellschaft und ihrer Gelehrtenwelt einnehmen. Sie legten Wert auf ein einfaches, freies Leben und wollten mit überkommenen Regeln nichts zu tun haben. Sie waren gegen leere Rituale, Scharlatanerie und selbstgenügsames Philosophieren, gegen das Kastenwesen und die brahmanische Reinhaltung der Rituale und somit Bilderstürmer und Rebellen. Sie lehrten statt metaphysischer Spekulation existenzielles Betroffensein. Viele Siddhas waren Musiker und Dichter, benutzten die Volkssprachen und sangen in wunderbaren mystischen Liedern von ihrer Erkenntnis. Sie griffen dabei zu Metaphern aus dem Bereich von Haus und Familie, Ackerbau und Handwerk, Liebe und Sexualität.

Die Siddhas ließen sich in ihrer radikalen Haltung nie auf Kompromisse mit der orthodoxen Richtung ein und gaben ihr Ideal existenzieller Freiheit um keinen Preis auf. Als das Tantra mehr und mehr Anerkennung fand, wurden seine Träger immer weniger mit wandernden Yogis gleichgesetzt, die einem geheimen Außenseiter-Kult anhingen. Vom neunten bis ins zwölfte Jahrhundert stand das östliche Indien unter dem Einfluss eines Reiches, regiert von einer Dynastie, die den Tantrischen Buddhismus förderte. Unter den Pala-Königen öffnete sich die etablierte Gesellschaft der tantrischen Umwälzung. Die institutionalisierte Religion und der Tantrismus blieben sich zwar feindlich gesinnt, doch die Pala gründeten klösterliche Universitäten wie Vikramashila und Odantapuri, in denen die tantrische Literatur studiert wurde. Außerdem verfasste man umfangreiche Kommentare zu den grundlegenden tantrischen Texten.

In der späteren Entwicklung des Tantrischen Buddhismus lässt sich die große Toleranz, die Tiefe der visionären Schau der Siddhas daran ablesen, wie sehr die Gesellschaft davon durchdrungen war. Die vierundachtzig Siddhas stammten aus allen sozialen Schichten und verkörperten ein umfassendes Spektrum menschlicher Erfahrung. Sie waren brahmanische Priester und Gelehrte, Mönche und Nonnen, Könige und Minister, Kaufleute und Ladenbesitzer, Jäger und Diener. Zu den größten Siddhas gehören ein Wäscher, ein Kuhhirte, ein Dieb, ein Betrüger, ein Spieler und ein Freudenmädchen. Einige Siddhas litten unter schweren Krankheiten. Ganz gleich, welcher Schicht die Männer und Frauen der tantrischen Richtung entstammten und welches Leben sie führten, sie alle verband die Erkenntnis, dass jedes Wesen Buddha-Natur besitzt. Ihr Zusammentreffen mit einem Meister, ihre Einweihung in eine Übertragungslinie tantrischer Unterweisung und ihre Meditationsübungen verpflichteten sie karmisch dem tantrischen Yoga.

Wenn auch das Reich der Pala-Dynastie mit seinem Mittelpunkt in Bengalen das Kraftzentrum des Tantra war, gab es doch in Indien noch andere Landschaften, die von wesentlicher Bedeutung für die Tradition der Siddhas waren. Oddiyana im Nordwesten (im Tal des Swat im heutigen Pakistan) war der Ursprungsort einiger wichtiger tantrischer Übertragungslinien. In Südindien, wo möglicherweise die frühesten tantrischen Kulte entstanden waren, stellte Kanchi (Kanchipuram im heutigen Tamil Nadu) ein bedeutendes Zentrum des Tantrischen Buddhismus dar. Zur Zeit der Siddhas wurde auch der heilige Berg Sri Parbat (im heutigen Andhra Pradesh), der in den Legenden mehrfach erwähnt wird, als wichtiger tantrischer Kraftplatz berühmt und ist es heute noch. Mit dem östlichen Indien werden freilich siebenundvierzig der vierundachtzig Mahasiddhas in Verbindung gebracht, mit Südindien neun, und mit dem Nordwesten nur zwei.

In der Mitte des zwölften Jahrhunderts wurde das Reich der buddhistischen Pala von der hinduistischen Sena-Dynastie besiegt, die sich aber nicht lange halten konnte. Als die einfallenden Türken 1199 zum letzten Schlag gegen das östliche Indien ausholten, hielt ein General die Universität von Vikramashila für eine Festung, metzelte die Mönche nieder und ließ die unschätzbare Bibliothek in Flammen aufgehen. Den Buddhisten Nordindiens fehlte nach dem Ansturm der fanatischen Moslems jede weltliche Unterstützung. Sie starben für ihren Glauben oder zogen den Islam dem Tod durch das Schwert vor, wenn sie nicht in den Himalaya flohen. Die tantrische Tradition in Nepal und Tibet zog großen Nutzen aus dem Zustrom der indischen Flüchtlinge. Danach führte der Buddhismus in seiner Heimat ein Schattendasein, bis er schließlich von den vitaleren hinduistischen Richtungen des Tantra aufgesogen wurde. Elemente des buddhistischen Tantra lassen sich in der Überlieferung der Nath-Yogis finden, ebenfalls in der Sufi-Tradition des großen mittelalterlichen Mystikers und Dichters Kabir, und noch in den Werken des modernen bengalischen Dichters Rabindranath Tagore.

Erklärung der Begriffe

Wer waren diese Abenteuerliebenden des Spirituellen? Was lehrten sie? Worin übten sie sich? Vor der Beantwortung dieser Fragen empfiehlt es sich, einige Worte aus dem Sanskrit zu erklären, die in diesem Buch nicht übersetzt werden, da im Deutschen die entsprechenden Begriffe fehlen.

Zunächst das Wort *Siddha*. Siddhas sind Menschen, die die Lehren der Tantras gemeistert und das Ziel ihrer Meditation erreicht haben. Diese Erlangung wird *Siddhi* genannt. Sie hat insofern zwei Aspekte, als sie magische (weltliche) Fähigkeiten verleiht wie auch zur (höchsten) Erleuchtung führt. Das Wort *Siddha* könnte mit Heiliger, Zauberer, Magier oder Adept wiedergegeben werden. Diese Worte sind jedoch ungenügend, da *Siddha* auf einen alles umfassenden Lebensstil verweist, auf eine einzigartige Daseinsweise, eine ganz besondere Art des Strebens. Nichteingeweihte Inder denken bei dem Wort *Siddha* vor allem an magische Kräfte. Wenn ein Yogi oder eine Yogini durch Wände dringt und durch die Lüfte fliegt, Kranke heilt, Wasser in Wein verwandelt, levitiert und Gedanken liest, wird ihnen gern der Titel *Siddha* zuerkannt. Wenn diese Asketen auch noch ein verrücktes Glitzern in den Augen haben, sich mit Asche einreiben, die Zuhörer mit ihren Liedern zu Tränen rühren, Straßenköter durch ihre bloße Anwesenheit beunruhigen, treue Ehefrauen dazu bringen, ihre Familien zu verlassen, *Vajras* in ihre gewaltigen Haarknoten geflochten tragen, aus Hirnschalen essen, mit den Vögeln reden, weinen, wenn sie ein spastisches Kind sehen, bei den Leprakranken schlafen, furchtlos mächtige Beamte wegen ihrer lockeren Moral tadeln, oder dadurch auf eine «höhere» Wirklichkeit hinweisen, dass sie etwas aus ganzem Herzen tun, was gegen alle Konventionen verstößt, so werden sie noch viel eher für Siddhas angesehen.

Hier handelt es sich allerdings um die volkstümlichen Ansichten der Leute, die keine Vorstellung vom spirituellen und existenziellen Ziel der Siddhas haben, von der sogenannten *Mahamudra*. Natürlich gibt es auch Siddhas, die unauffällig in Ämtern, Werkstätten und auf Bauernhöfen arbeiten. Ein Siddha kann ein König, ein Mönch, ein Diener oder ein Freudenmädchen sein. Die Vorsilbe *maha* bedeutet groß, erhaben oder prachtvoll; so sind die Mahasiddhas die größten unter den vollkommenen Siddhas.

Das Wort *Sadhana* wird manchmal mit «spirituelle Schulung» übersetzt. Es steht allerdings auch für psychische, experimentelle Techniken, die die Persönlichkeit transzendieren und zur Ekstase führen sollen, oder für die Tätigkeit von Körper, Rede und Geist, die zu einer Einheit verschmolzen und vom Bodhisattva-Gelübde erfüllt sind. Im engeren Sinn bezeichnet *Sadhana* die Meditationsübungen, die Yogi oder Yogini von ihrem Guru erhalten, oder auch die grundlegende Meditations- oder Devotionspraxis eines Eingeweihten.

Sadhana ist ein Schlüsselbegriff im Leben eines *Tantrika*, eines Menschen, der Tantra übt. Das ganze Leben wird *Sadhana*. Tatsächlich zeigt das Maß, in dem das Leben Teil des *Sadhana* geworden ist, inwieweit das Gelübde, das bei der Einweihung abgelegt wurde, eingehalten wird. Dieses Gelübde besagt, sich selbstlos mit ganzem Wesen der nicht-dualistischen, gnostischen Erfahrung der Erleuchtung hinzugeben. Die Ausführungen der Sadhanas durch die Mahasiddhas sind so unterschiedlich wie ihre Persönlichkeiten, wenn auch die meisten ihrer Meditationsmethoden der sogenannten aufbauenden, schöpferischen Stufe, sowie der Stufe der Vollendung zuzurechnen sind.

Das unveränderliche Ziel der Sadhanas der Siddhas ist die *Mahamudra-Siddhi*. Sie ist nichts anderes als das Erwachen, die Erleuchtung, die der Buddha erlebte. Der unklare und überstrapazierte Begriff «Erleuchtung» lässt sich am leichtesten fassen, wenn wir ihn als die Erreichung einer anhaltenden, höchsten Erfahrung der Einheit aller Dinge definieren, als nichtdualistische Erkenntnis der höchsten Wirklichkeit, als klares Licht, gnostische Bewusstheit, als Auflösung der Einzelpersönlichkeit im universellen Bewusstsein. Die Erleuchtung des Buddha wird auch so erklärt, dass sie völlig dem allumfassenden, einfühlsamen, selbstlosen sozialen Empfinden entspricht, das wir Liebe nennen. Eben das ist *Mahamudra-Siddhi*.

Mahamudra-Siddhi ist ausnahmslos von weltlicher Siddhi begleitet, was umgekehrt freilich nicht gilt. Weltliche oder materielle Siddhi wird gewöhnlich als die Erlangung der Acht Großen Siddhis (Kräfte), der sechs übernatürlichen Kräfte und der vier Arten umwandelnden Handelns beschrieben.

Die einzelnen Übertragungslinien kennen unterschiedliche Aufzählungen der acht großen Fähigkeiten. Die Siddhis, die Nagabodhi von Nagarjuna erhielt, sind in diesen Legenden folgende: das Durchdringen fester Dinge, das unbesiegbare Zauberschwert der Weisheit, die Kraft der Vernichtung und Schöpfung (der Materialisierung und Entmaterialisierung), die Schau des Dritten Auges, die Fähigkeit, materielle wie metaphysische Schätze zu finden, die Kraft des Schnellläufers, und die Fähigkeit, das Elixier der Unsterblichkeit herzustellen. Diese Beschreibungen können wörtlich oder im übertragenen Sinn verstanden werden, je nach Glauben und Verständnis des Lernenden. Die Kraft, durch Wände zu gehen, kann wörtlich als magisches Meisterstück des Siddhas verstanden werden, das den Glauben stärken soll, oder im übertragenen Sinn, weil sie das Wesen der Wirklichkeit als Traum und Sinnestäuschung zeigt, in der alle Dinge als Licht und Raum erfahren werden. Die Siddhis müssen von der grundlegenden Lehre her verstanden werden, dass «alles Geist ist». Für den Siddha gibt es keine Dualität von Körper und Geist, Materiellem und Spirituellem. Die Siddhis sind vor allem deshalb «groß», weil sie im Sadhana als Hilfsmittel eingesetzt werden können.

Die sechs übernatürlichen Kräfte sind geistiger Art und vom selben Rang wie die großen Siddhis, nur dass es sich dabei um Parapsychisches handelt: Gedankenlesen, Erinnerung an frühere Existenzen, Hellhören (Himmlisches Gehör – alle Sprachen, auch die der Tiere und Vögel, werden verstanden), Hellsichtigkeit (Göttliches Auge – die astrale Schau, besonders das Erkennen des Leidens anderer Wesen), die Fähigkeit, Wunder zu tun (die Elemente zu verwandeln, zu fliegen, auf dem Wasser zu gehen), und das Erkennen des Erlöschens der eigenen Befleckungen und Leidenschaften. Der Mahasiddha, der zugleich ein Bodhisattva ist, kann alle diese Kräfte anwenden, um die *Nicht*-Erfahrung der Ekstase bei sich oder anderen hervorzurufen. Die Fähigkeit, diese Kräfte willentlich außerhalb der Meditation hervorzubringen, ist ein sichtbares Zeichen eines erfolgreichen Sadhana.

Die umwandelnden Arten der Handlungen – Beruhigung, Anreicherung, Bezähmung und Auflösung – umfassen die acht großen Siddhis und die sechs Arten der übernatürlichen Wahrnehmung, dazu alle anderen geschickten, angemessenen Methoden, die den Geist beruhigen, mit bereichernden Eigenschaften versehen, ihn zu jedem Zweck bezähmen und lenken oder ihn auflösen. Die Mittel, diese vier Techniken der Bewusstseinsveränderung wirksam werden zu lassen, sind zwar dem Siddha spontan zugänglich, aber sie helfen nichts, wenn die intuitive Erkenntnis dessen ausbleibt, was getan werden muss. In diesem intuitiven Wissen – das vier Dakinis verkörpern – liegt der eigentliche Schlüssel zu den vier Arten der Handlungen.

Ein weiterer Begriff, den wir häufig verwenden, ist *Samsara*. Es gibt für ihn zwar einige prägnante Ausdrücke wie «Lebensrad», «Kreislauf der Existenzen», «Kreislauf der Verwirrung», «Wandelwelt», aber das sind dürftige Übersetzungen. Exoterisch bedeutet *Samsara* den entmutigenden Kreislauf der Wiedergeburten durch den Bereich der Menschen, durch Himmel und Hölle, durch die Bereiche der Tiere und Geister, einen Kreislauf, der vom Karma bestimmt ist. Esoterisch ist *Samsara* der Wirbel des Geistes, der von aufeinander folgenden unterschiedlichen und komplexen emotionalen Zuständen gefärbt ist, die vom Denken geprägt sind und im Rahmen der scharfsinnigen Psychologie der sechs Bereiche beschrieben werden.

Psychologisch gesprochen ist Samsara die Angst, die wir alle mehr oder weniger kennen. In der westlichen Kultur wird freilich nur die akute Angst als ein Geisteszustand angesehen, der vom Psychiater oder Geistlichen behandelt werden muss. Psychose, Paranoia, Größenwahn, Schizophrenie und Neurose sind Begriffe, die zu den Beschreibungen der sechs Bereiche des Samsara passen. Nach buddhistischem Verständnis ist die gesamte Menschheit mehr oder weniger psychotisch, oder zumindest entfremdet, bis die Befreiung erlangt ist. Ob wir Samsara nun als Kreislauf der Existenzen, als unbefriedigendes Dasein der Menschen, als Angst oder Neurose betrachten, so ist es doch ein Zustand, dem alle Menschen manchmal, und manche Menschen allezeit entfliehen möchten. Dem Buddhismus geht es vor allem um Techniken, die es uns ermöglichen, vom Samsara ins Nirvana zu gelangen. Wenn in einem buddhistischen Kontext die Worte «Befreiung» oder «Erlösung» erscheinen, verweisen sie stets auf das Ausscheiden aus dem Samsara. Die Siddhas entwickelten eigene Methoden der Befreiung, die als rasch wirkend beschrieben werden können, als demokratisch, anspruchsvoll und oft gefährlich.

Die wörtliche Bedeutung von *Tantra*, als «Faden, Kontinuum, Gewebe», spielt im gewöhnlichen Sprachgebrauch nur selten eine Rolle. Sie verweist auf das eine wesentliche, unveränderliche und kontinuierliche Element des Lebens – auf die Leerheit oder «Soheit», die letzte, jenseits aller Begriffe und Unterscheidungen liegende existenzielle Wirklichkeit, die dem gewöhnlichen Bewusstsein innewohnt. Wir verwenden *Tantra* im Sinne einer Lebensweise, die durch eine Reihe von Praktiken bestimmt ist, welche in einem Kanon von Texten niedergelegt sind, die selbst wieder Tantras heißen.

Da weiten Kreisen lediglich die aufsehenerregenden Elemente des Tantra wie rituelle Formen, Sexualität und Magie bekannt sind, führen die allgemeinen Vorstellungen darüber eher in die Irre. In den vier Klassen des buddhistischen Tantra – auf das trotz aller Unterschiede ähnliche hinduistische Tantra werden wir nicht eingehen – befassen sich die unteren Stufen vor allem mit dem Ritual und der Erlangung weltlicher Ziele sowie magischer Kräfte. In den höheren Stufen des Tantra geht es um rituelle Meditation, während im höchsten Tantra, dem *Anuttara Yoga Tantra*, der zur Mahamudra-Siddhi führt, das Ritual als Selbstzweck verworfen wird. Die Beispiele tantrischer Praxis dieser hier vorliegenden Legenden stellen eine Meditation dar, die sich nicht auf Rituale stützt. Im orthodoxen Buddhismus wird die Sphäre des Sexuellen ausgeschlossen, während sie im Tantra als wirksames Mittel angesehen wird, Mahamudra zu erlangen. Die irrige Auffassung, der tantrische Yoga sei ein Yoga der Sexualität, geht auf die Neigung der Tantras zurück, psychische Vorgänge mit Hilfe sexueller Analogien, Metaphern und Symbole zu beschreiben.

Ein Blick auf die Tantras

Wenn wir den metaphysischen Inhalt der Lehren der Siddhas verstehen wollen, lohnt es sich, die tantrische Literatur anzusehen. Die Texte basieren auf den sogenannten «Wurzeltantras». Jeder Text beschreibt eine Praxis, die einer bestimmten Gottheit zugeordnet ist. Zu jeder der Gottheiten wie Guhyasamaja, Chakrasamvara, Hevajra, Mahamaya und Yamari – die wichtigsten, die mit den Siddhas verknüpft sind – gehört ein Wurzeltantra, das ihr Mandala und die göttlichen Begleitfiguren (eine Gruppe spiritueller Kräfte) erklärt. Außerdem erläutert es die aufbauende und auflösende Stufe der Meditation, die zusätzlichen Rituale (Feueropfer, umfangreiche Feste und Weihegaben) und bringt ausführliche Beschreibungen der Symbole, wie auch von allem, was zu den symbolischen Opfern gebraucht wird. Dem sind weitere Abschnitte angefügt, die typisch für das jeweilige Tantra sind. Das Hevajra-Tantra enthält zum Beispiel einen Abschnitt über die psychologischen Wirkungen der verschiedenen Blickarten.

Es steht fest, dass die Tantras über Jahrhunderte mündlich weitergegeben wurden, bevor man sie vom 5. Jahrhundert an niederschrieb. Wir wissen kaum, wer diese Rituale praktizierte und den frühen Übertragungslinien angehörte. Vermutlich war das Tantra eine Sache der Kastenlosen, die ein System ritueller Magie weitergaben, das mit ihren Fruchtbarkeitsgöttinnen verbunden war und seine Wurzeln wahrscheinlich im vorarischen Indien hat. Erst viel später wurden die vedischen Gottheiten der Brahmanen, die Elemente eines Yoga, wie ihn Patanjali formulierte, und schließlich Erlösungssysteme miteinbezogen, die zusammen mit Meditationstechniken eine Methode beschrieben, wie Befreiung aus dem Samsara möglich ist.

Wenn wir vom rituellen Inhalt der Wurzeltantras absehen, bleibt ein sehr kleines, aber überaus wichtiges metaphysisches Lehrsystem übrig, das um den Begriff des Absoluten kreist – das Kraftzentrum, das den Siddhas die gewaltige spirituelle Energie und Erkenntnis gab, die sie mit erstaunlichem Selbstvertrauen und Schwung erfüllte. Andrerseits betonen sie immer wieder, sie hätten keine Vorstellung vom Absoluten, wüssten überhaupt nichts darüber, weil es ja seinem Wesen nach über alles Denken hinausgeht und vom vergänglichen Geist nicht erfasst werden kann. Es lässt sich weder beschreiben noch bestimmen und ist ohne Ort.

Unter den vielen wichtigen Begriffen, die sie verwendeten, ragt der der «Wirklichkeit» (*Tattva*, oder tibetisch *de-nyid*), auch «Soheit», «Sosein» heraus, das «absolute Spezifische», weil es sich nur im Paradox angemessen benennen lässt. Das absolute Spezifische einer Erfahrung wie auch des gesamten Raum-Zeit-Kontinuums ist Leerheit (*Shunyata*, tib. *stong-pa-nyid*) und klares Licht (tib. *od-gsal*). Es hat keinen Ursprung, keine Wurzel, und wird daher als «ungeboren» und «ungeschaffen» bezeichnet. Es ist die kosmische Gesamtheit und zugleich ein Sandkorn. Da die Wirklichkeit ganz und gar unbestimmbar ist, findet sich keine Wahrheit in irgendwelchen begrifflichen Vorstellungen von der Wahrheit, wobei die Begriffe im Prozess des Denkens immer weiter reduziert werden können, bis sie schließlich völlig wegfallen.

Denken und Paradoxie

Das Tantra legt nicht viel Wert auf diskursives Denken. In den kanonischen Tantras wird kaum auf logischen Zusammenhang geachtet und immer wieder paradox formuliert. Die schönste Paradoxie findet sich in der Antwort auf ein begriffliches Problem, das sich beim Lesen der Lieder der Siddhas stellt. Die Frage: Wenn alle Dinge absolute Wirklichkeit, Leerheit, ein Raum-Zeit-Kontinuum sind, was stellte dann die materielle Form für den erleuchteten Siddha dar? Die Antwort: Form ist Leerheit, und Leerheit ist Form.

Die Leerheit ist nichts anderes als Form, und die Form verschwindet nicht, wenn alles als Raum-Zeit gesehen wird, denn sonst befänden wir uns im Widerspruch zur Prämisse, auf die der Mahayana-Buddhismus so großes Gewicht legt, dass es nämlich außerhalb der Welt der Sinne, des gewöhnlichen Bewusstseins, weder eine transzendente Wesenhaftigkeit noch eine Wesenlosigkeit gibt. Die Aussage, dass alle Dinge als Raum-Zeit aufzufassen sind, bedeutet nicht, dass der Gesichtssinn zu funktionieren aufhört. Sie bedeutet vielmehr, dass die gedachte Raum-Zeit des Wahrnehmenden mit der inhärenten Raum-Zeit des Wahrgenommenen zusammenfällt. Die ganze Erscheinungswelt ist wie eine durchsichtige Eihaut, oder besser noch wie ein Hologramm, in dem sich Erkennender und Erkanntes, das Selbst und das Andere vereinen. Das führt zum großen Geheimnis der Mahamudra, das wir uns als eine Vereinigung (*Yuganaddha*) vorstellen können, in der beide, Einheit und Dualität, zu einer gleichzeitigen und unaufhörlich höchsten Erfahrung verschmelzen. Die Analogie aus der Sphäre des Sexuellen, dass Liebende das Gefühl völliger Einheit erreichen, auch wenn sie noch in ihren individuellen Körpern sind, ist sicher das beste, wenn auch nicht einzige Bild, in dem sich das paradoxe Geheimnis ausdrücken lässt.

Die Erlangung der Einheit von Subjekt und Objekt in der Mahamudra bedeutet die Aufhebung der Grenzen zwischen Ich und anderen. Die Welt öffnet sich plötzlich, weil der Siddha mit allen Wesen mitfühlt. Die Kräfte des Gedankenlesens und Vorherwissens (als direkte Folge der Vereinigung von Subjekt und Objekt) befähigen nun den Siddha, anderen bei der Ausübung des Sadhana zu helfen.

Mit der höchsten mystischen Erfahrung werden die Einzelnen zugleich vom Mitleid, vom Mitfühlen durchdrungen und erfüllen wie von selbst das Bodhisattva-Gelübde: die Verpflichtung, den anderen vorbehaltlos so zu dienen, wie es die Umstände erfordern. Grenzenlose Güte, grenzenloses Erbarmen, grenzenlose Freude und grenzenloser Gleichmut – die vier unermesslichen Verweilungszustände – stellen eine vorbereitende Meditationsübung dar, die das Gefühl der Einheit mit allen Wesen weckt. In einem vollkommenen, wechselseitigen Tanz lässt die Vereinigung der Mahamudra jene sozialen Tugenden entstehen, und diese Gefühle führen wiederum die Vereinigung herbei. Die Siddhas der Legenden waren berühmt für ihre spontanen Gefühlsausbrüche, die von einem kleinen, hungrigen Hund ebenso ausgelöst werden konnten wie von der Schönheit einer Frau. Die Lieder (*Charyagiti*) der Siddhacharyas sind voll tief empfundener Liebe zu den Frauen.

Richtig angewandte Mittel und Vollkommene Erkenntnis

Die beiden Elemente der Vereinigung der Mahamudra sind Geschicklichkeit in der Methode, die als männlich gilt, und höchste Erkenntnis oder Weisheit, die als weiblich aufgefasst wird (*Upaya*, tib. *thabs* und *Prajna*, tib. *shes-rab*). Der Guru verkörpert die richtig angewandten Mittel, die zur Erlangung der reinen Glückseligkeit der Erleuchtung nötig sind, und die Dakini bringt die intuitive Weisheit, die höchste Erkenntnis – die Vereinigung von reiner Bewusstheit und Ekstase. Im Gegensatz zum hinduistischen Tantra werden diese Pole im buddhistischen nicht als passiv und aktiv aufgefasst. Vielmehr wird die Stagnation in der Trennung und Entfremdung gesehen (im Unvermögen, die Einheit zu erkennen), während die dynamische Energie aus der Vereinigung entsteht. Die beiden grundlegenden dualistischen Begriffe werden in den einzelnen Sadhanas und auf den unterschiedlichen Stufen der Entwicklung wie auch je nach der Zielrichtung verschieden ausgelegt.

Im allgemeinen werden die rechten Mittel als tätiges Mitgefühl oder Erbarmen, wird die höchste Erkenntnis als Leerheit bezeichnet. In diesem Zusammenhang wird Erbarmen nicht als Mitleid oder gar göttliche Liebe definiert. Erbarmen ist hier die Empfänglichkeit des Bodhisattvas, der spontan auf die Erfordernisse der Außenwelt eingeht und über eine gewaltige Vielfalt an rechten Mitteln verfügt.

Diese Methoden verkörpert das gesamte Pantheon der tantrischen Gottheiten, und unter ihnen besonders die zornvollen, furchtbaren oder rasenden Gottheiten, die Erscheinungsformen der psychischen Kräfte darstellen, welche die negativen Energien in das Elixier der reinen Glückseligkeit verwandeln. Die Gesichter dieser Gottheiten sehen auf den tibetischen Thangkas (Rollbilder) wie Masken aus, ein Hinweis, dass kein Verhaftetsein mit den wilden Emotionen besteht, die sie zeigen. Wenn der Vajrasiddha zum Beispiel aus dem Mitgefühl heraus mächtigen Zorn ausstrahlt, um die Angst eines Menschen niederzureißen, bleibt er doch aufgrund seines Losgelöstseins von der Emotion unberührt.

Dem männlichen Erbarmen entspricht die weibliche Leerheit. Die vollständige Definition der höchsten Weisheit ist «durchdringende Erkenntnis, dass das Wesen aller Dinge Leerheit ist». So werden höchste Erkenntnis und Leerheit gleichermaßen zu Aspekten der einen unbegrenzten, absoluten, nicht-dualistischen Bewusstheit. Wann immer sich Mitgefühl mit Leerheit vereinigt, wird es sich selbst bewusst, leer und absolut spezifisch. Das ist der Segen der Dakini.

Reine Glückseligkeit

Die Siddhas genossen ihr Sadhana. Die Menschen, die ihrer psychischen Veranlagung nach ein einfaches Leben brauchten, gingen auf die Straße und ließen sich kaum auf die radikale Askese ein, die manche ihrer Zeitgenossen dazu brachte, sich in zerstörerischer Selbstverleugnung körperlich oder geistig zu kasteien (*Tapas*). Natürlich unterzogen sich die Siddhas einer Läuterung. Doch wurde für sie durch die Initiation jede Schuld gelöscht. Als Sünde sahen sie nur Nachlässigkeit in der Meditationsübung an, dazu jede Neigung zu extremen Ansichten.

Sie betrachteten das Leben als *audio-visuelle* Schau, als Tanz flüchtiger Energiegestaltungen, von einigen Mahamaya genannt, als weibliche Personifizierung der «großen Illusion». Sie lehrten: Lebe wie ein Kind. Die Welt ist voll natürlichen Glücks. Tanze, singe, genieße es! Genieße die Freuden deiner Sinne, aber – und hier findet sich das Kriterium, das den Siddha vom neurotisch-sinnlichen Menschen unterscheidet – hafte nicht an ihnen. Schöpfe Wasser, aber mach dich nicht nass!

Genuss oder Freude waren zugleich Ergebnis des Sadhana wie auch Mittel, es zu vollenden. Unter den vierundachtzig Siddhas finden sich viele, deren Gegenstand der Meditation sinnlich ein Vergnügen war – Blumen, Vogelgesang, Musik, sexuelle Vereinigung. Das Ergebnis des Sadhana ist «reine» Glückseligkeit (*Mahasukha*, tib. *bde-ba-chen*), die sich qualitativ von den gesteigerten Empfindungen sinnlicher Erfahrung unterscheidet. Der Buddha in seiner Seinsweise als leerer Raum fühlt nichts als reine Glückseligkeit. Wesentlich ist dabei, dass die Natur dieser höchsten Seinsebene erfasst und mit den Ebenen des Relativen in Verbindung gebracht wird.

Leerheit, der *Dharmakaya* (tib. *chos-sku*), die höchste Seinsweise der Erfahrung, ist allumfassend. Worte beschreiben nur ihr Unbeschreibliches, die unvorstellbare Nicht-Dualität, die reine Bewusstheit, Leerheit, Glückseligkeit, den alles durchdringenden Raum (*dhatu*, tib. *dbyings*), und das klare Licht. Die relativen Formen des geistigen Entzückens, des *Sambhogakaya* (tib. *longs-spyod-sku*), und der sichtbaren Erscheinung, des *Nirmanakaya* (tib. *sprul-sku*), sind die Dualität, die in der höchsten Form der Mahamudra eins wird.

Das männliche Element der richtig angewandten Mittel entspricht dem Aspekt des geistigen Entzückens und urteilsfähigen ästhetischen Vergnügens, und hier ist in Gestalt allgegenwärtiger göttlicher Archetypen und symbolischer Hinweise Führung möglich. Das eigentliche Wesen dieser Seinsweise ist strahlendes Licht. Das weibliche Element der höchsten Erkenntnis entspricht dem Aspekt der sichtbaren Erscheinung, in der die Dakini unwiderstehlich leuchtend ihre magische Offenbarung tanzt. Ihrem eigentlichen Wesen nach ist sie manifestes Erbarmen.

Die drei Aspekte können wir uns auch als Zentrum, Radius und Peripherie eines Mandala veranschaulichen. Das ist die Lehre von den drei Seinsweisen des Buddha (*Trikaya*, tib. *sku-gsum*); sie ist grundlegend für ein Verständnis der Metaphysik der Siddhas.

Der Guru

Der Aufbau der Legenden gliedert sich in Diagnose, verschriebenes Heilmittel und Heilung. In den Geschichten begegnen uns Kranke, die sich ihrer Krankheit bewusst sind und Abscheu vor ihrem gegenwärtigen Leben empfinden. Sie sind reumütig und bereit, alles Nötige zu unternehmen, um eine Heilung herbeizuführen. Da erscheint ein Guru, und nachdem die Schüler um Belehrung gebeten haben, gewährt ihnen der Guru die Einweihung und unterweist sie. Die Unterweisungen beziehen sich gewöhnlich auf die aufbauenden und auflösenden Stufen der Meditation. Die Schüler üben dieses Sadhana, erlangen Mahamudra-Siddhi und werden von ihrer Krankheit geheilt. Die Siddhas erreichen zu Lebzeiten Buddhaschaft und werden leiblich in das Paradies der Dakinis aufgenommen.

In den Legenden wird immer wieder betont, wie wichtig der Guru ist. Der Lehrer bzw. die Lehrerin darf nicht bloß als außergewöhnlicher Mensch gesehen werden, der über ein bestimmtes Spezialwissen verfügt, das weitergegeben werden kann – auch wenn der Bittsteller ihn so sehen möchte. Es ist übrigens wichtig, dass die Schüler als Bittsteller vor den Guru treten, der im Rahmen der tantrischen Übertragung nur jene unterweisen kann, die sich ihm ehrerbietig nähern und zu einem günstigen und geeigneten Zeitpunkt um Einweihung und Belehrung bitten.

Die Initiation ändert allerdings die Beziehung von Guru und Schüler grundlegend und zerstört alle vorgefassten Meinungen des Neulings. Der Kern der Einweihung ist erreicht, wenn sich der Guru als der Buddha zu erkennen gibt, und sich die Eingeweihten mit diesem Guru-Buddha identifizieren. Danach üben sich die Eingeweihten in der Fähigkeit, die höchste Erfahrung der Einheit wieder hervorzubringen und sie völlig ins Alltagsleben zu integrieren. Wenn sich die Schüler mit allen Menschen und Erscheinungen identifizieren können, ihre Rede mit der Rede aller Menschen und allem Klang, und ihren Geist mit der alles durchdringenden, reinen, nichtdualistischen Bewusstheit, dann identifizieren sie sich wirksam mit dem Guru. Die Eingeweihten halten die Menschen, in denen sich bei ihrer Initiation der Buddha manifestierte, zwar weiterhin in Ehren, aber ihre Vorstellung vom Guru weitet sich nach und nach aus, bis sie alle Wesen ohne eine Ausnahme und auch sie selbst einschließt. Das ist die Einsicht der Siddhas.

Viele Siddhas hatten inkarnierte Dakinis zum Guru. Andere wiederum hatten nichtmenschliche Gurus. Gelegentlich erscheint eine Weisheits-Dakini (tib. *ye-shes mkha'-'gro*) auf der Ebene des visionären Entzückens (*Sambhogakaya*), um einen Yogi in einem günstigen Augenblick einzuweihen. Wenn seine Fähigkeit zur schöpferischen Schauung ausreichend entwickelt ist, erblickt er sie in einer Vision, hört vielleicht eine Stimme, oder hört und erblickt sie einfach im Geist – die Wirkung ist immer gleich. Manchmal nimmt die Dakini menschliche Gestalt an. Die irdische Dakini (tib. *'jig-rten mkha'-'gro*), die der Welt unserer Sinneswahrnehmung angehört, erscheint dem wandernden Yogi oft als Freudenmädchen oder Tänzerin.

Die Identifizierung der Frau mit der Dakini unterstreicht die radikale Nicht-Dualität des Tantra – jede Frau ist die Dakini. Selbst wenn ihr die auf Erfahrung beruhende Erkenntnis dieser Tatsache fehlt, bleibt sie doch die Dakini des Tantrika.

Ein Siddha erblickte in seiner Mutter die Dakini, ein anderer in einem kleinen Mädchen. Die Dakini ist als Guru besonders gut in der Lage, einen Yogi fähig zu machen, die auflösende Stufe der Meditation zu üben, indem sie sich als Erkenntnis mit ihm, mit seinen richtig angewandten Mitteln vereinigt. Andere Siddhas wurden von Bodhisattvas eingeweiht, vor allem von Manjushri, Lokeshvara und der Tara. Sie erscheinen zum Teil in göttlicher Gestalt in der Sphäre visionären Entzückens (*Sambhogakaya*), oder sie inkarnieren sich (im *Nirmanakaya*).

Die Verbrennungsstätte

In den Legenden treffen die Gurus ihre Schüler häufig auf der Verbrennungsstätte, einem äußerst symbolischen Ort. Zunächst ist er als Sterbebett des Ichs der richtige Platz, um dem Guru zu begegnen. Der tantrische Yogi preist die Verbrennungsstätte als den idealen Ort, um über den kostbaren menschlichen Körper zu meditieren, über die Vergänglichkeit der Existenz, über Tod und karmische Vergeltung, über die Leerheit selbst. Außerdem kann man sich dort in kalten Winternächten gut wärmen.

Guru und Schüler treffen also in gegenseitiger Einfühlung zusammen. Der oder die Eingeweihte stirbt hier in dieser Welt der Verblendung und wird in der Welt des Lichts wiedergeboren. In den Schatten lauern heulend und schreiend Schakale und Hyänen, oben kreisen Geier und Krähen und warten wie die Schakale auf Menschenfleisch. Während die Scheiterhaufen prasseln und die Funken in die Höhe stieben, beginnt die Dakini im Bauch-Chakra zu brennen und lässt die verfestigten Strukturen des Denkens schmelzen. Die ganze Starrheit des Kopfzentrums zerschmilzt zum Elixier der Unsterblichkeit und tropft hinab in die Schädelschale der Dakini. Die Welt des Phänomenalen, der Erscheinungen beginnt ätherisch zu leuchten. In der Wunderwelt des Bestattungsplatzes sehen die Wesen in Ekstasen des Entzückens wie Geistererscheinungen aus.

Außerdem finden die Eingeweihten auf der Verbrennungsstätte die Dinge, die der Yogi braucht: die Schädelschale, einen menschlichen Oberschenkelknochen, aus dem eine Trompete gefertigt wird, dazu andere Knochen, aus denen kleine, geschnitzte Kronen, Armbänder und Gürtel hergestellt werden. Die Knochen sind das Gerüst des Körpers, und das erinnert an die Leerheit, die die Wirklichkeit durchdringt.

Einweihung und Unterweisung

Die Initiation ist nicht bloß ein feierliches Ritual, das den Schülern zeigen soll, welche Richtung ihr Weg nimmt, oder das sie schlicht im Verein willkommen heißt. Die Einweihung überträgt Kraft und soll zugleich die Buddha-Natur offenbaren, die Natur des Geistes, das grenzenlose Absolute. Ferner müssen auch die spezifischen Eigenschaften der Gottheit enthüllt werden, mit deren Mandala der Neuling vertraut gemacht wird. Das erfordert einen äußerst aufnahmefähigen und feinfühligen Empfänger, dazu einen mit Scharfblick begabten, machtvollen und achtsamen Übermittler.

Die meisten Siddhas hatten sich vor der Begegnung mit ihren Gurus nicht in der Meditation geübt. Sie hatten die Qualen erlebt, die ein schwerer Verlust verursacht, und befanden sich in dem spirituellen Vakuum, das im Zusammenhang mit extremen geistigen oder körperlichen Schmerzen auftritt. Sie waren reif für einen radikalen Geisteswandel (vgl. die christliche *Metanoia*). In den tiefsten Abgründen samsarischen Leidens kommt der Punkt, an dem wir die eigenen Begrenztheiten und Verblendungen erkennen, die so sehr Teil des Geistes waren, dass wir sie nicht objektiv sehen konnten.

Diese demütigende Einsicht führt zu einem neuen Gefühl der Stärke: der kostbare menschliche Körper wird als Quelle frischer Kraft erkannt, in die große Hoffnungen zu setzen sind. Ein Neuanfang kann aus der tiefsten Hölle heraus geschehen. Es ist die Aufgabe des Guru, den Neuanfang von der Falle der Wiedergeburt fort in einen anderen Bereich zu lenken, überhaupt weg vom Lebensrad. Im *Tibetischen Totenbuch* werden diese Fallen als verschiedenfarbiges Licht beschrieben, das sich auf der Reise zwischen Tod und Wiedergeburt zeigt und das Bewusstsein der Wesen ihren Neigungen gemäß anzieht.

Reue und Zerknirschung sind die grundlegenden Faktoren, die den Wunsch nach einem Guru entstehen lassen und den Guru veranlassen, die Einweihung zu gewähren; das lässt sich mit der Erfahrung der Christen vergleichen, denen Jesus «begegnet», und die dadurch «wiedergeboren» werden. Je größer Abscheu, Scham, Selbsthass und nihilistische Verzweiflung sind, desto empfänglicher ist der Neuling, desto radikaler die «Umkehr im Sitz des Bewusstseins». Gurus müssen stets im richtigen Augenblick erscheinen, und das tun sie auch, wenn sie wirklich *der* Guru sind.

Auf die Einweihung folgt die Unterweisung, die unter Umständen nur in einem losen Zusammenhang mit dem eigentlichen Inhalt der Initiation steht. Die Unterweisung durch den Guru ist allerdings mehr als nur eine Vermittlung von Gedanken, die in die Tat umgesetzt werden sollen. Im ersten Ansturm der mystischen Erfahrung der Initiation ist das Wort des Guru, des Buddha, vor allem leerer Klang und reine Glückseligkeit. Die reine Bewusstheit, die diese Erfahrung mit sich bringt, stellt den wichtigsten Aspekt der «geheimen Lehre» (tib. *man-ngag*) dar.

Wenn der Eingeweihte danach den Unterweisungen des Guru mit offenem Geist lauscht, wird er gewöhnlich auch symbolische Anspielungen hören. Es handelt sich um eine Art der Führung, die über das Begriffliche hinausgeht und direkt zupackt. Hier besteht nur die Gefahr, dass das Denken mit seinen Illusionen die symbolischen Hinweise wegfiltert, statt intuitiv zuzulassen, dass sie augenblicklich absorbiert werden.

Schließlich müssen die genauen Anleitungen zur Meditation als Sadhana geübt werden. Die meisten Übungen der Siddhas gehören zu den aufbauenden und auflösenden Stufen. Tantra lässt sich freilich auch als der «Pfad der vielfältigen Mittel» definieren – und das lässt an einen Ozean der Möglichkeiten denken.

Wenn wir die Vielfalt der Mittel weit fassen, schließt das Tantra oder das Vajrayana (der Pfad der Praktiken, der den *Vajra*, den Diamant, zum Symbol für die höchste, leere Wirklichkeit nimmt) auch Methoden des Hinayana (Kleines Fahrzeug) ein, wie die Beruhigungs- und Einsichtsmeditationen (*Shamatha* und *Vipashyana*), dazu strenge persönliche Disziplin. Und es umfasst Übungen des Mahayana (Großes Fahrzeug, Pfad des Bodhisattva), wie die Meditation über die Leerheit, die Betrachtung der vier unermesslichen Geisteszustände und die Erzeugung des Erleuchtungsgeistes des Erbarmens (*Bodhichitta*). Zu ihnen gesellen sich eine große Anzahl rein tantrischer Übungen wie die Schauung oder Visualisierung von Gottheiten, das Rezitieren von Mantras, der Yoga der Körperstellungen und die Beherrschung der Prana-Ströme (des Atems), vielschichtige alchemistische Zeremonien, formlose Meditation und Pilgerfahrten.

Tantra ist auch deshalb der Pfad der vielfältigen Mittel oder Methoden, weil es die ganze Skala menschlicher Tätigkeit zur Grundlage der Meditation macht, wie es die Sadhanas der Siddhas zeigen: Der König meditiert auf seinem Thron, der Bauer auf dem Feld, der Lüstling im Bett und der Witwer auf der Verbrennungsstätte. Der kontemplierende Yogi kann außerdem in seinem Innern vielleicht die schrecklichsten neurotischen Verwirrungen, die bestürzendsten perversen Gedanken entdecken. Jeder Geisteszustand enthält schon das Mittel zu seiner Umwandlung. Das bedeutet, dass die unendlich bunte Reihe unvollkommener menschlicher Persönlichkeitsstrukturen ein Abbild der vielfältigen Methoden ist, mit deren Hilfe die Mahamudra-Siddhi erlangt werden kann.

Alchemie und Meditation

Der Yogi ist ein Alchemist, der das unedle Metall eines verblendeten Geistes in das Gold reiner Bewusstheit verwandeln muss. Es ist unwichtig, von welcher Qualität das unedle Metall des Yogi ist. Der Stein der Weisen, der alles zu Gold macht, ist eigentlich nichts als eine homöopathische Dosis desjenigen Giftes, das ursprünglich die Verwirrung des Yogi hervorrief.

Wenn sinnliche Begierde das vorherrschende geistige Gift ist, zeigt die Meditation über ein gewisses, kontrolliertes Quäntchen Begierde dem Schüler im Licht der Einweihung und Unterweisung durch den Guru, dass alles Begehren leer ist. In der aufdämmernden Erkenntnis der höchsten Natur eines Teils des Geistes kommt es zur Erkenntnis der höchsten Natur des gesamten Kosmos – und die führt zur Mahamudra-Siddhi.

Die Arznei für das ursprüngliche Leiden liegt im Wesen der neurotischen Persönlichkeit selbst. Das Prinzip der Heilung beruht auf dem Gesetz der Homöopathie, dass «Ähnliches mit Ähnlichem» geheilt wird. Die Anwendung dieser neuen und sehr riskanten Methode lässt sich mit der Prophezeiung des Buddha rechtfertigen, dass seine Lehre fünfhundert Jahre in der reinen Form und weitere fünfhundert Jahre in veränderter Form weiter bestehen werde. Danach, im Kali-Yuga, dem Zeitalter des Zwists, würden die Menschen unfähig zu Disziplin und Erbarmen sein und nicht in der Lage, sich auf dem Hinayana-Pfad des Arhat oder dem Mahayana-Pfad des Bodhisattva zu üben. Dann würde der Weg des Siddha offenbart werden.

Ein Zeichen, dass wir uns im Kali-Yuga befinden, ist die Ungeduld der Schüler und Schülerinnen. Der Yogi ist nicht bereit, Äonen von Wiedergeburten zu durchleben, bevor er Nirvana erlangt, sondern möchte sofort Resultate sehen. Am längsten dauert im Tantra der Prozess der Reinigung des Geistes, das Ausmerzen von Untugend und Leidenschaft, die Pflege von Tugend und Klarheit. Eines der Grundprinzipien des Tantra besagt, dass Gut und Böse, Tugend und Laster, Freude und Schmerz gleichermaßen Täuschung sind. Welchen Sinn hat es dann, sich an das Gute und Erfreuliche zu klammern und das Schlechte und Hässliche zurückzuweisen, wenn im Prozess der Umwandlung alles Rohmaterial ist und den gleichen Wert hat?

Hier besteht die Gefahr, dass der Eingeweihte die Lehre missbraucht. Die irrige Ansicht, Untugend und Leidenschaft wären von derselben höchsten Beschaffenheit wie Tugend und Klarheit, wird dadurch ausgeräumt, dass der Eingeweihte dem Guru Gehorsam schwört und bei der Initiation Übereinkommen trifft, die *Samaya* genannt werden. Bei einem Verstoß gegen sie hat der Eingeweihte das Gefühl, in die

Hölle zu stürzen. Die Gefahren des tantrischen Pfades sind mit der Wirksamkeit seiner Methoden zu rechtfertigen, die auch der Grund ist, dass die Übertragungslinie nie abriss und noch heute die Unterweisungen vermittelt, mit deren Hilfe das gewöhnliche Bewusstsein in die Bewusstheit des Siddha verwandelt werden kann.

In der alchemistischen Meditation (*Rasayana*, tib. *bcud-len*) wird alles, was in anderen Meditationssystemen ein Hindernis wäre, als Hilfe auf dem Weg gesehen. Neurotisches Verhalten und eine frustrierende Umgebung stellen selbst die Mittel zur Überwindung der Zustände bereit. Sinnliches Begehren, Verhaftetsein, Täuschungen, Faszinationen und Fixierungen sind der wesentliche Inhalt der Meditation. Ungebetene Gäste, ein überraschendes Geräusch, Wahnvorstellungen und der innere Dialog sind alles Hilfen, die den Yogi auf dem Weg zum Siddha voranbringen.

Wir dürfen allerdings nicht vergessen, dass die Siddhas, die zu höchstem Ansehen gelangten und Übertragungslinien begründeten, die bis auf den heutigen Tag in Tibet als Lehrtraditionen bestehen, dass Luipa, Saraha, Tilopa, Naropa, Virupa und Nagarjuna asketische Yogis waren, die Heim und Familie verließen, auf Paläste und Universitäten, Sicherheit und Bequemlichkeit, Ruhm und Reichtum verzichteten, um unter Entbehrungen ihr Sadhana zu üben. Sie hielten sich an die alchemistischen Meditationsformen, räumten aber als erstes die Hauptursachen akuter Fesselung und Verhaftung aus, die den Geist strukturieren und prägen.

Die schöpferische Meditation

In der aufbauenden Phase der Meditation (*Utpattikrama*, tib. *bskyed-rim*), beginnt sich der Yogi mit dem Feld der Leerheit zu identifizieren. Aus der Leere steigt eine Keimsilbe auf, die klangliche Quintessenz der Gestalt der zentralen Gottheit des Mandala, deren Schaubild entfaltet werden soll. Mit Hilfe der schöpferischen Einbildungskraft entsteht aus dieser Keimsilbe die Gottheit mit ihrem Gefolge göttlicher Wesen und Gefährtinnen im Innern eines Palastes mit Mauern und Toren. Die Gottheiten des Mandala werden sowohl durch symbolische Handhabungen oder Gesten (*Mudra*) zum Leben erweckt, wie auch durch das Rezitieren der Keimlaute (*Mantra*) der Gottheit und durch das Visualisieren der Formen der Gottheiten.

Im Samadhi der Vereinigung mit dem Geist des Guru verlebendigt der Yogi die psychischen Realitäten, die die Gottheiten mit ihren Kronen, ihrem symbolischen Schmuck verkörpern. Der Yogi identifiziert sich so mit der Gottheit. Dieser grundlegende Vorgang wird durch die Visualisierung des Lichts verfeinert, das von den

Herz-, Kehl- und Kopfzentren des Yogi ausgeht, hin zu den ihnen entsprechenden makro-kosmischen Ebenen der Wirklichkeit, für die jeweils ein Buddha steht. Von dort strahlt das Licht dann zurück. Eine weitere Vertiefung wird durch die Visualisierung von reichlichen Gaben an die Gottheit erreicht, durch Beichtrituale, Erneuerung der Samaya-Übereinkommen, Lobpreisung und Anbetung. Schließlich wird das Schaubild wieder aufgelöst in die Leerheit.

Die schöpferische Meditation soll zu einer Erkenntnis der Natur der relativen Wahrheit (*Samvriti-satya*, tib. *kun-rdzob bden-pa*, die Wahrheit, dass alles eitel und hohl ist) führen: dass alle Erscheinungsformen Täuschung und einfach Funktionen unserer Sinnesorgane sind, dass es keine Fortdauer einer Seele oder eines *Ens* gibt und das Universum ein System wechselseitig voneinander abhängiger Beziehungen ist.

Die auflösende Meditation

Die Meditation der Vollendung, der Auflösung (*Utpannakrama, Nispannakrama*, tib. *rdzogs-rim*) setzt höhere Techniken ein, die zum Verstehen der Endgültigen Wahrheit (*Paramartha-Satya*, tib. *don-dam bden-pa*) führen. Relative und absolute Wahrheit sind freilich zwei Seiten einer Münze, und so wird mit der aufbauenden wie der auflösenden Phase dasselbe Ziel erreicht.

Die auflösenden Meditationstechniken haben im wesentlichen die Wahrnehmung der Leerheit in der Form oder die Einschmelzung der Form in Leerheit zur Folge. Zur Stufe der Vollendung gehören vor allem der Traum-Yoga, der Yoga der mystischen inneren Hitze (tib. *gtum-mo*), der Yoga des Wiedererwachens, die Meditation des klaren Lichts, und der Yoga der Vereinigung von richtig angewandten Mitteln und vollkommener Erkenntnis, um die Keimessenz der höchsten Glückseligkeit zu schaffen.

Das für die auflösende Meditation wichtige System der Visualisierung bezieht sich auf den imaginären, feinstofflichen Körper. Er besteht aus den «Nerven» (*Nadi*, tib. *rtsa*), ihren Sammelpunkten oder Kraftzentren (*Chakra*, tib. *'khor-lo*), der psychischen Energie, die diese Nerven durchströmt (*Prana*, tib. *rlung*), und der Essenz des Prana, der «Keimessenz» (*Bindu*, tib. *thig-le*).

Ein Kanal oder Nerv (*Avadhuti*, tib. *dbu-ma*) der psychischen Energie verläuft zentral vom Sexzentrum zur Fontanelle (Scheitelpunkt des Kopfes), parallel neben ihm rechts ein männlicher Kanal (*Rasana*), und links ein weiblicher (*Lalana*). Beide vereinigen sich im Bauchzentrum mit dem mittleren. Aus allen Körperteilen ziehen sich wie Adern Nebennerven zum zentralen Kanal hin, die sich an den fünf Sammelpunkten der psychischen Energie mit ihm verbinden: im Sex-, Bauch-, Herz-, Kehl- und Kopfzentrum.

Die Visualisierung dieses Systems gestattet dem Yogi zwar, die Energien, die mit den einzelnen Zentren verbunden sind, auch für weltliche Zwecke einzusetzen, Hauptaufgabe bleibt jedoch, alle Energieströme in den mittleren Kanal und hinauf zum Kopfzentrum fließen zu lassen, damit die endgültige Befreiung geschehen kann. In diesem System werden rechter und linker Kanal mit den richtig angewandten Mitteln (männlich) und der vollkommenen Erkenntnis (weiblich) in Verbindung gebracht, der mittlere Kanal mit ihrer Vereinigung, der Mahamudra.

Die Erlangung der Mahamudra

In vielen Legenden heißt es, die Unterweisungen des Guru würden in beide Phasen der Meditation einführen. Aus dem Lehrgedicht, das die nüchterne Sprache der Legenden wie ein Edelstein schmückt, ist aber oft nicht zu ersehen, welche Phase gemeint ist. Es geht hier aber lediglich um die Grundprinzipien der Meditation: in der aufbauenden ist die Leere Form, in der auflösenden sind alle Dinge Leerheit. Die Schädelschale ist zum Beispiel ein Symbol für das erste Prinzip, ihre Leerheit symbolisch für das zweite. Da die aufbauende Meditation die extravertierte Energie des Begehrens einsetzt und mit dem Vater-Tantra verknüpft ist, und die auflösende die introvertierte Energie der Ablenkung und des Todestriebs benutzt und sich auf das Mutter-Tantra bezieht, strahlt in der aufbauenden Phase die Energie nach außen, und in der auflösenden sammelt sie sich in einem Punkt.

Mahamudra wird durch die Vereinigung der beiden Phasen Entfaltung und Vollendung erlangt, durch die gleichzeitige Meditation über Form und Leerheit, durch das gleichzeitige Üben von Erkenntnis und Konzentrationstechniken, durch die Vereinigung zentripetaler und zentrifugaler Energien und die Vereinigung der richtig angewandten Mittel mit der höchsten Erkenntnis. So werden männliche und weibliche Prinzipien vereinigt, deren Symbole die Stufen der Entfaltung und Vollendung sind.

Die Fallen der Täuschung

Zwei Zitate, die dem Denken der Siddhas zuwiderlaufen, können uns die Problematik veranschaulichen: «Tue, was du willst, sei das ganze Gesetz.» «Nichts ist wahr, alles ist erlaubt.» Das erste ist ein Ausspruch von Aleister Crowley, dem *Großen*

Tier, der Englands bedeutendster klassischer Magier des zwanzigsten Jahrhunderts war. Das zweite stammt vom Sufi-Meister Hassan-i-Sabbah, der im elften Jahrhundert in Afghanistan den Kult der Assassinen ins Leben rief.

Beide Regeln könnten auch die Siddhas mit gewissen Einschränkungen gelten lassen. Das Handeln des Siddha ist *nach* der Erfahrung und Verwirklichung der reinen Bewusstheit und Leerheit keinerlei Beschränkungen unterworfen, weil die mystische Erfahrung der Einheit bewirkt, dass aus dem Erbarmen heraus stets tätige Hilfe geleistet wird. Der Siddha handelt immer zum Wohl aller Wesen. Andrerseits kann Crowleys Maxime ohne die Erfahrung, dass das Ich und die anderen eine Einheit sind, ohne die aus ihr folgende Einfühlung in andere, leicht zur Rechtfertigung ehrgeiziger Handlungen von machthungrigen Größenwahnsinnigen benutzt werden.

Da die höchste Wirklichkeit unvorstellbar und unaussprechlich ist, können wir das *Reale* unmöglich fassen oder es vom Unwirklichen trennen. Weil die Funktionen des vergänglichen Denkens nur Täuschungen schaffen und die *objektive Wirklichkeit* nichts als eine Funktion des Geistes ist, kann dieser sich in seiner Interpretation der Täuschung nur irren. Nirgends findet er festen Boden:

> *Alle unsere Vorstellungen von den Dingen sind Täuschung,*
> *weil der Wissende und sein Feld des Wissens keine Substanz haben.*
> *Der flüchtige Augenblick ist trügerisch, und daher gibt es keine Wahrheit.*

Der Siddha stimmt also mit Hassan-i-Sabbah darin überein, dass *nichts wahr* ist, und er wird auch mit der Folgerung einverstanden sein, dass *alles erlaubt ist*. Der Siddha besteht freilich auf der Einschränkung, die auch für die Maxime Crowleys gilt: damit es zu keinem gesellschaftsfeindlichen Missbrauch der Macht kommt, müssen zuerst Ich und Mein in die Leerheit aufgelöst werden, muss es zunächst zu einem Prozess des Ichverlusts kommen, bei dem jeder Ehrgeiz und Wunsch, anderen den eigenen Willen aufzuzwingen, verfliegt.

Karma

Man kann natürlich einwenden, das Gelübde des unbedingten Gehorsams, das die Assassinen ablegen mussten, habe wie ein Ichverlust gewirkt. Wenn dann früher oder später Strafen nötig wurden, zeigte sich deutlich, dass die Maxime ihres Meisters falsch war.

Selbst wenn wir begreifen, dass die Welt des Phänomenalen eine Täuschung ist, dass ethische wie soziale Werte Schöpfungen des Denkens sind, dass alle Wahrheit relativ ist, führt dieses Bewusstsein nicht automatisch zur Überwindung des Karma und zur Befreiung von seinen Gesetzen. Nur ständige, auf Erfahrung beruhende Identifizierung mit der Leerheit, mit der höchsten Wirklichkeit, gewährt diese Freiheit.

Die Menschen, die noch karmische Schulden zu begleichen haben und sich in ihrem Handeln an den Satz halten, dass alles erlaubt ist, der amoralische Materialist, der machiavellistische Politiker, der sinnliche Mensch, selbst die gehorsamen Schüler eines ehrgeizigen Lehrers, sind immer noch den oft so unerbittlichen wie unauslotbaren Wechselfällen des Karma unterworfen. Im Fall des Siddha aber, der stets entspannt im höchsten Raum des Bewusstseins verweilen und das Strömen des Flusses ohne jedes Verhaftetsein betrachten kann, der ohne Nachdenken oder Mühe spontan zu handeln vermag, lässt das Handeln keine Wellenkreise mehr entstehen. Das Wirken des Siddha ist nicht unser gewöhnliches Tun, wenn es auch oberflächlich betrachtet so scheinen mag. Es ist eher als «Nichthandeln» zu bezeichnen.

Es ist wie das taoistische Nicht-Tun (*Wu-wei*) absichtsloses und gegenstandsloses Handeln. Ein Tun, das egoistisch motiviert ist, stellt den Versuch dar, das Strömen des Flusses aus persönlichen oder gesellschaftlichen Gründen umzuleiten. Diese Handlungen schaffen wie ein Stein, der in einen Teich geworfen wird, einen Wellenkreis von Ursache und Wirkung nach dem anderen, und die Kreise strömen unausweichlich zu dem zurück, der die stillen Tiefen des Flusses störte.

Die Tätigkeit des Siddha ist dagegen so in Harmonie mit dem Fließen des Universums, dass sie den Anschein erweckt, die Siddhas seien Beauftragte eines universellen Willens. Sie wirken vielleicht sogar wie Zauberer, die Planeten und Sterne aus ihren kosmischen Hüten ziehen, wie Dirigenten, die die Symphonie der Natur leiten. Daher wird das unumgängliche und absolut spezifische Nicht-Tun der Siddhas auch «selbstlose Tätigkeit zum Segen aller Wesen» genannt.

Der heilige Narr

Aber was ist mit der Verrücktheit der Siddhas, ihrem ungehemmten Ausdruck der Gefühle, ihrer Missachtung gesellschaftlicher Normen? Für die Siddhas selbst sind alle Handlungen gleichwertig. Es liegt bloß an den Vorurteilen und Beschränkungen im dualistischen Geist des Beobachters, dass er gewisse Handlungen als harmonisch, selbstlos und göttlich empfindet, während er andere für unüblich, abscheulich oder wahnsinnig hält.

Das Nicht-Tun wird von den Wertmaßstäben gesellschaftlicher Übereinkünfte nicht eingeschränkt; wenn ihm etwas Grenzen setzt, dann die vorbereitende Schulung des Siddhas. Hier zeigt sich, wie wertvoll die körperliche, moralische und geistige Schulung ist, die der Einweihung und dem Ichverlust vorausgeht. Nach der Erleuchtung besteht keine Möglichkeit, die Art und Weise zu verändern, wie diese Tatsache zum Tragen kommt. Die Intoleranz, mit der die Gesellschaft dem heiligen Narren oder erleuchteten Clown begegnet, kann dem Auftreten jener Siddhas Grenzen ziehen, die ihre Hausaufgaben nicht erledigt haben.

Der Guru muss darauf achten, dass der Neuling, der die Einweihung sucht, nicht zu einer Belastung für die Übertragungslinie wird. Der Guru kann sicher sein, dass das Erbarmen, das dem Eingeweihten im Augenblick seiner Erleuchtungserfahrung eingeimpft wurde, ihn davor schützt, sich dämonischem Tun hinzugeben. Der Einweihende muss auf jeden Fall sehr sorgsam vorgehen, wenn er Neulinge annimmt, die sich durch ihr Verhalten nach dem Ichverlust selbst gefährden könnten. Es lässt sich keine scharfe Grenze zwischen göttlichem Wahnsinn und nacktem Irrsinn ziehen.

Das Paradies der Dakinis

Alle Siddhas, die die Mahamudra-Siddhi erlangten, erreichten schließlich die endgültige Befreiung im «Paradies der Dakinis». Die letzte Zeile mancher Legenden ist mehrdeutig, insofern sie davon spricht, dass die Siddhas leiblich in das Paradies auffuhren. Sie könnte bedeuten, dass sich ihre Körper in Licht auflösten und ihr Tod ein magischer Spiralflug in den höchsten Himmel war. Andererseits könnte es sich auch um eine gleichnishafte Schilderung ihres Lebens nach der Erleuchtung handeln; sie hätten dann nämlich in der höchsten mystischen Erfahrung das reine Land erreicht, in dem das Dasein als immerwährender Tanz mit den Dakinis, der Verkörperung des leeren Bewusstseins ihrer immerwährenden Glückseligkeit, gesehen wird.

Hatten Siddhas nur weltliche Siddhi erlangt, erreichten sie in fast allen Fällen dieses Paradies nicht. Jene Siddhi verlieh ihnen die Unsterblichkeit oder ein außergewöhnlich langes Leben, und so blieben sie auf der Erde und wirkten für die Menschheit. Wir kennen sie als die Nath-Siddhas, die Vorläufer der großen Tradition des Hatha-Yoga im Tantra des Shivaismus. Auch heute glauben viele in Indien noch, dass diese Siddhas nicht gestorben sind. Fragt man nach ihnen, wird man sehr wahrscheinlich in die Gegenden von Kumaon oder Garhwal im Himalaja geschickt, wo Gorakhnath, Chaurangi und die anderen Unsterblichen in schwer zugänglichen Höhlen meditieren sollen.

Das Vermächtnis des Tantra

Die Legenden lassen die Atmosphäre wiedererstehen, die das Indien des achten bis zwölften Jahrhunderts kennzeichnete. Sie vermitteln den zeitlosen Geist seiner Spiritualität. Ihr innerster psychologischer Gehalt hat eine Anwendbarkeit, die alle kulturellen und religiösen Grenzen übersteigt. Überdies finden sich Aspekte des Tantra in der Mystik aller Kulturkreise, und die systematische Erfassung der Mystik im Tantra (soweit sich Mystik überhaupt rational formulieren lässt) bringt verwandte Saiten der heutigen westlichen Gesellschaft zum Schwingen.

Der mystische Geist, der im Westen am empfänglichsten für die tantrische Botschaft der Siddhas ist, lehnt die materialistische Einstellung, die Hetzjagd in Gesellschaft und Beruf, die öden Routineabläufe stark ab. Anwärter oder Anwärterinnen auf die Einweihung sind möglicherweise jene Menschen, die unter nervösen Angstzuständen leiden, vor einem psychischen Zusammenbruch stehen oder vorhaben, eine Analyse zu beginnen. Ihr Denken sollte sich schon von den emotionalen und begrifflichen Zwängen befreit haben, die ein Vertrauen ins Irrationale, in den Guru verhindern. Ihr Denken sollte fähig sein, einfache metaphysische Vorstellungen zu erfassen. Sie müssten diszipliniert genug sein, um sitzen und die Versenkung üben zu können. Wenn ihnen die Heiligkeit der Sexualität fremd ist, sollten sie wenigstens frei von Prüderie oder geiler Lüsternheit sein. Wenn sie dazu noch mit Verachtung auf scholastisches und pedantisches Denken blicken und keinen großen Respekt vor intellektuellen Analysen haben, außerdem weltliche Autorität, Festhalten an überkommener Disziplin und gesellschaftliche Normen, wie auch heilige Kühe geringschätzen, eignen sie sich recht gut für die Initiation in den Weg der Siddhas.

Der westliche Geist, der von einer rationalen und wissenschaftlichen Erziehung geprägt ist, sieht sich auf dem Weg des Tantra einem Haupthindernis gegenüber: seinem Festhalten am Satz vom ausgeschlossenen Dritten. Dieses Gesetz, das bei jeder Frage auf einer kategorisch positiven oder negativen Antwort besteht, kann in der Welt der Technik von großer praktischer Bedeutung sein, verhindert aber das gnostische Bewusstsein. Die Mahamudra-Siddhi ist nur zu erlangen, wenn solche Denkmuster von einer Schau überlagert werden, die die Wirklichkeit nicht mehr als dies oder jenes, als Synthese aus diesem oder jenem oder als eine Abwesenheit beider erlebt. Die Wirklichkeit ist in Wahrheit das ausgeschlossene Dritte.

Auch wenn die Menschen des Westens über die notwendige Aufnahmefähigkeit, die richtige Einstellung und Erfahrung verfügen, so müssen sie dennoch einen Guru finden. Vielleicht sind ihnen ein Bodhisattva oder eine Dakini gewogen. Hier muss allerdings der Geist schon gut vorbereitet sein, sollte eine starke, funktionierende Verbindung zur göttlichen Kraft hergestellt sein, weil sonst die Unterweisungen aus dieser Quelle nur sehr schlicht und direkt sein können.

Die Hauptträger der Überlieferung der Siddhas sind heute tibetische Lamas. Es ist ein Glück, dass sie jetzt auf der ganzen Welt in gastfreundlichen Ländern Asyl suchen, weil die Volksrepublik China ihre Heimat besetzt hat, weil sie überall gebraucht werden.

Die tibetische Schule, die den Geist der Siddhas wie auch die Überlieferung einer unverfälschten, wenn auch modifizierten Lehrtradition bewahrt hat, ist die Kagyüpa-Schule. Zu ihr gehört das klassische tibetische Werk *Die Lieder des Milarepa*, in dem die Lehren der Siddhas von Milarepa und seinem Guru Marpa zusammengefasst und gedeutet sind, wobei Marpa im elften Jahrhundert lebte und von Naropa unterwiesen wurde.

Heute leben im Westen Lamas, die in der Übertragungslinie des verstorbenen Gyelwa Karmapa die Lehren des Milarepa empfangen haben. Die Sakya-Schule hat wiederum die Mahamudra-Lehre des Siddha Virupa weitergegeben. Die Schule der Nyingmapas stützt sich in ihren Lehren auf die Unterweisungen des Mahasiddha Padmasambhava. Die Übertragungslinien Tibets, die ihren Ursprung in Indien haben, führen fast alle einen Namen an, der zu den vierundachtzig Mahasiddhas gehört.

Die tibetische Tradition ist kaum geneigt, die indischen Lehren und Werte in Frage zu stellen. Vom Tantra der Siddhas wurde eigentlich nie abgewichen. Die grundlegende Lehre und Praxis blieb im wesentlichen unverändert. Die Hauptschwierigkeit liegt darin, dass die Lamas zwar das Sadhana lehren, aber nur selten ungeschulte westliche Sucher spontan initiieren und unterweisen. Die meisten Lamas bestehen auf einer längeren Vorbereitungszeit, auf der Einführung in den Hinayana- und Mahayana-Buddhismus, in die tantrische Meditationspraxis.

Die Tradition der Siddhas ist freilich noch sehr lebendig, und die nächste Generation im Westen wird zweifellos die Früchte der Arbeit der Lamas ernten können. Da die Umstände günstig sind, Bedarf besteht und viele begabte Menschen nach geistiger Erfüllung streben, ist kein Grund zu sehen, warum nicht viele amerikanische und europäische Siddhas die tantrische Überlieferung im Westen einer zukünftigen Blütezeit entgegenführen sollten.

KEITH DOWMAN,
MAI 1989

DIE MAHASIDDHAS

MINAPA

Der bengalische Jonas

Minapa heiße ich, der standhafte Fischer.
In den weiten Ozean meines Schicksals geworfen
überlebte ich im Bauch des heiligen Leviathan,
weil ich einen Yoga übte, nur für Umadevi bestimmt.
Danach konnte nicht einmal Felsgestein
das Gewicht meiner Vortrefflichkeit tragen.

Minapa verbrachte sein Leben als Fischer in einem kleinen Boot draußen auf dem Bengalischen Meer. Tag für Tag versah er seine Haken mit Ködern aus Fleischstücken, warf die Angelschnüre aus selbstgesponnener Baumwolle aus und wartete auf den Ruck, der anzeigte, dass ein Geschöpf der Tiefe angebissen hatte.

An einem schönen, ruhigen Tag ging Minapa wie gewöhnlich seinem Handwerk nach und wartete geduldig auf einen Fang. Auf einmal wurde so heftig an seiner Schnur gezogen, dass der arme kleine Fischer Hals über Kopf ins Meer gerissen wurde. Minapa war das gewaltigste Seeungeheuer an den Haken gegangen, das er je erblickt hatte. Und kaum hatte der Leviathan den Fischer gesehen, als Minapa auch schon selbst zum Köder wurde. Das Untier verschlang ihn bei lebendigem Leib. Sein Karma war jedoch so günstig, sein Glück so groß, dass er überlebte und sich im Bauch des großen Fisches wohnlich einrichtete.

Inzwischen hatte es sich in himmlischeren Gefilden Umadevi, die göttliche Gemahlin des Shiva Mahadeva, in den Kopf gesetzt, die reinsten und geheimsten Yogaübungen ihres Gemahls zu erlernen. Tag und Nacht bat und bettelte und drängte sie, bis Mahadeva begriff, er würde erst Ruhe finden, wenn er seine Gemahlin im Dharma unterwies.

Seine Übungen waren allerdings bis jetzt nur für ihn selbst gewesen. Ihm war nicht wohl dabei, so mächtige Lehren weiterzugeben, weil sie in die falschen Hände geraten konnten. Er stellte also eine Bedingung. Er wollte Umadevis Wunsch erfüllen und sie unterweisen, aber nur in den tiefsten Tiefen des Ozeans.

Umadevi war entzückt. Sie begann sofort, unter Wasser eine Einsiedelei aus den prächtigsten perlmuttfarbenen Muscheln zu errichten, schmückte alles mit Perlengirlanden und kostbaren Korallen. Sie stand in einem Garten voll seltener und zarter Seegräser und Blüten, und Umadevi lud alle Arten von leuchtend bunten Fischen ein, den friedlichen Ort mit ihr gemeinsam zu genießen. Als Mahadeva ihn sah, erklärte er ihn für geeignet und begann unverzüglich mit der Darlegung der Lehren.

Die gewaltige Fülle verlockender Fische zog auch den Leviathan an, der sich in der Nähe niederließ. Und die kostbaren Worte Mahadevas wurden von seiner tiefen, wohlklingenden Stimme mühelos durch die Muschelwände seiner Hütte und die Fleischwände des großen Fisches getragen. Mahadeva wusste nicht, dass er einen hingerissenen, treuen Schüler gewann.

Von Umadevi konnte das leider nicht gesagt werden. Sobald sie ihren Willen durchgesetzt hatte, machten die sanften Bewegungen der Unterwasserströmungen, das hypnotische Wogen der langen Seegräser sie schläfrig. Sehr bald war sie auch schon eingenickt. Als Mahadeva sie fragte, ob sie zuhöre, war es in Wirklichkeit Minapa, der sagte: «Natürlich.»

Als Mahadeva seine Unterweisung abgeschlossen hatte, wurde Umadevi von der Stille geweckt. Sie wollte ihr kleines Ungeschick verbergen und sprach: «Das ist so fesselnd; fahr doch bitte fort.»

«Ich hatte dir eben mitgeteilt, dass ich mit meiner Unterweisung am Ende bin», sagte er scharf.

«Vielleicht war ich für ein paar Augenblicke eingedöst», gab sie schüchtern zu.

«Wer hat dann ‹Natürlich› geantwortet, als ich dich fragte, ob du auch zuhörst?»

«Das war ich», ertönte eine leise Stimme aus der Tiefe.

Mahadeva konnte mit seinem übernatürlichen Blick alles durchdringen und erspähte Minapa im Bauch des großen Fisches. «Aha!» rief er. «Jetzt sehe ich, wer mein wahrer Schüler ist. Diesem Fischbewohner werde ich die Initiation gewähren, und nicht dir, meine Liebe.»

Worauf Minapa das Gelübde ablegte und ein zwölf Jahre währendes Sadhana begann, ohne je den stolzen Fisch zu verlassen. Nach Ablauf dieser Zeit geriet der Leviathan in die Netze eines wagemutigen Fischers aus Sri Tapari. Der Mann war sich ganz sicher, dass das Gewicht des Tieres davon herrührte, dass es einen großen Gold- und Silberschatz verschlungen hatte. Unter großen Mühen zerlegte der Fischer die Kreatur.

Der Schatz, der zum Vorschein kam, war Minapa.

Der arme Fischer hätte vor Schreck fast den Verstand verloren. «Wer bist du?» rief er und wich stolpernd zurück.

Eine Menge versammelte sich, und Minapa berichtete ihr von seiner Gefangenschaft und Initiation. Und als er ihr den Namen des Königs nannte, in dessen Regierungszeit er zum letzten Mal das Tageslicht gesehen hatte, begriffen die Leute erstaunt, dass er tatsächlich zwölf lange Jahre im Bauch des großen Fisches zugebracht hatte.

Daraufhin gaben sie ihm den Namen Minapa, der «Fisch-Siddha», und warfen sich vor ihm nieder. Sie ehrten ihn mit Opfergaben und feierten gleich dort am Strand, wo Minapa aus dem Meer aufgetaucht war, ein gewaltiges Fest.

Minapas Füße begannen sich wie von selbst in einem Freudentanz zu bewegen. Wo seine Füße auch das Felsufer berührten, sanken sie in das Gestein ein wie in weiche Butter. Noch heute sind die Fußspuren des Siddha auf den harten Felsen zu sehen.

Minapa tanzte und sang seinen verwunderten Zuhörern ein Lied vor:

> Zwei Wurzeln hat meine magische Kraft:
> Sie stammt aus dem Glück,
> das aus den Tugenden vergangener Leben hervorging,
> und aus meiner standhaften Hingabe
> an die großen Lehren, die ich hörte.
> Ah, meine Freunde, welch kostbares Juwel
> ist doch der eigne Geist.

Minapa folgte weiter dem Pfad und arbeitete fünfhundert Jahre lang selbstlos für andere. Im Lauf der Zeit wurde er auch Vajrapada oder Achintapa genannt, und seine magischen Kräfte nahmen gewaltig zu. Als seine Arbeit schließlich getan war, ging er leiblich in das Paradies der Dakinis ein.

LUIPA

Der Fischdarmesser

Reib auf die Nase eines wilden Hundes Honig,
wie toll verschlingt er alles, was er sieht.
Gib die geheime Lama-Lehre einem Toren,
und sein Verstand, dazu die Übertragungslinie,
gehn in Flammen auf.

Bei einem einfühlsamen Menschen
voll Verständnis der ungeborenen Wirklichkeit
zerstört ein Funken klaren Lichts, wie es der Lama schaut,
die Illusionen, gleich einem tollen Elefanten
der in den Feindesreihen wütet,
ein Schwert mit seinem Rüssel schwingt.

Als der alte König von Sri Lanka starb, stellten die Hofastrologen fest, dass das Reich nur Bestand haben würde, wenn sein zweiter Sohn den Thron besteigen könnte. Der junge Prinz wollte nichts davon wissen. Er empfand nur Abscheu für das prächtige, aufwendige Leben im Palast. Seine Augen blickten verächtlich auf die Wände des königlichen Gemachs, mit Gold und Silber belegt und mit Edelsteinen übersät.

Er hatte stets ein Yogi werden wollen und beschloss, zu fliehen. Ach, alle kannten sein Gesicht, und die Flucht des Königssohns endete schon im Garten des Palastes. Er wurde von seinen Brüdern und den Höflingen ergriffen und mit goldenen Ketten gefesselt. In der nächsten Nacht bestach er die Wächter mit Gold und Silber, hüllte sich in Lumpen und konnte mit einem Diener entkommen. In einiger Entfernung von der Hauptstadt beschenkte er fürstlich seinen treuen Begleiter und machte sich auf den Weg nach Rameshvaram, wo er als Yogi zu leben begann.

Der Yogi-König war mehr als erfreut, den goldenen Thron des Palastes mit einem Rehfell zu vertauschen, sein königliches, seidenes Bett mit einem Aschehaufen. Seine Schönheit, sein bezauberndes Wesen machten es ihm leicht, die täglichen Bedürfnisse durch Betteln zu stillen. Wohin er auch kam, seine Vornehmheit, sein höfisches Verhalten erweckten bei den Menschen Ehrfurcht.

Der Yogi durchwanderte Indien, bis er den heiligen Ort Vajrasana erreichte, wo der Buddha Shakyamuni die Erleuchtung verwirklicht hatte. Dort wurde er zum glühenden Verehrer der Dakinis, die ihn mit weiblicher Einsicht vertraut machten. Später begab er sich in die königliche Stadt Pataliputra am Ganges, wo er die Lehren des Tantra studierte, von Almosen lebte und auf einer Verbrennungsstätte schlief.

Als er eines Tages wieder im Basar bettelte, folgte er seiner inneren Stimme und betrat eine Schenke, die zugleich ein Freudenhaus war. Sein karmisches Geschick ließ ihn dort ein Freudenmädchen treffen, das eigentlich eine inkarnierte Dakini war. Er erkannte sie sogleich und huldigte ihr. Die Dakini schaute eine Weile in völligem Schweigen tief in seinen Geist. Dann sprach sie: «Deine vier psychischen Zentren und ihre Energie sind recht rein. Allerdings befindet sich in deinem Herzen ein Knoten der Überheblichkeit, etwa so groß wie eine Erbse.» Darauf schüttete sie ihm verdorbenes Essen in die Tonschale und schickte ihn fort.

Als der Yogi das Freudenhaus verließ, warf er den ungenießbaren Brei in die Gosse, worauf die Dakini, die ihn beobachtet hatte, rief: «Wie kann ein Feinschmecker Nirvana erreichen?»

Der Yogi war tief getroffen. War es möglich, dass sein kritischer, schlauer Verstand, der in der vornehmen Welt des Palastes seine Schulung genossen hatte, noch immer fast unmerklich tätig war?

Konnte es sein, dass er manche Dinge noch für eigentlich begehrenswerter als andere hielt? Schwächen wie diese waren ein Hindernis auf seinem Weg zur Buddhaschaft.

Da beschloss er unverzüglich, seine Vorurteile zu zerstören und sein Denken bis in die Wurzeln zu reinigen. Die nächsten zwölf Jahre hielt er sich an den Ufern der Mutter Ganga auf und erbettelte sich sein Mahl von den Fischern, die ihren Fang säuberten. Er nahm nur die Innereien, die sie gewöhnlich den Hunden vorwarfen. Die Fischer nannten ihn zwar Luipa, den «Fischdarmesser», aber für den königlichen Yogi war das Essen der Nektar des reinen Bewusstseins, und so erkannte er, dass die Natur aller Dinge Leerheit ist.

Luipa wurde weithin hoch angesehen, und seine Taten werden in den Legenden Darikapas erwähnt.

VIRUPA

Der Meister der Dakinis

Ich, der ich in der spontanen Wirklichkeit lebe.
verlasse mich ganz auf das Große Symbol.
Ich, der ich in den Dingen existiere, wie sie sind,
ohne Ich, ohne Denken, ohne Werk,
bin durch das existenzielle Bewusstsein meiner selbst
sicher vor der Fallgrube des Nihilismus,
bin durch absolutes Losgelöstsein
sicher vor einem ewiglichen Himmel.
Ich lebe in vollendetem reinem Entzücken
und vollkommenem Bewusstsein.

Virupa, der Meister der Dakinis, wurde in der Regierungszeit des Königs Devapala in Bengalen geboren, in der östlichen Provinz Tripura. Als Kind trat er bereits in die berühmte buddhistische Klosteruniversität von Somapuri ein. Gemeinsam mit tausend frommen Mönchen weihte er sein Leben dem Studium und der Meditation. Er empfing die Einweihung und Ermächtigung der Dakini Vajravarahi, der Schweinsgesichtigen.

Voller Eifer rezitierte er zwölf lange Jahre hindurch ihr Mantra Zehnmillionenmal. Doch nichts geschah. In all den zwölf Jahren hatte er noch nicht einmal einen Traum, der ihm seinen Fortschritt angezeigt hätte.

Schließlich ärgerte sich Virupa so sehr über sich selbst und sein scheinbar nutzloses Üben, dass er seinen Rosenkranz in die Latrine warf. Als es Zeit war für die Abendandacht, hatte er natürlich keine Perlenkette. Plötzlich erschien in einer leuchtenden Vision Vajravarahi vor ihm. Sie reichte ihm einen herrlich geschnitzten Rosenkranz und sprach:

«Kind der Glückseligkeit, was quälst du dich so? Halte an deiner Übung fest, denn du hast meinen Segen. Wenn du klar sehen möchtest, dass die Dinge weder dies noch das sind, musst du aber alle deine schweifenden, kritischen Gedanken fahrenlassen. Befreie deinen Geist von Illusionen!»

Zutiefst inspiriert übte sich Virupa weitere zwölf Jahre in der spirituellen Praxis seines Guru, der Dakini, und erreichte die höchste Verwirklichung der Mahamudra.

Als er die Dualität von Leben und Tod gemeistert hatte, sah er es nicht mehr als unvereinbar mit seinen Ordensregeln an, Fleisch zu essen oder Alkohol zu trinken. Eines Tages bat er seine Diener um Taubenpastete, worauf sie einige der Vögel fingen, die im Dachgesims des Klosters nisteten, ihnen den Hals umdrehten und sie zubereiteten.

Ein älterer Mönch bemerkte allerdings, dass die Tauben verschwunden waren. Er rief: «Wer die Frechheit besessen hat, Tauben zu verspeisen, soll sich zeigen!» Dann rannte er zur großen Glocke, um alle zusammenzurufen.

«Niemand von uns würde doch so etwas Abscheuliches tun!» flüsterten die ehrwürdigen Mönche erstaunt. Der Abt ordnete aber die Durchsuchung aller Zellen an. Nicht lange, und sie stießen auf Virupa, der sich eben voller Freude zu seinem Mahl von Taubenfleisch und Wein niederließ. Empört entbanden ihn die Mönche seiner Pflichten und befahlen ihm, das Kloster zu verlassen.

Virupa schlüpfte aus seinem Gewand und legte es mit seiner Bettelschale vor die Figur des Buddha, die er mehr als ein Vierteljahrhundert verehrt hatte. Er warf sich vor ihr nieder und ging darauf durch die Klosterpforte.

«Wohin des Wegs?» wollte der Torhüter wissen.

«Mir wurde gesagt, dass ich hier nichts mehr zu suchen habe. Ich werde also jeden Weg beschreiten, der mir bestimmt sein sollte», erwiderte er.

Alle Mönche von Somapuri versammelten sich vor der Pforte, während sich Virupa dem breiten Lotosteich näherte, der das Kloster einfasste.

Am Rand des Wassers angelangt setzte Virupa den Fuß auf ein Lotosblatt und sah, dass es unter seinem Gewicht nicht sank. Dann schritt er mit dem Namen des Buddha auf den Lippen leichtfüßig und wunderbarerweise von Blatt zu Blatt, bis er das andere Ufer erreichte.

Den Mönchen von Somapuri stockte fast der Atem, als sie dieses erstaunliche Meisterstück sahen. Voller Reue warfen sie sich vor Virupa nieder und flehten ihn demütig an, zurückzukehren.

«Erklär uns doch bitte, warum du unsere Tauben getötet hast», bedrängten sie ihn.

«Das war nichts als eine Illusion wie alle vergänglichen Phänomene», versetzte der Meister und bat seine Diener, ihm die Reste der Taubenflügel zu bringen. Er hielt die Federn und Knochen in die Höhe. Mit einem Fingerschnalzen waren die Tauben wieder zum Leben erweckt und flatterten schöner als je zuvor hinauf in den Himmel.

Virupa verließ für immer das Kloster, um als Yogi zu leben. Ganz gleich, wohin er kam, Augenzeugen berichteten bald voll Ehrfurcht von seinen Wundertaten.

Eins der ersten Wunder ereignete sich am Ufer des Ganges, wo Virupa inständig die Flussgöttin Ganga Devi bat, ihm als Weitgereistem etwas zu essen und zu trinken zu geben. Sie weigerte sich jedoch. Darauf befahl Virupa den Wassern, sich zu teilen und lief hinüber zum anderen Ufer.

Als er die in der Nähe gelegene Stadt Kanasata erreicht hatte, war er schier verhungert. Er ging in eine Schenke, bestellte einen Krug Wein und einen Teller Reis und tat sich gütlich an ihnen. Dann rief er laut nach mehr zu trinken, nach immer mehr, bis er die Schenke leer getrunken hatte. Als ihn die misstrauische Wirtin zum Zahlen aufforderte, bot ihr Virupa die Sonne hoch am Himmel an. Um sein Angebot zu unterstreichen, zog er seinen *Phurbu* aus dem Gewand und stieß den magischen Dolch genau in die Mitte zwischen Licht und Dunkelheit. Er durchbohrte das Tagesgestirn, das seinen Lauf nicht fortsetzen konnte.

Die nächsten zweieinhalb Tage war die Stadt Kanasata unaufhörlich dem Tageslicht und damit ununterbrochener Hitze ausgesetzt. Das Getreide verdorrte auf den Feldern, und selbst der Fluss schwand hin bis auf ein Rinnsal. Virupa trank freilich weiter und leerte fünfhundert Elefantenlasten geistiger Getränke.

Inzwischen war selbst der König mit seiner Weisheit am Ende. Er wusste nichts von Virupas Anwesenheit und trug seinem Minister auf, den Grund für das endlose, blendende Scheinen der Sonne herauszufinden, doch alle Nachforschungen waren umsonst. Schließlich erschien die Sonnengöttin dem König im Traum und offenbarte ihm, dass sie über seinem Reich von der Zeche festgehalten wurde, die ein Siddha einer Wirtin schuldete. Um das Unheil abzuwenden, musste der König die Schuld begleichen. Daraufhin verschwand Virupa, und die Sonne setzte ihren Lauf am Himmel fort.

Sodann begab sich Virupa in das Land Indra, über das äußerst fromme Brahmanen herrschten. Sie hatten Mahadeva, dem Großen Gott Shiva, eine massive Steinfigur errichtet, deren Höhe sechshundertachtzig Fuß maß. Die Tempelwächter verlangten von Virupa, dass er sich vor der Statue verneige.

«Wie kann sich ein älterer Bruder vor einem jüngeren verneigen?» spottete der Meister.

Der König von Indra, der eben vor der Statue beten wollte, hörte diese Worte und wandte sich schroff an Virupa: «Du verneigst dich oder du bist des Todes.»

«Für mich wäre es eine Sünde, mich vor dieser Gottheit zu verneigen», sagte Virupa mit Nachdruck.

«Die Sünde soll auf mich kommen!» versetzte der König.

Kaum hatte Virupa seine Handflächen huldigend zusammengelegt, als die gewaltige Steinfigur von einem Riss geteilt wurde, während eine laute Stimme vom Himmel rief: «Dein Wort ist mir Befehl!»

«So schwöre dem Buddha Treue», befahl Virupa.

«Ich höre und gehorche», dröhnte die Stimme, und sofort war der gespaltene Koloss wie durch ein Wunder wieder heil.

Die reichen Opfergaben, die zu Füßen Shivas aufgehäuft worden waren, wurden nun Virupa geschenkt. Er rief alle Anhänger des Buddha zusammen und verteilte die Gaben gerecht unter sie. Der Schatz war so groß, dass die Menschen viele, viele Jahre trotz Hungersnot, Überschwemmung und Seuchen genug zum Leben hatten.

Virupa begab sich wieder auf die Wanderschaft und erreichte dann die Stadt Devikotta im Osten Indiens. Der Yogi wusste nicht, dass ihre Bewohner fleischfressende Unholde geworden waren.

Virupa war auf der Suche nach seinem Morgenmahl und folgte der Straße in die Stadt. Da traf er eine freundliche ältere Frau, die ihm die Schale füllen wollte, wenn er sie nur nach Hause begleitete. Er meinte, sie lebe in der Nähe, und ging ihr nach, als sie von der Hauptstraße abbog. Als die Frau aber weitereilte, und der Weg immer schmaler wurde, bis er von Pflanzen fast überwuchert war, fühlte sich Virupa unbehaglich. Laut fragte er die Frau, wann sie endlich am Ziel wären.

«Du hast das Ende deines Weges bald erreicht», rief die Frau. Und sie wandte sich zu ihm um und durchbohrte ihn mit einem Blick ihrer blutunterlaufenen Augen. Virupa blieb wie angewurzelt stehen, konnte sich nicht wehren, keinen Finger rühren, als ein Haufen Unholde stumm und bedrohlich aus dem düsteren Dschungel auftauchte und ihn zu einem verlassenen Tempel schleppte.

Als Virupa in das zerfallende Gebäude gesperrt wurde, entdeckte er, dass sich dort schon ein kleiner Brahmanenjunge befand, der morgens ebenfalls auf Nahrungssuche gewesen war und unglücklicherweise dieselbe zaubermächtige Unholdin auf der Straße getroffen hatte. Und nun sollten er und Virupa bei irgendeinem schrecklichen Ritual geopfert werden. Sie konnten draußen Schreie hören, die einem das Blut stocken ließen, und wildes Trommeln, während die Scheusale in ihrem Tanz des Todes umherwirbelten.

Der Junge begann zu weinen, doch Virupa tröstete ihn und sagte, er solle schlafen, bei Sonnenaufgang würde alles gut sein. Als ein Traum die Tränen des Kindes versiegen ließ, segnete Virupa es mit einem mächtigen Schutz-Mantra.

Als der Mond aufging, wollten zwei stämmige Unholde das zarte, junge Opfer holen. Doch so sehr sie sich auch anstrengten, sie konnten das schlafende Kind, das mit der Erde wie verwachsen war, nicht von der Stelle bewegen. Der Yogi schlief indes auf einem Brett, und den beiden Mordbuben gelang es unter Mühen, es zu heben und ihn hinaus in den Kreis der Tänzer zu tragen.

Als Virupa von dem Trommeln wach geworden war, konnte er sich noch immer nicht bewegen, und die Unholde flößten ihm Alkohol ein. Er konnte nur zuschauen, wie der betrunkene Haufen zu rasen begann, die Opfermesser schwang und Blut sehen wollte.

Doch als ihre blutrünstigen Schreie laut anschwollen, brach Virupa in Gelächter aus. Die überraschten, aber belustigten Tänzer lachten noch kräftiger los. Ihre Ausgelassenheit verwandelte sich jedoch in Entsetzen, als sein furchtbares, zwölftöniges Gebrüll – das Lachen eines Heruka – ihre höllische Lustigkeit zu übertönen begann. Sein Wiehern wurde immer lauter, und die Unholde wanden sich in Schmerzen und pressten die Hände auf die Ohren.

Als sie ihn flehentlich baten, aufzuhören, meinte Virupa, er sei dazu nur bereit, wenn sie geloben würden, von nun an der Lehre des Buddha zu dienen. Als sein ohrenbetäubendes Lachen von neuem erschallte, warfen sich die Unholde vor ihm nieder und schworen, zu tun, was er verlangte.

Daraufhin erhob sich Virupa. In seiner rechten Hand erschien wie durch Zauberei ein gewaltiger, rasiermesserscharfer Diskus. Hinter ihm ragte der entsetzliche Dämon des Nordens auf. «Wenn ihr auch nur den leisesten Gedanken hegt, eure Zuflucht zum Buddha nicht jeden Tag zu erneuern», sprach der Meister mit abscheulichem Grinsen, «könnt ihr damit rechnen, jeden Tag, an dem ihr den Pfad verlasst, einen Becher Blut zu verlieren. Und solltet ihr euch völlig vom Buddha-Gesetz abwenden und irgendwelche Götter anbeten, wird der Diskus aus dem Himmel herabfliegen und euch die Köpfe von den Hälsen trennen, und der Dämon des Nordens wird eure Adern aussaugen.»

Die reumütigen Unholde wanden sich ehrerbietig vor Virupa am Boden. Dann schleuderte der Meister den Diskus hinauf in den Nachthimmel. Der Dämon folgte ihm, und beide verwandelten sich in funkelnde Sternbilder.

Virupa setzte seinen Weg fort und wanderte kreuz und quer durch Indien. Als er viele Jahre später nach Devikotta zurückkehrte, fand er eine friedliche Stadt vor, deren Bewohner zu frommen Buddhisten geworden waren. Mahadeva, der Große Gott Shiva und seine Gemahlin Umadevi wollten die Rückkehr Virupas gebührend feiern und schufen zu Ehren des Yogi eine prachtvolle Illusion.

Als Virupa auf der Straße anhielt und die Stadt betrachtete, verdoppelte und verdreifachte sich ihre Größe, bis sie eine halbe Million Haushalte hatte. Die Leute strömten aus ihren Häusern, um Virupa mit Geschenken willkommen zu heißen, während aus den Dreiunddreißig Sinnlichen Paradiesen und aus allen Palästen der Götter eine endlose Reihe köstlichster Speisen zu einem Festschmaus niedersanken.

Und doch erlangte der große Meister der Dakinis die endgültige Befreiung erst nach einem Leben von siebenhundert Jahren. Aber als dann der gewaltige Diskus durch die Weite des Raumes wirbelte, hatte Virupa seine Bemühungen zum Abschluss gebracht und ging ins Paradies der Dakinis ein.

DOMBIPA

Der auf dem Tiger reitet

Der Stein der Weisen
verwandelt unedles Metall in Gold.
Im Herzen des Großen Juwels
wird Leidenschaft in reines Bewusstsein verwandelt.

Dombipa, der König von Magadha, wurde in seiner Jugend vom Guru Virupa in die Meditationsrituale der Buddha-Gottheit Hevajra eingeweiht. Diese Praxis verlieh ihm zwar viele magische Kräfte, doch hielt er sie verborgen.

Obwohl er einer der klügsten Herrscher war und alle Untertanen so behandelte, wie ein Vater mit seinem einzigen Kind umgeht, kam sein Volk nie auf den Gedanken, er könne in die Mysterien eingeweiht sein. Sie wussten nur, dass ihr König ein tugendhafter Mann war, der seine Untertanen gerecht behandelte.

Magadha brauchte auch seinen eingeweihten König, da seit Generationen schlechtes Karma auf dem Land lastete. Das Volk wurde scheinbar unaufhörlich von Krieg, Armut, Verbrechen, Hungersnöten und Seuchen heimgesucht. Der König wünschte sein Volk von diesem Schicksal zu befreien und dachte lange und scharf nach, wie das am besten zu bewerkstelligen sei. Schließlich befahl er, eine gewaltige Bronzeglocke zu gießen, weil er wusste, dass der Glockenklang die Macht hat, Dämonen zu vertreiben und den Geist derjenigen zu reinigen, die ihn hören.

Der König ließ die Riesenglocke unter großen Festlichkeiten an den kräftigsten Ast eines ehrwürdigen Baumes hängen, der mitten im Zentrum der königlichen Stadt wuchs. Vor dem ganzen Volk wies der König seinen höchsten Minister an: «Sobald du eine Gefahr erkennst oder Armut und Krankheit siehst, schlägst du die Glocke mit aller Macht.»

Der Minister gehorchte aufs Wort. Und jedes Mal, wenn die Glockenklänge die Luft zum Schwingen brachten, wurde die karmische Wolke, die über dem Königreich hing, mehr und mehr aufgelöst, bis nach einiger Zeit das gesamte Reich

von Magadha und jedes Herz im Land von den läuternden Schwingungen gereinigt war. Frieden und Wohlstand, Gesundheit und Freude erfüllten das Land.

Viele Jahre danach kam ein Trupp umherziehender, einer niederen Kaste angehörender Spielleute in die königliche Stadt. Der König hörte von ihrer Ankunft und ließ sie kommen, damit sie für ihn sangen und tanzten. Während der Vorführungen konnte der König das Antlitz einer der Tänzerinnen kaum aus den Augen lassen; es gehörte einem jungen Mädchen von außergewöhnlicher Reinheit und bezauberndem Wesen. Diese Jungfrau von zwölf Jahren mit ihrer hellen Haut, den klassischen Zügen und dem unschuldigen Auftreten war noch unverdorben von der Welt. Sie hatte alle Eigenschaften eines Lotoskindes, einer *Padmini*, und der König beschloss auf der Stelle, sie zu seiner spirituellen Gefährtin zu machen.

Der König fand heraus, dass sie die Tochter des Anführers der Spielleute war, und ließ ihn zu sich kommen. Als er aber um die Tochter anhielt, konnte der Mann den König nur mit offenem Mund ungläubig anstarren. Schließlich fand der Spielmann die Sprache wieder und antwortete: «Ihr seid der große König von Magadha. Ihr herrscht über achthunderttausend Haushalte. Wir sind arme Menschen einer unteren Kaste. Es ist nicht erlaubt, dass Menschen wie Ihr mit uns eine eheliche Verbindung eingehen. Wie konntet Ihr an so etwas auch nur denken?»

Der König befahl jedoch, dass das Mädchen gewogen werde. Und der Spielmann sah zutiefst verwundert, wie der höchste Minister das Gewicht in Gold auszählte und ihm übergab.

Eine Reihe von Jahren blieb ihre mystische Ehe vor allen verborgen. Aber im zwölften Jahr entdeckten neugierige Augen und klatschhafte Zungen ihr Geheimnis. Wie ein Lauffeuer verbreitete sich im Reich das Gerücht, der König habe eine Frau zur Gemahlin, die seinem gesellschaftlichen Rang nicht entspreche. Der Skandal am Königshof ließ das gesamte Leben des Reiches stocken. Trotz all der Jahre einer gerechten und gütigen Regierung weigerten sich die Untertanen, einen derart ungeheuerlichen Verstoß gegen die uralte Kastenordnung hinzunehmen. Sie verlangten, dass der König abdanke.

Der König übergab seinem Sohn und den treuen Ministern das Reich und zog sich mit seiner Gemahlin in den Dschungel zurück. Dort lebten sie in seliger Einsamkeit umgeben von allen Früchten und Geschöpfen der Erde in einer idyllischen Einsiedelei. Sie blieben weitere zwölf Jahre ungestört und widmeten sich der Übung des tantrischen Yoga.

Im Reich von Magadha stand freilich nicht alles zum Besten. Die Klarheit und Weisheit des Königs fehlten, und die Sorgen kehrten zurück. Die große Glocke barst, und von neuem suchten Krieg, Seuchen und Hungersnöte das Land heim. Verzweifelt berief der junge König eine Ratsversammlung ein. Man beschloss, den alten König zu bitten, zurückzukehren, und sogleich wurde eine Abordnung in den Dschungel gesandt, die ihn suchen sollte.

Der Suchtrupp bereiste das Land an allen Ecken und Enden und suchte wochenlang entlegene Teile des Dschungels ab, die noch nie betreten worden waren. Man fand aber nicht die geringste Spur vom König und seiner Gemahlin.

Eines Tages endlich, als sich der Trupp verirrt hatte und entmutigt nach Hause zurückkehren wollte, fiel dem Jüngsten etwas Ungewöhnliches auf. Eine tiefe Stille hatte sich auf den Wald herabgesenkt. Kein Vogel zwitscherte, kein Blatt raschelte. Die ganze Welt lag vollkommen ruhig.

In der Ferne entdeckten sie ein schwaches Leuchten. Lautlos bewegten sie sich darauf zu und trafen schließlich auf den König, der am Ufer eines Sees tief in Meditation versunken unter einem Baum saß. Und dort, mitten im See, schritt seine Gemahlin leichtfüßig über einen Weg aus Lotosblättern, die auf dem Wasser schwammen. Sie beugte sich anmutig nieder und tauchte die Hand in die Fluten, und aus großer Tiefe wallte ein Springquell schimmernden Nektars in die Höhe. Sie fing die göttliche Flüssigkeit mit den Händen auf und schwebte über die Blätter zurück, um ihrem Herrn das Getränk darzubringen.

Voller Ehrfurcht konnte es die Gruppe nicht übers Herz bringen, die königliche Einsamkeit zu stören. Sie eilte in die Stadt zurück, um alles Gesehene zu berichten, und man sandte eine zweite Abordnung zum König. Sie führte Botschaften, Bitten und Gebete aus dem ganzen Reich mit sich, die ihn anflehten, zurückzukehren.

Der König empfing die Abgesandten in seiner Einsiedelei. Ihre Leidensgeschichte rührte ihn tief, und er erklärte sich bereit, zurückzukehren und seinem Volk in der Not beizustehen. Er sagte ihnen, er werde in vierzehn Tagen kommen.

Am Tag seiner Rückkehr säumten Tausende von Menschen den Weg zum Palast. Zu ihrem Erstaunen ritt der König zusammen mit seiner Gemahlin auf dem Rücken einer trächtigen Tigerin aus dem dunklen Dschungel heraus und schwang eine giftige Schlange als Peitsche. Die Leute fielen vor Angst auf die Knie nieder und flehten ihn an, die Regierung wieder in die Hände zu nehmen.

«Wie soll ich denn eure Bitte erfüllen?» überlegte der König. «Ihr habt mich vertrieben, weil ich eine Frau niederer Herkunft ehelichte und so die Zugehörigkeit zu meiner Kaste verlor. Und als Kastenloser kann ich nicht herrschen.» Als sie ihr grausames Schicksal laut zu beklagen begannen, erbarmte sich der König und sprach: «Da mit dem Tod alle Unterschiede enden, müsst ihr uns zusammen auf einem Scheiterhaufen verbrennen. Unsere Wiedergeburt wird uns frei machen.»

Man errichtete einen großen Scheiterhaufen aus dem wohlriechendsten und kostbarsten Holz des Reiches, aus weißem Sandelholz. Heiter und ohne das kleinste

Zögern stiegen der König und seine Gemahlin hinauf, und das Holz wurde entzündet.

Sieben Tage lang erfüllte es die Luft mit Wohlgeruch. Sieben Nächte lang ließ es den Himmel wie eine Sonne erstrahlen. Am achten Tag war das Feuer plötzlich rätselhafterweise verschwunden. Als die Leute näherkamen, sahen sie verblüfft, dass über dem Aschehaufen eine Wolke in der Luft schwebte, die aus glitzernden Tautropfen bestand und wie eine Lotosblüte geformt war. In der Mitte der Zauberblume saß der König in der Gestalt der Buddha-Gottheit Hevajra in ekstatischer Vereinigung mit seiner Gemahlin.

Da fielen die letzten Zweifel von den Menschen des Reiches Magadha ab. Sie gaben ihrem König den Namen Dombipa, Herr der Dombi, weil seine kastenlose Gemahlin so hieß.

Der König kam aus der Lotoswolke hervor und sprach zu seinen Ministern, zu allen Menschen seines Reichs, zu den versammelten vier Kasten. «Wenn ihr es übers Herz bringt, so zu tun wie ich», sagte der König, «werde ich bei euch bleiben und euch regieren.»

Erschrocken verwahrten sich die Leute: «Wir sind keine Yogis. Wie kannst du von uns verlangen, unsere Häuser, unsere Familien, unsere Lebensweise aufzugeben? Wie kannst du uns bitten, Kastenlose zu werden?»

Der König seufzte tief und meinte: «Wie sinnlos ist politische Macht, wie groß die Strafe, wenn man sie ausgeübt hat. Diejenigen, die Einfluss haben, wie wenig Gutes tun sie, und wie häufig fügen sie Unrecht zu.»

Während er sprach, wurde seine Gestalt zunehmend durchsichtiger und unkörperlicher. Die letzten Worte lauteten: «Mein einziges Königreich ist das der Wahrheit.» Daraufhin löste er sich in vollkommenes Bewusstsein und reine Glückseligkeit auf und ging auf ewig in das Paradies der Dakinis ein.

SARAHA

Der große Brahmane

Vergiss nie Sahaja, das eingeborene Absolute,
doch such es nur auf den Lippen des Guru.
Erkenne dies als die höchste Natur seiner Worte:
Sie macht den Körper alterslos, den Geist ewig.

Der Brahmane Saraha war der Sohn einer Dakini, und er wurde im östlichen Indien im Bezirk Roli geboren, der zum Stadtstaat Rajni gehörte. Saraha war selbst ein Daka, ein spirituelles Wesen, und verfügte über viele magische Kräfte. Tagsüber hielt er die Gesetze der Brahmanen ein, und nachts unterwiesen ihn eine Reihe buddhistischer Meister in den tantrischen Geheimlehren.

Saraha hatte jedoch Freude an geistigen Getränken, die nach dem Gesetz der Brahmanen verboten waren. Schließlich fanden es die anderen heraus und waren über sein Verhalten empört.

Sie schickten eine Abordnung zu König Ratnapala, die fordern sollte, dass Saraha aus seiner Kaste ausgestoßen würde.

«Wie könnt Ihr als großer König, der Ihr für die Reinheit der Religion in Eurem Land verantwortlich seid, Saraha, der Herr über fünfzehntausend Haushalte ist, gestatten, seine Kaste durch Trinken zu entehren? Ihr müsst ihn ausschließen», verlangten die sittenstrengen Brahmanen.

Der König war freilich ein vernünftiger Mensch. Er beschloss, der Sache selbst nachzugehen und besuchte Saraha privat. Als er ihm vorwarf, ein Schurke zu sein und zu trinken, sagte Saraha: «Ich trinke nicht. Wenn Ihr mir nicht glaubt, ruft die Brahmanen und alle Leute zusammen, und ich werde es beweisen.»

Saraha verkündete der großen Menge, dass er einige Proben bestehen und seine Unschuld beweisen wolle. Er sprach: «Wenn ich schuldig bin, soll meine Hand bis auf die Knochen verbrennen.» Dann tauchte er die Hand in einen Kessel mit siedendem Öl. Als er die Hand einige Minuten später herauszog, sahen alle mit Erstaunen, dass sie völlig unversehrt war.

«Das überzeugt mich von seiner Unschuld», sagte der König und wandte sich an die Brahmanen. «Seid ihr zufrieden?»

«Der Scharlatan trinkt!» riefen sie.

Worauf Saraha ein Gefäß mit geschmolzenem Kupfer herbeischaffen ließ. «Wenn ich schuldig bin», sprach er laut, «sollen mein Mund und Rachen schrecklich verbrennen.» Und er trank die qualmende Flüssigkeit mit einem Schluck. Als er seinen Mund weit öffnete, konnten die Leute deutlich sehen, dass die Haut gesund und rosa war.

«Genug von diesen Zaubertricks!» riefen die Brahmanen. «Wir wissen, dass er trinkt!»

Saraha führte die Menge zu einem großen künstlichen Teich. «Wer überzeugt von seiner Reinheit ist, möge mit mir in das Wasser springen», forderte Saraha sie auf. «Wer untergeht, ist der Lügner.»

Ein Brahmane und Eiferer drängte sich nach vorn und wollte die Probe bestehen. Als beide in den Teich sprangen, sank der Brahmane gleich zum Grund.

«Wer wagt es noch, mich als Trinker anzuklagen?» schrie der tropfnasse Saraha. «Sollte noch der geringste Zweifel bestehen, so wiegt uns beide. Der Leichtere ist schuldig.» Die Menge hielt den Atem an, da der Brahmane doppelt so groß wie Saraha war. Als die zwei aber gewogen wurden, zeigte es sich, dass Saraha das viel größere Gewicht hatte.

An diesem Punkt griff der König ein. Er zeigte auf Saraha und erklärte: «Wenn dieses ehrwürdige Wesen trinkt, so mag es ruhig für alle Zeiten damit fortfahren.» Der König aber warf sich vor Saraha nieder, und alle Brahmanen wie die Volksmenge folgten seinem Beispiel.

Saraha begann drei Liederkreise zu singen: einen für den König, einen für die Königin, und einen für das Volk. Als die Brahmanen Sarahas Unterweisung empfangen hatten, gaben sie ihre traditionellen Praktiken auf und nahmen den Pfad des Buddha an. Im Laufe der Zeit erlangten der König, die Königin und der gesamte Hof die Buddhaschaft. Die Lieder, die Saraha gesungen hatte, wurden nah und fern als die «Drei Kreise der Dohas» bekannt und sehr berühmt.

Saraha selbst nahm ein fünfzehnjähriges Mädchen als Gefährtin und zog mit ihr in ein fernes Land. Das Mädchen bettelte um Almosen für den Lebensunterhalt, und Saraha fuhr fort, in der Abgeschiedenheit sein Sadhana zu üben.

Eines Tages bat er seine Gefährtin, zum Abendessen einen Rettichcurry zu kochen. Als sie daranging, ihn sorgfältig mit Yoghurt aus Büffelmilch zu bereiten, begann er zu meditieren. Er meditierte die ganze Nacht, den ganzen folgenden Tag und auch den nächsten Tag. Er setzte seine Meditation zwölf lange Jahre fort.

Aber kaum war er in die äußere Welt zurückgekehrt, schrie er aus Leibeskräften: «Wo ist mein Rettichcurry?»

«Du sitzt zwölf Jahre im Samadhi, und als erstes fragst du nach Rettichcurry?» meinte seine Dakini-Gefährtin erstaunt.

Saraha nahm sich den Tadel zu Herzen und beschloss, in die Bergeinsamkeit zu gehen und richtig weiter zu meditieren.

«Meinst du denn, dass die Abgeschiedenheit in den Bergen dir etwas nützt, wenn du aus dem Samadhi zurückkehrst und tatsächlich noch ein unvermindertes Verlangen nach Rettichcurry hast?» fragte ihn seine Gefährtin. «Die reinste Einsamkeit», gab sie zu bedenken, «ist die, die es dir gestattet, den vorgefassten Meinungen und Vorurteilen, den Benennungen und Schubladen eines engen, starren Geistes zu entkommen.»

Saraha lauschte aufmerksam der Weisheit seines Dakini-Guru und begann sich ausschließlich der Aufgabe zu widmen, seinen Geist von begrifflichem Denken und dem Glauben an die Substanzialität der objektiven Wirklichkeit freizumachen.

Mit der Zeit begann er alle Dinge in ihrer ursprünglichen Reinheit zu erfahren und erlangte schließlich die höchste Verwirklichung der Mahamudra. Den Rest seines Lebens verbrachte er in grenzenlosem Dienst an den anderen. Als er gestorben war, stieg er mit seiner Gefährtin auf in die Glückseligkeit des Paradieses der Dakinis.

LILAPA

Der königliche Hedonist

Standhaft in den Vier Unermesslichkeiten
regiert der Yogi-König – der königliche Schneelöwe.
Die fünf Flechten seiner Türkis-Mähne
sind die fünffachen Zeichen des Buddha-Bewussteins.
Seine Löwenpranken reißen einem Ochsen
das Fleisch von den Knochen,
wie die Zehn Vollkommenheiten des Yogi
negative Kräfte zerteilen.
Das ist die Verwirklichung,
die Lilapa ewige Freiheit brachte.

Einst lebte ein hedonistischer, den Sinnen ergebener König in Südindien, der seinen Reichtum, seine Erdenfreuden über alles schätzte. Der König genoss freilich auch kluge Gespräche, und von Zeit zu Zeit wurden Besucher in den Saal gebeten, wo der König in prächtigste Gewänder gehüllt auf dem Löwenthron ruhte.

Eines Tages kam ein weiser Yogi an den Hof, und ihm wurde eine Audienz gewährt. Als der König seine Lumpen und das wettergegerbte Gesicht erblickte, erfasste ihn Mitleid.

«Was muss das für ein schreckliches Leben sein, so armselig von Land zu Land zu wandern», sagte er.

«Ich kann mich nicht beklagen», antwortete der Yogi. «Ihr seid es, der zu bedauern ist.»

«Wie kommst du auf den Gedanken?» fragte der König betroffen.

«Ich habe Augen im Kopf», meinte der Yogi. «Ich kann sehen, dass Ihr in ständiger Angst vor Euren Untertanen lebt. Außerdem fürchtet Ihr, den Thron zu verlieren. Ich jedoch bin frei von allem Leiden. Den Kummer des Alterns, ja selbst den Tod kenne ich nicht. Müsste ich in lodernde Flammen springen, ich würde nicht verbrennen. Müsste ich das tödlichste Gift schlucken, ich würde nicht sterben.»

«Wie ist das möglich?» fragte der König erstaunt.

«Ich habe die großen Lehren der Alchemisten erfahren», versetzte der ehrwürdige Yogi. «Ich kenne das Geheimnis der Unsterblichkeit.»

Die Worte des Yogis trafen den König so tief, dass sein Glaube augenblicklich entfacht war. «Ich bin nicht in der Lage, wie du von Ort zu Ort zu wandern», sprach er, «aber wenn du mir zeigen könntest, wie ich hier auf meinem Thron im Palast meditieren soll, wäre ich sehr dankbar. Ich bitte dich, lang genug zu bleiben, um mich zu unterweisen.» Und er warf sich ehrfürchtig vor ihm nieder.

Der Yogi erfüllte die Bitte des Königs und weihte ihn in die Meditationsübungen der Gottheit Hevajra ein. Der König lernte, seine Aufmerksamkeit unerschütterlich auf den edelsteingeschmückten Ring an seiner Rechten zu konzentrieren. Mit der Zeit war er fähig, in der Mitte des Juwels den großen Hevajra zu schauen, umgeben von seinem göttlichen Gefolge. Als es dem König gelang, diese Schau zu durchdringen, vereinigte er die Stufen der Erzeugung und Vollendung der Meditation, und der Zustand der Verwirklichung, die Einzieligkeit des Samadhi trat spontan ein.

Danach meditierte der König unablässig. Sein Verständnis begann zu erwachen und stattete ihn mit der Kraft, der Verwirklichung der Mahamudra und noch anderen Fähigkeiten aus, wie zum Beispiel mit außersinnlicher Wahrnehmung. Doch all das erlangte er, während er auf seinem Löwenthron saß, von seinen schönen Königinnen und den treuen Ministern umgeben auf Seidenkissen ruhte und der Musik seiner Hofmusiker lauschte.

Da er den sinnlichen Vergnügungen sehr zugetan war, erhielt er bald den Namen Lilapa, Meister des Spiels. Dennoch wurde er in der ganzen Welt wegen seines wunderbar selbstlosen Handelns berühmt; und er erlangte schließlich die endgültige Befreiung und ging in das Paradies der Dakinis ein.

Lilapas Geschichte zeigt uns, dass es nicht nötig ist, die Erdenfreude aufzugeben, um Befreiung zu erlangen, wenn die karmischen Neigungen und Bestrebungen des Schülers harmonisch übereinstimmen mit den Lehren des Guru.

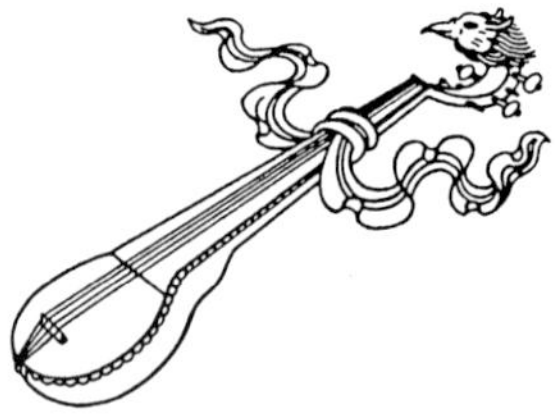

SHAVARIPA

Der Jäger

Im Wald des Nicht-Wissens verbirgt sich ein Reh,
das Reh, das «Umnachtung» heißt;
Jäger, spanne die Bogensehne der Erkenntnis
auf dem Bogen der geschickten Mittel,
den einen Pfeil der höchsten Wahrheit fliegen lassen,
das Reh stirbt – ja, das Denken stirbt:
Das Wildbret ist dann ein Festschmaus der Nicht-Dualität,
der Geschmack ist eine Kostprobe reiner Glückseligkeit,
und das Ziel, das Große Siegel (Mahamudra), ist erreicht.

An den Hängen des Berges Vikrama im zerklüfteten Mantra-Gebirge lebte ein Jäger mit Namen Shavaripa. Sein Karma war eine Plage. Der Jäger muss Leben zerstören, wenn er überleben will; und Tiere töten und ihr Fleisch essen führt zu einem üblen karmischen Kreislauf: er tötet, um leben zu können, und er lebt, um zu töten. Das ist das Schicksal aller Jäger.

Eines Tages, Lokeshvara, der Bodhisattva des Erbarmens, sah seine Not. Er hatte Mitleid mit Shavaripa und wollte ihn aus dem Teufelskreis seines Karma befreien. So nahm er die Gestalt eines Jägers an und begegnete Shavaripa auf der Straße.

«Wer bist du?» fragte der Jäger misstrauisch.

«Ich bin ein Jäger wie du», sprach der Bodhisattva.

«Wo kommst du her?» wollte Shavaripa wissen.

«Ach, von sehr weit», kam ausweichend die Antwort.

Shavaripa beschloss, den Fremden auf die Probe zu stellen. «Wie viele Rehe kannst du mit einem einzigen Pfeil schießen?» forderte er heraus. Shavaripa war sehr stolz auf die außergewöhnliche Kunstfertigkeit, mit der er Pfeil und Bogen handhabte.

«Etwa dreihundert», erwiderte der Bodhisattva ruhig.

«Das würde ich gern einmal sehen», höhnte Shavaripa.

«Dann bis morgen bei Sonnenaufgang», sagte der Bodhisattva, während er im Wald verschwand.

Am nächsten Morgen führte also der Bodhisattva den Jäger Shavaripa auf eine weite Ebene, auf der sie ein Rudel von fünfhundert Rehen entdeckten, das Lokeshvara heimlich herbeigezaubert hatte. «Also los», flüsterte der Jäger spöttisch. «Wie viele wirst du erlegen?»

«Wie wäre es mit allen fünfhundert?», sagte sein Begleiter.

«Warum fängst du nicht erst einmal mit hundert an», schlug Shavaripa ein wenig spöttisch vor.

Der Bodhisattva schoss also einhundert Rehe mit einem einzigen Pfeil und bat den erstaunten Jäger, eins für ihn nach Hause zu tragen. Trotz seiner Kraft begannen Shavaripas Arme zu zittern, als er versuchte, das Reh anzuheben. So sehr er sich auch bemühte, er war nicht in der Lage, auch nur ein Bein der zierlichen Kreatur zu bewegen und mit seinem Stolz war es plötzlich vorbei. Als sie nach Hause zurückgekehrt waren, flehte Shavaripa den Bodhisattva zutiefst beschämt an, ihm seine Schießkünste beizubringen. Lokeshvara versprach es ihm, stellte jedoch die Bedingung, dass Shavaripa und seine Frau einen ganzen Monat lang kein Fleisch essen. Shavaripa willigte ein.

Der Bodhisattva kehrte schon nach einer Woche zurück und sah, dass sich die beiden an seinen Befehl hielten. Er sagte Shavaripa, dass er nicht nur das Fleischessen aufgeben müsse, sondern auch grenzenlose Güte allen Wesen gegenüber und das Erbarmen mit ihnen ins Auge fassen solle, wenn er sich eine Unterweisung im Bogenschießen wünsche. Und wieder stimmte der Jäger zu.

Als der Monat um war, und der Bodhisattva wiederkam, begrüßte ihn Shavaripa ungeduldig. Doch Lokeshvara zeichnete erst einmal ein Mandala für den Jäger und seine Frau, streute Blumen darauf und bat sie freundlich, hineinzublicken. «Was seht ihr?» erkundigte er sich.

Als die beiden in den Zauberkreis schauten, wurde das Paar aschfahl und schloss erschrocken die Augen. Weder Mann noch Frau brachten vor Schreck ein Wort heraus.

«Was seht ihr? Was seht ihr?» wiederholte der Bodhisattva.

«Uns selbst, wie wir in der Hölle brennen!» rief Shavaripa schließlich.

«Habt ihr keine Angst?» fragte der Bodhisattva.

«Ja, oh ja», keuchte das Paar.

«Wollt ihr wissen, wie ihr dem entrinnen könnt?»

«Sicher», antwortete der Jäger für sie beide.

Daraufhin begann der Bodhisattva, die grundlegenden Lehren des Buddha zu erläutern. Shavaripa begann zu verstehen, warum er aufgefordert worden war, kein Fleisch mehr zu essen und Erbarmen für alle Lebensformen zu empfinden. «Auf lange Sicht bewirkt Töten unausweichlich eine Wiedergeburt in einer menschlichen Hölle. Die kurzfristige, unmittelbare Wirkung besteht in der Verstärkung des Hanges zu töten, und daher besteht die große Gefahr, noch tiefer in Sündhaftigkeit zu versinken. Die gesellschaftliche Folge ist Unehre und ein schlechter Ruf.»

«Wenn du die Lebenszeit anderer verkürzt», erklärte der Bodhisattva, «musst du damit rechnen, dass dein eigenes Leben vorzeitig beendet wird. Warum gibst du die Jagd nicht ganz auf und widmest dein Leben der Suche nach Erleuchtung? Wenn das Verlangen zu töten nachlässt, wirst du anfangen, unermessliche Verdienste und Tugenden anzusammeln.»

Lokeshvara machte sie mit den karmischen Wirkungen von Tugend und Laster vertraut, belehrte sie über die zehn tugendhaften Handlungen und ihr Gegenteil und wies sie auf die unausweichliche Vergeltung hin, die aus guten wie schlechten Taten entsteht. Dann zeigte er ihnen, wie man ein freudiges, gesundes Leben führen kann.

Shavaripa gewann Einsicht in das Leiden, das vom Lebensrad nicht zu trennen ist, und wurde von Reue und Abscheu gepackt, als er an das Leben dachte, das er geführt hatte. Ihn erfüllte unumstößlicher Glaube an den Pfad der Buddhas. Lokeshvara wies ihn in die Ausübung eines Sadhana ein, das seine ganze Zeit beanspruchte, und sandte ihn zum Meditieren in die Danti-Berge. Zwölf Jahre meditierte Shavaripa über unterschiedsloses, erhabenes Erbarmen in einem Zustand frei von allem Denken und erreichte die höchste Verwirklichung der Mahamudra.

Der ehemalige Jäger suchte daraufhin seinen Guru, den Bodhisattva Lokeshvara auf. Als er vor ihm stand, pries der Guru seine Vollendung von ganzem Herzen und blickte in die Zukunft seines Schülers und sagte: «O glücklicher Mann! Dein höchstes Nirvana ist nicht das zielstrebige Nirvana jener, die die Leidenschaft an der Wurzel auslöschen wie Hirten, die brennendes Gras austrampeln. Du musst auf dem Lebensrad bleiben, und zwar wegen all der Wesen, die daran gefesselt sind. Dein Ziel sollte sein, unzählige Menschen zu befreien.»

Shavaripa stimmte bereitwillig zu und kehrte in seine Heimat zurück. Mit der Zeit wurde er als Majigochen (der mit Pfauenfedern Geschmückte) und Ritro Gompo (Wächter der Bergeinsiedelei) bekannt. Noch heute lehrt er diejenigen, die das Glück haben, seine Botschaft zu verstehen, durch Gesang und Tanz, Klang und Symbol. Und so wird es sein bis zu dem Tag, an dem Maitreya, der Buddha der Liebe als nächster Buddha erscheint und das Evangelium des neuen Zeitalters lehrt.

GORAKSA

Der unsterbliche Kuhhirte

Gleich welcher Geburt, ob hoch, mittel oder niedrig,
nutze die Umstände deines Lebens voll und ganz.
Begreife, der Fluss des Karma
hilft dir, dein Ziel zu erreichen.
Ich ergriff die Gelegenheit, Erleuchtung zu erreichen,
und diente treu Chaurangi, der keine Arme und Beine hatte.
Dann brachte mir Achintapa den Nektar der Unsterblichkeit
und ich schaute die nicht-dualistische Wirklichkeit.
Jetzt bin ich der König der Kuhhirten der Drei Bereiche.

Während der Regierung des Königs Devapala war ein armer Weihrauchverkäufer im östlichen Indien gezwungen, seinen jüngsten Sohn Goraksa als Kuhhirten zu verdingen. Das war ein bescheidenes, einfaches Leben, doch dem Jungen gefiel die ländliche Gegend und die Gesellschaft der sanften Tiere.

Eines Nachmittags lag er faul im hohen Gras und plauderte mit den anderen Hirten, als plötzlich eine große Gestalt vor ihnen stand. Es war der Mahasiddha Minapa, der auch unter dem Namen Achintapa bekannt war. Der Guru zeigte in die Ferne und fragte mit lauter Stimme: «Seht ihr dort die Geier kreisen? Sie warten auf den Tod eines jungen Prinzen, der schwer verletzt im Schatten eines einsamen Baumes liegt. Man hat ihn dorthin gebracht und ihm Arme und Beine abgetrennt. Wer will ihn retten und für ihn sorgen?»

Instinktiv ergriff Goraksa die Gelegenheit am Schopf und rief: «Ich will es tun.» Er sprang auf und sagte zu Minapa: «Aber wenn ich dir eine Arbeit abnehme, musst du meine für mich erledigen.»

Sie wurden handelseinig. Minapa blieb, um auf die Herde aufzupassen, und der Junge rannte los, hinüber zu der Wolke von Geiern. Schon bald hatte er das arm- und beinlose Opfer entdeckt, dessen Blut zwischen den Baumwurzeln unter

ihm versickerte. Goraksa säuberte die schrecklichen Wunden und verband sie mit Streifen, die er aus seiner Kleidung riss. Als er alles getan hatte, was dem Prinzen die Lage erleichterte, kehrte er zu Minapa zurück und berichtete ihm, was er gesehen und unternommen hatte.

«Wirst du eine Möglichkeit haben, ihn zu ernähren?» fragte der Guru.

«Ja», antwortete der Junge. «Der Besitzer meiner Herde bringt mir morgens und abends zu essen und zu trinken. Ich werde dem Prinzen die Hälfte von dem geben, was ich bekomme.»

Der Guru lobte Goraksa und gab ihm Anweisungen, wie der Prinz zu pflegen sei. «Wenn er leben will, müssen die vier Grundfunktionen des Lebens, nämlich Essen, Trinken, Schlafen und Ausscheidung in Ordnung sein.»

Der einfache Kuhhirt kehrte zum Prinzen zurück und baute ihm aus Ästen und Zweigen des Baumes eine schützende Hütte. Jeden Tag teilte Goraksa sein Essen und Trinken mit ihm, und so wuchsen sie langsam zu Männern heran. Goraksa badete den Prinzen, räumte die Exkremente fort und tat alles, was zum Wohlergehen des Prinzen nötig war.

Eines schönen Abends zwölf Jahre später, als die sinkende Sonne den dunkler werdenden Himmel mit herrlichen Karmesin- und Goldtönen überzog, brachte Goraksa dem Prinzen wie gewöhnlich das Abendessen. Als der Hirt die Hütte am Baum erreichte, sah er etwas Unglaubliches.

Mit offenem Mund blickte Goraksa auf den Prinzen, der sich von der Stelle erhob, auf der sein arm- und beinloser Körper all die Jahre bewegungslos gelegen war. Nun stand er auf zwei kräftigen, gesunden Beinen und streckte die beiden muskulösen Arme.

«Mach lieber deinen Mund zu», sagte der Prinz scharf. «Du verschluckst sonst noch eine Fliege.» Darauf erhob er sich in die Lüfte und schwebte dicht über Goraksas Kopf. «Minapa hat mich in einem Yoga unterwiesen, der bewirkt hat, dass sich meine Glieder wieder bildeten. Als Lohn für deine Dienste bin ich gern bereit, dir das Meditieren beizubringen.»

«Besten Dank, mein Herr, das ist nicht nötig», versetzte Goraksa. «Ich habe schon einen Guru. Ich habe nur seine Anweisungen befolgt, als ich Euch die ganzen Jahre diente.»

Und der treue Kuhhirt kehrte zu seinen weidenden Tieren zurück. Bald darauf erschien Minapa und wollte wissen, wie es seinem Schützling gehe. Goraksa erzählte ihm von der wundersamen Wiederherstellung des Prinzen. Der Guru war entzückt und pries die Gewissenhaftigkeit und Treue des jungen Mannes. Sogleich gewährte er Goraksa Einweihung und Ermächtigung und wies ihn in die Lehren ein, die er befolgen sollte.

Goraksa begab sich dann in ein fernes Land, wo er die Meditation üben konnte. Als er die eher weltliche Ebene des Bewusstseins erreicht hatte, erschien Minapa wieder vor ihm. «Du kannst das vollkommene Erwachen und die Reinheit der Buddhaschaft erst erlangen», sprach der Guru, «wenn du einhundertmillionen Wesen befreit hast.»

Goraksas Begeisterung für den Dienst war so groß, dass er in die Welt hinaus eilte und alle einzuweihen begann, die innehielten und ihm zuhörten. In seinem Eifer vergaß er jedoch, seine Schüler sorgsam zu prüfen, ob sie schon die Reife hatten, um unterwiesen zu werden.

Das verstimmte den Großen Gott Mahadeva, der vor Goraksa erschien, als der eben mitten in einer Schar von Eingeweihten saß. Mahadeva tadelte den Kuhhirten und ermahnte ihn: «Unterweise nur die, die zu dir kommen und um deine Lehren bitten. Weihe niemand ein, dem es an Treue oder wahrem Verständnis gebricht.»

Danach unterrichtete Goraksa nur jene, die durch ihr Karma auf die Einweihung vorbereitet waren, befreite allerdings weiter zahllose Menschen. Goraksa, dessen Name «Beschützer der Herde» bedeutet, lehrt noch heute. Wer reinen Geistes ist und bereit, unterwiesen zu werden, hört den steten Schlag seiner Trommel. Doch für alle anderen bleibt er ewig still und unsichtbar.

TANTIPA

Der altersschwache Weber

Ich knüpfe meine Kette, meinen Schuss,
richte mich nach den Unterweisungen des Guru.
Ich webe Muster der Erfahrung
aus dem unsichtbaren Garn des fünffachen Bewusstseins.
Mit meinem Schiff der Lehre des Guru
und meinem Webstuhl der höchsten Erkenntnis der Leerheit
webe ich den Stoff des Dharmakaya
aus grenzenlosem Raum und dem Spiel reinen Wissens.

Einst ließ sich ein ausgezeichneter Weber in Sendhonagar nieder. Er arbeitete hart und hatte bald einen blühenden Handel aufgebaut. Im Lauf der Zeit gab er sein Können an seine zahlreichen Söhne weiter, und ihre Begabung, ihr Fleiß ließen die Familie sehr reich werden. Die Jahre vergingen, die Söhne hatten alle Frauen der eigenen Kaste geheiratet, und die Zunft der Weber im Land nahm zu.

Als der Weber neunundachtzig Jahre alt war, starb seine geliebte Frau. Der traurige Verlust ließ ihn rasch altern. Bald war er altersschwach und gebrechlich und konnte nicht mehr allein für sich sorgen. Seine Schwiegertöchter kümmerten sich nun um ihn, brachten ihm das Essen, aber sie regten sich ständig über den alten Mann auf und beschwerten sich bei ihren Männern.

Eine sagte: «Es ist immer peinlich, wenn Kunden kommen und den schwachsinnigen Alten erleben.»

Eine andere meinte: «Die ganze Stadt lacht über ihn – und uns. Er ruiniert unseren Ruf.»

Die nächste sprach: «Er schafft negatives Karma für die gesamte Familie. Wollt ihr, dass eure Kinder und Enkelkinder arm wie die Feldmäuse sind?»

Schließlich sagten alle Söhne zu ihren Frauen: «Macht mit ihm, was ihr wollt. Aber lasst uns nur in Frieden.»

Die Frauen berieten sich. Sie waren alle viel zu gutherzig und mochten den Alten nicht vor die Tür setzen, wollten ihn aber irgendwie aus dem Weg haben. Schließlich hatte eine den Einfall, ihm draußen im Garten eine kühle und bequeme Strohhütte zu errichten. Dort würde er von niemand gesehen werden, und die Umgebung wäre wunderschön. Alle waren mit dem Plan einverstanden.

So wurde der alte Mann aus Haus und Familie ausgeschlossen. Seine Schwiegertöchter brachten ihm zwar wie sonst das Essen, aber er wurde bitter und zornig. Er war einsam in seiner Strohhütte und begann mit den Winden zu sprechen.

Einige Monate später geschah es, dass der Guru Jalandhara durch Sendhonagar kam. Dabei bat er auch den ältesten Sohn des Webers um Nahrung. Der Sohn lud ihn zu sich nach Hause ein, und seine Frau war nur zu erfreut, den heiligen Mann zu speisen. Als der Guru gegessen hatte, lud ihn die Frau ein, über Nacht zu bleiben. Er sagte nein und meinte, er sei es nicht gewohnt, im Haus auf bequemen Betten zu schlafen.

Die Gastgeberin führte ihn freundlich in den nächtlichen Garten mit seiner Kühle, seinen Wohlgerüchen. Sie ließ die Diener eine Lampe für ihn holen, und was er sonst noch brauchte, und wünschte ihm eine gute Nacht.

Als Jalandhara eben einschlafen wollte, hörte er eine zittrige alte Stimme, die gereizte Selbstgespräche führte. «Hallo?» rief er.

Einen Augenblick herrschte Stille. Dann wollte die geisterhafte Stimme wissen: «Wer ist da?»

«Ein Wandermönch auf Besuch», erwiderte der Yogi. «Wer bist du?»

«Das Oberhaupt dieser Familie, wer sonst?» jammerte der Alte.

Jalandhara entzündete seine Lampe und entdeckte auf einmal die kleine Strohhütte, die versteckt hinter dem wilden Gesträuch süßduftenden Jasmins lag. Er trat in die Hütte ein, und der Alte forderte ihn auf, sich auf dem Boden niederzulassen. Dann erzählte der Weber seine Leidensgeschichte.

«Ich bin der Vater dieser Familie von Webern. In der Blüte meiner Jahre war ich der Herr des Hauses, leitete das Geschäft, doch jetzt hat keiner mehr für mich Verwendung», klagte der alte Mann. «Ich bin von meinen eigenen Söhnen und ihren Frauen gedemütigt worden. Sie halten mich in dieser Hütte fest, als wäre ich eine Missgeburt. Wie nichtig sind doch die Hoffnungen, die das Leben erweckt.»

Der Guru dachte einen Augenblick nach. Dann sprach er: «Alles, was wir tun, ist nichts als vergängliches Theater. Alles, was ins Dasein tritt, erfährt die Leidhaftigkeit. Alles ist nichtig und eine Täuschung. Frieden und Glückseligkeit sind nur im Nirvana zu finden. Möchtest du, dass ich dir die Unterweisung gebe, die auf den Tod vorbereitet?»

«Das wäre mir lieb», antwortete der Weber mit fester, sicherer Stimme.

Darauf weihte ihn der Guru in das Mandala des Hevajra ein und unterwies ihn in der Meditation.

Am nächsten Morgen zog der Guru weiter, und das Leben ging seinen gewohnten Lauf. Niemand bemerkte, niemand kümmerte sich darum, dass der Alte begonnen hatte, seine Meditation zu üben. Allerdings fiel auf, dass er sich nicht mehr über sein Los beklagte. Eigentlich redete er überhaupt nicht mehr.

Zwölf Jahre lang herrschte tiefes Schweigen in der Hütte. In dieser Zeit erlangte der alte Weber jedoch gewisse Kräfte. Das blieb bis zu dem Tag unentdeckt, an dem die Familie die Fertigstellung eines außerordentlich prächtigen Teppichs feierte, den ihr wohlhabendster Kunde bestellt hatte.

Mitten im Festmahl fiel der Frau des ältesten Sohnes plötzlich ein, dass sie vergessen hatte, ihrem Schwiegervater zur gewohnten Stunde das Essen zu bringen. Sie vermutete, dass der blöde, stumme alte Mann vor Hunger schon ganz schwach sein müsse, und eilte mit einem Teller Speisen davon.

Doch kaum hatte sie die Hütte betreten, blieb sie wie erstarrt stehen. Der Teller fiel ihr aus den Händen, als sie das greise Oberhaupt der Familie erblickte, umstrahlt von einem Leuchten. Er saß in einem Kreis von fünfzehn wunderschönen Mädchen, die mit Schmuck bedeckt und in so zarte Stoffe gehüllt waren, wie sie in der Welt der Menschen unbekannt sind. Jedes der Mädchen hielt eine flache Schüssel voller köstlichster Speisen und fütterte den Weber mit seinen Fingern.

Als die Frau des ältesten Sohnes wieder zu sich kam, rannte sie, so schnell sie konnte, zur Familie zurück und schrie: «Kommt in den Garten ... in den Garten ...»

Der älteste Sohn dachte, der Vater liege im Sterben und begann zu weinen, und die gesamte Familie eilte zur Hütte. Dort waren sie schier geblendet von dem Leuchten, das jetzt den ganzen Garten füllte. «Der alte Mann ist besessen!» riefen sie.

Am Morgen hatte schon die ganze Stadt Sendhonagar die unglaubliche Geschichte vom altem Weber im Garten gehört. Von überallher kamen die Leute und gafften. Einige warfen sich vor der Hütte nieder.

Schließlich trat der Weber aus seinem Ort der Verbannung hervor. Ein altersschwacher, gebrechlicher Mann war er nicht mehr. Er war in einen sechzehnjährigen Jüngling verwandelt, strotzend vor Kraft und Gesundheit. Von ihm ging ein so starkes Licht der Verklärung aus, dass die Zuschauer ihre Augen bedecken mussten. Sein Körper war wie ein glänzender Spiegel, und alle manifesten Erscheinungen wurden von ihm als reines Licht zurückgestrahlt.

Der Weber wurde unter dem Namen Guru Tantipa bekannt. Als er viele Jahre im selbstlosen Dienst an den Einwohnern zugebracht hatte, wurde er zusammen mit einer großen Schar aus der Stadt Sendhonagar in das Paradies der Dakinis aufgenommen.

KHADGAPA

Der Meisterdieb

Er mag sich anstrengen, wie er will,
der Krieger ohne Waffen
wird stets besiegt.
Doch bewehrt mit dem Schwert
nicht nachlassender Achtsamkeit,
überwinde ich meine Feinde, die Dämonen
der drei Welten und empfinde kein Bedauern.

Als einer Bauernfamilie niederer Kaste im Königreich Magadha ein Sohn geboren wurde, freuten sich alle. Als der Junge aber heranwuchs, verwandelte sich die Freude der Familie in Kummer. Mit jedem Tag wurde deutlicher, dass sich Khadgapa überhaupt nicht für die arbeitsame Lebensweise seiner Vorfahren interessierte. Er widmete sich mit der ganzen Kraft seiner Begabung dem Stehlen.

Dazu muss gesagt werden, dass seine Begabung keine geringe war. Er konnte einem Huhn das Ei schon stehlen, bevor es noch gelegt war. Er hatte natürlich Freude am Gewinn, den sein Beruf ihm eintrug, doch am meisten kitzelte ihn die Aufregung, die Gefahr.

Er verfeinerte seine Kunst und ging immer größere Wagnisse ein. Eines Tages beschloss er, einen legendären Rubin zu entwenden, der sich im Besitz des reichsten Mannes von Magadha befand. Alles ging gut bis zu dem Augenblick, als er sich mit seiner Beute davonstehlen wollte und dabei einer schlafenden Katze auf den Schwanz trat. Das Tier machte so ein Geschrei, dass sich das gesamte Haus auf Khadgapa stürzte, der um sein Leben rannte und dabei den Rubin fallenließ.

Zu seinem Glück bewegte sich eben ein Leichenzug durch das Viertel, und unser Meisterdieb mischte sich unter die Trauergäste, schlug sich mit den Fäusten

auf die Brust und jammerte mit den anderen. Seine Verfolger konnten ihn beim besten Willen nicht von den Trauernden unterscheiden, und es wäre unfein gewesen, den Zug zu stören.

Khadgapa folgte den Hinterbliebenen bis zur Verbrennungsstätte und dankte dem Verstorbenen von ganzem Herzen, dass er ihm das Leben gerettet hatte. Er beschloss, sich auf der Verbrennungsstätte versteckt zu halten, um ein paar Tage in Sicherheit zu sein, und traf dabei den Yogi Charpati, der sein Sadhana ausführte.

«Vor wem versteckst du dich?» fragte der Dieb den Yogi.

«Ich versuche dem Kreislauf von Geburt und Tod auf dem Lebensrad zu entkommen», versetzte Charpati. «Und so meditiere ich.»

«Versteh' ich nicht», meinte der Dieb. «Was springt dabei heraus?»

«Dabei springt viel heraus», erklärte der Yogi. «Ich werde eine höhere Existenzweise erreichen und noch dazu die Glückseligkeit erlangen, die Frucht der absoluten Gewissheit.»

«Gut für dich», sagte der Dieb.

«Du kannst sie ebenfalls haben», sprach Charpati, «wenn du die Lehre des Buddha übst.»

«Ich achte die Lehre des Buddha», antwortete Khadgapa. «Aber ich habe überhaupt keine Zeit, den lieben langen Tag auf meinem Hintern herumzusitzen und auf einer Verbrennungsstätte zu meditieren. Du kennst wahrscheinlich keine Siddhi der Unbesiegbarkeit, die mich schützen könnte, wenn ich ein Ding drehe – und selbst den König bestehlen wollte?»

«Eigentlich schon, wirklich», meinte der Guru. Darauf gewährte er dem Meisterdieb Einweihung und Ermächtigung und unterwies ihn wie folgt:

«In einer Stadt in Magadha steht ein alter Tempel, der Gaurishankar genannt wird. Von außen sieht er wie ein Stupa aus, ist aber in Wahrheit ein Schrein, der eine Statue des Avalokiteshvara birgt. Wenn du ihn betrittst, wirst du spüren, wie viel Segen des Bodhisattvas auf diesem Ort liegt.

Dein Sadhana», fuhr der Guru fort, «besteht darin, die Statue einundzwanzig Tage lang Tag und Nacht zu umwandeln. Du darfst aus gar keinem Anlass stehen bleiben. Selbst beim Essen musst du die Statue weiter umkreisen. Wenn du das einundzwanzig Tage lang treu ausgeführt hast, dann achte auf eine große Schlange, die zwischen den Füßen des Standbilds hervorgleiten wird. Wenn du sie erblickst, musst du sie sofort am Kopf packen. Wenn du dich fürchtest oder zögerst, ist alles verloren. Wenn du aber tust, was ich dir sage, wirst du die Siddhi erlangen, die du dir wünschst.»

Der Dieb hatte rasch in Erfahrung gebracht, in welcher Stadt sich dieser Tempel befand, und begab sich schnell, aber ohne Wagnisse einzugehen, dorthin. Da man ihn noch immer suchte, konnte er sich nur mitten in der Nacht sicher bewegen. Schließlich erreichte er das Tor zum Tempel.

Als er eintrat, durchflutete ihn die Gegenwart des Bodhisattva, wie sein Guru gesagt hatte. Das machte Khadgapa Mut, und er begann das Standbild zu umkreisen. Tag für Tag, Nacht um Nacht, einundzwanzig Tage lang folgte er den Anweisungen seines Guru peinlich genau. Immer und immer wieder ging er um die Statue des Avalokiteshvara herum, bis sich Schmerzen und Müdigkeit auflösten wie Morgennebel.

Am Abend des einundzwanzigsten Tages seines Sadhana ringelte sich eine große schwarze Schlange zwischen den Füßen des Bodhisattva hervor und begann langsam über den Boden zu gleiten. Im Nu hatte der furchtlose Dieb sie am Kopf gepackt.

Kaum hielt er die Schlange in der Hand, als ein ungeheurer Donnerschlag ertönte und ein blendend helles Licht aufblitzte. Khadgapas Faust umspannte fest das wunderschönste Schwert, das er je gesehen hatte. Und während er es hielt, wurde sein Leuchten immer stärker, und das klare Licht vertrieb alle Schatten. Auf einmal wurden Khadgapa alle Befleckungen und Täuschungen seines Geistes so augenscheinlich, so sichtbar wie die Schlange, die er gepackt hatte.

Und als er die Schatten des Geistes erblickte, trennte die Schneide des Lichts sie von seinem Wesen ab. In einem Augenblick war er frei von Befleckung und erlangte die Siddhi des Schwertes, eine der acht großen magischen Fähigkeiten. Von da ab wurde er nur noch Khadgapa genannt, der Schwertkämpfer.

Die nächsten einundzwanzig Tage unterwies der ehemalige Dieb alle Leute von Magadha in der Lehre des Buddha. Dann offenbarte er seine Verwirklichung und wurde in das Paradies der Dakinis aufgenommen.

CHAURANGIPA

Der ohne Arme und Beine

Seit undenklichen Zeiten wird der Baum des Nichtwissens
gewässert vom Monsun der gewohnten Geisteszustände.
Ein Rankenwerk der Verblendung ist er geworden.
Hört hin. Überlegt. Übt.
Schlagt ihn um mit der Axt der Unterweisung des Guru.

Chaurangi war der Sohn Devapalas, der als König im östlichen Indien herrschte. Der Vater war ein freundlicher Mann, aber der Junge hing auch sehr an seiner frommen Mutter. Er war erst zwölf Jahre alt, als sie von einer tödlichen Krankheit befallen wurde. Er wurde an ihr Sterbelager gerufen, und mit letzter Kraft teilte sie ihm den Kern ihrer Lehren mit. «Alle Freuden und Leiden wurzeln in zweierlei Wirken – im tadelnswerten und im tugendhaften», gab sie ihm zu bedenken. «Und wenn auch dein Leben auf dem Spiel steht, tue nie etwas Böses.» Mit diesen Worten starb sie.

Nach kaum einem Jahr nahm der König eine junge und schöne Frau zur Gemahlin, übte aber auch weiterhin seine Meditation. Kurz nach der Hochzeit zog sich der König für eine Weile in seine Einsiedelei im Dschungel zurück. Die einsame junge Königin wanderte im Palast umher und machte sich mit ihrer neuen Umgebung vertraut. In der Kühle des Abends stieg sie zum Dach des Palastes empor, um die Aussicht zu genießen.

Da erregte ein Geräusch unten im Hof ihre Aufmerksamkeit. Sie blickte hinab und entdeckte den jungen Prinzen. Zum ersten Mal bemerkte sie seine große Schönheit, und das Herz in ihrer Brust begann laut zu schlagen. Von einem Augenblick zum andern war sie völlig vernarrt in ihn.

Glühend vor Begierde sandte die Königin eine ihrer Dienerinnen mit einer verliebten Botschaft hinab zum Prinzen. Chaurangi wusste, dass der Vater nicht im Palast weilte, und war bestürzt. Er schlug die Einladung der Königin mit einem Mindestmaß an Höflichkeit aus.

Als die Dienerin mit der ablehnenden Antwort des Prinzen zurückkehrte, war die Königin tödlich beleidigt. Ihre ganze Leidenschaft schlug sogleich in Zorn um. «Soll er mich verschmähen», dachte sie. «Den Tag wird er noch verfluchen, da kann er sicher sein.» Die Nacht war eine einzige Qual, voller leidenschaftlicher und rachsüchtiger Träume. Am Morgen war ihr Zorn kein bisschen verflogen. Sie rief ihr Gefolge zusammen und entwarf einen Plan, wie der Prinz zu beseitigen wäre, doch die Versammelten kannten ihn seit seiner Geburt und liebten ihn sehr.

«Der Prinz ist unschuldig», wandten sie ein. «Er ist noch ein Kind. Er hat den Tod nicht verdient.»

Die Königin war blass vor Wut. Da ihre Wünsche überall auf Widerstand stießen, beschloss sie, die anderen zu täuschen. Sie erfuhr, dass der König jeden Moment zurückerwartet wurde. Sie schickte die Dienerschaft fort, verwüstete wie wild ihr Schlafgemach, riss sich die Kleider vom Leib und zerkratzte sich die Haut bis aufs Blut. Als der König ihre Gemächer betrat, fand er sie heftig schluchzend.

«Wer hat dir das angetan?» wollte der König wissen.

«Dein Sohn», stöhnte sie. «Als ich mich widersetzte, hat er ...»

«Er ist nicht länger mein Sohn», rief der König voller Schmerz. «Er ist des Todes.» Er ließ zwei treu ergebene Diener kommen und befahl ihnen, seinen Sohn tief in den Dschungel zu führen. Dort sollten sie ihm Arme und Beine abtrennen und ihn liegenlassen, damit er verblute oder von den wilden Tieren zerrissen werde. Die Königin verlangte, dass sie die abgehauenen Glieder als Beweis dafür mitbringen müssten, dass sie den Befehl des Königs ausgeführt hatten.

Kaum hatten die Diener den König verlassen, so brachen sie in Tränen aus. Sie liebten den unschuldigen Prinzen mehr als die eigenen Kinder und wollten das Los entscheiden lassen, welcher ihrer Söhne statt des Prinzen geopfert werden sollte. Als sie aber mit ihrem Plan vor den Prinzen traten, erzählte er ihnen, was ihn seine sterbende Mutter gelehrt hatte.

«Ich kann keinen anderen Menschen für mich sterben lassen», sprach der Prinz. «Das wäre eine Sünde. Ihr müsst dem Befehl meines Vaters gehorchen.»

Die beiden Diener wurden von Weinkrämpfen geschüttelt und beschlossen, wenigstens den gefährlichen Dschungel zu meiden. Und sie geleiteten den unglücklichen Prinzen zu einem fernen Ort am Rand des Weidelands, wo es sicher Dorfbewohner in der Nähe gab. So wäre er wenigstens nicht ganz ohne Hoffnung.

Es war, als spürten sie die Schmerzen ihres jungen Opfers am eigenen Leib, als sie ihm Arme und Beine abtrennten. Dann lehnten ihn die unfreiwilligen Scharfrichter gegen einen einsamen Baum und hoben die nutzlosen Glieder auf, um sie der rachgierigen Königin zu bringen.

Kaum waren sie verschwunden, erschien der Yogi Minapa, der auch als Achintapa bekannt war und vom ganzen Reich Devapalas geliebt wurde, vor dem sterbenden Jungen. Als ihn der Prinz um Beistand anflehte, sagte ihm Minapa, dass er mit Hilfe seiner Unterweisungen geheilt werden würde. Darauf gewährte der Yogi dem Prinzen die Einweihung und Ermächtigung und lehrte ihn den Yoga der Bauchatmung.

«Wenn du diese Praxis erfolgreich abgeschlossen hast», sprach Minapa, «wird dein Körper wieder ganz sein.» Und er ließ den Jungen unter dem Baum zurück.

Der Guru eilte über die Weiden, bis er in Rufweite des jungen Opfers auf eine Gruppe Hirten stieß. Wie einer von ihnen sich erbot, den jungen Prinzen zu pflegen, wird in der Legende von Goraksa berichtet.

Zwölf Jahre lang verweilte der Prinz in der Meditation und übte, was sein Lehrer ihm beigebracht hatte.

Am Abend vor der zwölften Wiederkehr seiner Verstümmelung schlug eine Gruppe königlicher Kaufleute nicht weit vom Baum des Prinzen ihr Lager für die Nacht auf. Da die Karawane schwer mit Gold, Silber und Edelsteinen beladen war, fürchteten die Kaufleute einen mitternächtlichen Raubüberfall. Sie beschlossen, den Schatz bei Sonnenuntergang vom Lager fortzuschaffen und in einiger Entfernung zu vergraben. Als sie jedoch in der Nähe des königlichen Baumes vorüberkamen, tönte eine Stimme durch die Dämmerung und fragte: «Wer geht dort?»

Die Kaufleute waren zu Tode erschrocken. Hatten sie ihr Lager doch neben einer Räuberhöhle aufgeschlagen? Sie riefen ängstlich: «Wir sind nur einfache Köhler.»

«So sei es», antwortete die Stimme.

Am nächsten Morgen machten sich die Kaufleute kurz vor Sonnenaufgang an die Arbeit und gruben ihren Schatz wieder aus. Als sie aber prüfen wollten, ob alles in Ordnung sei, stellten sie mit Entsetzen fest, dass sie statt der Barren und Juwelen Holzkohle in den Händen hielten.

Sie mussten um ihr Leben fürchten, wenn sie mit leeren Händen vor dem König erschienen, und so überlegten sie, was zu tun sei. Fast waren sie schon entschlossen, sich zu trennen und in alle vier Himmelsrichtungen zu fliehen, als der klügste von ihnen das Wort ergriff.

«Erinnert ihr euch an die Stimme, die uns gestern Abend ansprach?» fragte er. «Ich glaube, es handelte sich um einen heiligen Mann, dessen Worte Wirklichkeit wurden, weil er so rein ist, dass er nur die Wahrheit sprechen kann. Suchen wir ihn. Zu verlieren haben wir ja nichts mehr.»

Sie gingen denselben Weg zurück und erreichten den einsamen Baum, unter dem ein Mann ohne Arme und Beine saß. Sie umringten ihn, erzählten ihm ihre Schreckensgeschichte und flehten ihn um Hilfe an.

«Vielleicht sprach ich in meiner Meditation», sagte der Prinz, «und der Klang meiner Stimme verwandelte die Erscheinung eurer Waren. Ich weiß nicht. Aber sollte ich dafür verantwortlich sein, so möge die Holzkohle wieder zu Gold und Silber und Edelsteinen werden.»

Die Kaufleute öffneten die Säcke, in denen sie nichts als Holzkohle gefunden hatten, und schütteten den Inhalt auf den Boden. Da glänzten in der Morgensonne Rubine, Diamanten und Saphire auf, daneben wundervolles Geschmeide aus getriebenem Silber und Gold. Die Kaufleute warfen sich ehrfürchtig vor Chaurangi nieder und brachten ihm die wertvollsten Stücke dar.

Der Prinz war fast so erstaunt wie sie und dachte plötzlich an die Worte, die Minapa vor so vielen Jahren gesprochen hatte. War das ein Zeichen, dass sein Üben beendet war? Würde sich die Prophezeiung erfüllen? Würden seine Gliedmaßen neu erstehen?

Den ganzen Tag blieb er meditierend sitzen und betete, dass seine Arme und Beine wiederhergestellt würden. Sehr langsam begannen sie sich aus der durchsichtigen Luft heraus zu bilden. Chaurangi begriff blitzartig, dass genau wie die Erde die Mutter all dessen ist, was wächst, die allesdurchdringende Leerheit der Grund war, dem seine wiedererstehenden Gliedmaßen entsprangen.

Wie schade, dass nur der Baum Zeuge der Übungen Chaurangipadas geworden war. Niemand sonst sollte sie je erlernen. Obwohl der Prinz jede weltliche Siddhi erlangte und unzählige Wunder wirkte, hielt ihn seine reizbare Natur davon ab, anderen seine Geheimnisse beizubringen.

Allerdings soll der Baum, der während der zwölf Jahre seines Übens Chaurangis Gefährte war, heute noch am selben Ort stehen. Vielleicht ist er der einzige Erbe des belebenden Elixiers der Unsterblichkeit.

KANKARIPA

Der liebeskranke Witwer

Meine Dakini-Gefährtin, meine Königin und Herrin.
Reines Bewusstsein, sichtbar geworden,
leerer Raum, berührbar geworden.
Mit mir vereint und doch kein Teil von mir,
bist unbeschreiblich, unvergleichlich.

Kankaripa war einfacher Herkunft und gehörte einer niederen Kaste an. Er war Haushälter und heiratete, wie es sich für ihn schickte, ein Mädchen gleicher Herkunft. Durch die Offenbarungen des Ehebettes konzentrierten sich all seine Energien auf die Verwirklichung sexueller Wonnen. Er wurde zu einem Menschen der Sinne, der unvorstellbare Ekstasen erlebte. Manchmal sann er über sein treffliches Schicksal nach und glaubte felsenfest, dass diese Welt allein schon genügte, alle seine Wünsche zu erfüllen.

Doch das Lebensrad drehte sich weiter, und mitten in der fröhlichsten Jugend war die Zeit für seine geliebte Frau abgelaufen, und sie starb.

Betäubt, verwirrt und unfähig, diesen plötzlichen Schlag, diesen totalen Verlust zu fassen, trug er ihre Leiche zu einer Verbrennungsstätte. Dort verlor er Willenskraft und Verstand. Er sank mit dem Körper in den Armen auf die Asche nieder und weigerte sich, seine Geliebte den Flammen zu übergeben.

Da kam ein Yogi des Wegs. Er setzte sich neben ihn und fragte: «Was ist los?»

«Reiß mir die Augen aus, aber gib mir meine Frau wieder», heulte der Witwer.

«Der Tod beendet jedes Leben», sprach der Yogi sanft, «so wie jedes Zusammentreffen in der Trennung endet. Alles Zusammengesetzte zerfällt. Dich an diese Leiche zu klammern ist so, als würdest du einen Lehmklumpen an dich drücken. Jeder in der Welt des Samsara leidet. Leidhaftigkeit ist eines der Merkmale des Daseins. Wieso beklagst du dein Schicksal, statt das Dharma zu üben und den Schmerz zu überwinden?»

«Mir dreht sich der Kopf», sagte der Witwer. «Ich kann nicht klar denken. Bitte hilf mir.»

«Die Unterweisung des Guru ist der Pfad zur Erleuchtung», versetzte der Yogi.

«Dann unterweise mich bitte», rief der Mann.

Der Yogi weihte ihn ein und machte ihn fähig, die Lehren der immateriellen Keimessenz zu empfangen, die weder Mitte noch Umfang hat. Der verzweifelte Mann wurde angewiesen, über seine Frau als Dakini, als Leerheit zu meditieren.

Er verbrachte sechs Jahre in tiefer Versenkung. Alle Gedanken an seine tote Frau als ein Wesen aus Fleisch und Blut wurden in einen reinen Zustand der Glückseligkeit und Leerheit umgewandelt. Als das klare Licht im Innern zu leuchten begann, lösten sich die Wolken in seinem Geist auf, und er sah die Wirklichkeit der unveränderlichen Wahrheit. So wie die Daturapflanze ihre besonderen Träume und Halluzinationen bringt und wieder mit sich nimmt, wenn sie den Körper verlässt, verließen ihn Täuschung, Verwirrung und Nicht-Wissen.

Durch diese Bemühungen erlangte dieser einfache Mann den Zustand der Mahamudra-Siddhi und wurde in der Welt als Kankaripa, der «Leichen-Siddha» bekannt. In den Jahren bis zu seiner Auffahrt in das Paradies der Dakinis öffnete er viele Herzen und Gemüter der Lehre des Buddha.

ARYADEVA

Der Lotosgeborene

Alle Buddhas – vergangene, gegenwärtige, zukünftige –
haben eine einzige Natur.
Um diese Essenz intuitiv zu erkennen,
bring die wahre Natur des eigenen Geistes in Erfahrung.
Dann lass los und löse dich in die ungeformte Wirklichkeit auf.
Dieser Zustand ohne Spannung ist das Leben des Yogi.

Aryadeva wurde wunderbarerweise aus der mit Blütenstaub gefüllten Mitte einer Lotosblüte geboren. Sobald er herangewachsen war, nahm man ihn in die Universität von Nalanda auf. Später war er dann der Abt des berühmten Klosters.

Doch nach Jahren des selbstlosen Dienens ergriff den Lehrer der tausend Mönche und zahllosen Gelehrten die Unruhe. Ihm wurde immer deutlicher, dass er seine eigenen vollkommenen Möglichkeiten noch nicht verwirklicht hatte. Endlich beschloss er, sich auf die Suche nach dem Guru Nagarjuna zu begeben, dessen außergewöhnliche Kräfte und Tugenden die größte Ehrfurcht in ihm ausgelöst hatten. Er hoffte, so das höchste Wissen zu erlangen.

Aryadeva meinte, Nagarjuna halte sich im fernen Süden auf, und bereitete sich auf eine anstrengende Reise vor. Am Ufer eines weiten Sees nicht weit von Nalanda traf er aber einen einfachen Fischer, in dem er sofort den Bodhisattva Manjushri erkannte. Aryadeva warf sich vor dem Erhabenen nieder und brachte ihm viele Opfergaben dar. Als ihm Manjushri daraufhin eine Gunst gewährte, fragte ihn der Abt, ob er ihm sagen könne, wo sich Nagarjuna befinde.

Eine glückliche Fügung wollte es, dass der gesuchte Guru eben in einer nahen Einsiedelei im Dschungel war. Laut Manjushri stellte er einen alchemistischen Trank zusammen, der Unsterblichkeit verleihen würde.

Aryadeva machte sich in der angegebenen Richtung auf den Weg und stieß schon bald auf eine aus Gräsern geflochtene Hütte. In der Nähe entdeckte er einen scharfäugigen alten Mann, der leise vor sich hin murmelte, während er unter dem Dach des Dschungels nach Blättern und Wurzeln suchte. Aryadeva hatte ihn sofort erkannt und warf sich vor dem Meister nieder.

Nagarjuna spürte die ungewöhnliche Ausstrahlung Aryadevas und war aus ganzem Herzen bereit, ihn als neuen Schüler anzunehmen und zu unterweisen. Er weihte ihn in das Mandala des Guhyasamaja ein und unterwies ihn in den begleitenden Lehren. Er war auch einverstanden, dass Aryadeva bei ihm verweile und sein Sadhana übe.

Die beiden Meister, Lehrer und Schüler, wanderten jeden Tag in die nächste Stadt, um ihre Nahrung zu erbetteln. Nagarjuna hatte die größten Schwierigkeiten, selbst vom reichsten Haushälter mehr als einen Löffel Reis zu erhalten. Aryadeva brachte bei seiner Rückkehr jedes Mal ein richtiges Festessen auf einem breiten Bananenblatt mit. Alle erdenklichen Köstlichkeiten wurden ihm in Hülle und Fülle zuteil.

Als das Tag um Tag so ging, wurde Nagarjuna übellaunig. Schließlich nahm er seinen Schüler ins Gebet. «Wollüstige Frauen versuchen, dich mit dieser raffinierten Kocherei zu verführen», schimpfte der alte Mann. Er warf das schwerbeladene Bananenblatt in den Dschungel und sagte: «Diese Speisen sind unrein. Von jetzt an wirst du nur essen, was du auf einer Nadelspitze tragen kannst.»

Aryadeva gehorchte seinem Guru und aß nur noch die einzelnen Reiskörner, die er mit einer Nadelspitze heben konnte. Sobald aber die Frauen in der Stadt von dieser strengen Vorschrift hörten, bereiteten sie geschickt kleine Gerstenkuchen mit Sirup zu, die sie auf einer Nadelspitze ausbalancierten.

Aryadeva brachte Nagarjuna die Küchlein, der sie sich schmecken ließ. Doch bald erwachte von neuem sein Argwohn, und er fragte seinen Schüler, von wem er sie erhalten hatte. Aryadeva erklärte in aller Unschuld ihre Herkunft. Der alte Mann bekam einen Wutanfall und verbat ihm, die Stadt je wieder zu betreten. Nagarjuna wollte von jetzt an für beide betteln.

Doch kaum war am nächsten Tag der Meister gegangen, als auch schon eine wunderschöne Baumnymphe aus ihrem Blätterhaus hervorkam und Aryadeva ein himmlisches Festessen brachte. Sie setzte sich ohne die leiseste Verlegenheit in ihrer ganzen nackten Pracht zum lotosgeborenen Yogi und führte mit ihm ein Gespräch.

Als Nagarjuna zurückkehrte, berichtete ihm der Schüler vom Besuch der Baumnymphe und reichte ihm die Speisen, die sie gebracht hatte. Der Meister entschloss sich, die Nymphe selbst aufzusuchen und ging zum Baum, in dem sie lebte, und rief sie. Sie spähte sehr züchtig hinter einem Blättervorhang hervor, war voller Misstrauen und wollte sich nicht blicken lassen.

«Weshalb zeigst du dich meinem Schüler und mir nicht?» fragte der Weise zornig.

«Ich will es dir erklären», schalt die Baumnymphe. «Dein Schüler kennt noch nicht einmal das Wort Begierde. Er ist völlig frei und rein. Doch dein bejahrter Geist, Alter, weist noch immer Spuren der Leidenschaft auf.»

Ernüchtert dachte der Guru über ihre Worte nach. Dann rief er seinen Schüler und gab ihm einen neuen Namen: Aryadeva, höchster Gott.

An eben diesem Tag stellte Nagarjuna sein Elixier der ewigen Jugend fertig und rieb einige Tropfen in seine Zunge ein. Als er Aryadeva die Schale reichte, schleuderte der den Inhalt gegen einen toten Baum, der sogleich voll erblühte.

«Was ist in dich gefahren!» schrie Nagarjuna entsetzt. «Du wirst mir den Inhalt dieser Schale ersetzen müssen.»

Gehorsam wie immer nahm Aryadeva einen Eimer Wasser und pisste hinein. Dann rührte er den Inhalt mit einem Zweig um und reichte ihn seinem Guru.

«Du hast zuviel gemacht», murrte der Weise und gab den Eimer zurück. Aryadeva spritzte die Hälfte auf einen zweiten toten Baum, und auch er strotzte vor Leben.

Nagarjuna wiegte seinen Kopf und sprach: «Es ist mir klar, dass du schon völlig verwirklicht bist. Weshalb willst du unbedingt im Samsara bleiben?»

Worauf Aryadeva von Ekstase ergriffen wurde und in eine Höhe von sieben Palmen levitierte. Da er wie alle Lotosgeborenen von Geburt an gänzlich befreit war, genügte ein Wort seines Guru, um ihm etwas zum Bewusstsein zu bringen, was er zuvor in seiner Unschuld nicht gesehen hatte.

Er schwebte weiter in der Höhe und begann alle Wesen in der Lehre Buddhas zu unterweisen, damit ihr Geist die Reife erlangte. Als die Arbeit getan war, kehrte er seine Fußsohlen dem Himmel zu, legte voller Verehrung die Handflächen aneinander und grüßte seinen Guru. Dann richtete er sich, in der Luft schwebend, wieder auf. Und während die himmlischen Heerscharen Blumen auf ihn herabregnen ließen, war er plötzlich einfach verschwunden.

NAGARJUNA

Der Philosoph und Alchemist

Wenn ein Nicht-Erleuchteter so tut, als wäre er ein Siddha,
gleicht er dem Rebellen, der sich die Königswürde anmaßt.
Wenn ein Erleuchteter weiterhin töricht handelt,
gleicht er einem Elefanten, der im Schlamm steckt.

Vor langer Zeit lebte in Kahora im östlichen Königreich von Kanchi ein junger Brahmane mit glänzenden Geistesgaben. Als er zwanzig war, konnte er alle bekannten Texte der Brahmanen aus dem Gedächtnis rezitieren und hatte sogar die magische Fähigkeit der Unsichtbarkeit erlangt.

Doch dann begann ihn sein Gelehrtenleben zu langweilen; alles kam ihm hohl und unfruchtbar vor. Und er stürzte sich kopfüber in ein Leben sinnlicher Genüsse. Nicht lange, und es gab kaum ein Haus in Kahora, in dem ihm nicht die blühenden Mädchen und reifen jungen Frauen in die Netze gegangen waren.

Nagarjuna wurde in seiner Zügellosigkeit so verwegen, dass er schließlich mit drei Freunden Mittel und Wege ersann, in den Königspalast zu schlüpfen und sich die Gespielinnen des Herrschers gefügig zu machen. Die Unglücklichen wurden entdeckt und verfolgt. Nagarjuna entkam, weil er sich unsichtbar neben den König stellte, seinen drei Freunden jedoch wurden die Köpfe abgeschlagen.

Die ganze Gegend war in Aufruhr. Die Brahmanen von Kahora versammelten sich und berieten, was zu tun sei. Sie schmiedeten die verschiedensten Pläne, sahen am Ende aber verzweifelt ein, dass es ihnen nicht gelingen würde, den wilden Stier in ihrer Mitte zu zähmen. Traurig kamen sie überein, in eine andere Gegend zu ziehen und die Leute einfach ihrem Schicksal zu überlassen.

Inzwischen war Nagarjuna von einem Sturm der Selbstvorwürfe erfasst worden. Der Beschluss der Brahmanen hatte ihn schwer getroffen.

Alle atmeten erleichtert auf, als Nagarjuna freiwillig, aber doch sehr verdrossen in die Verbannung ging. Er war voller Enttäuschung, war unzufrieden mit seinem

Leben und begann sich mit der gleichen Energie, mit der er seinen Ausschweifungen nachgegangen war, auf die spirituelle Suche zu begeben.

Er wanderte weit zur Verbrennungsstätte Kühler Garten, suchte und erhielt die Einweihung in die Lehre des Buddha. Danach zog er zur berühmten Klosteruniversität Nalanda und studierte dort die fünf Künste und Wissenschaften, bis er die gesamte Bibliothek dort auswendig aufsagen konnte.

Doch tief in seinem Innern breitete sich eine spirituelle Unzufriedenheit aus, die ihn wieder unruhig werden ließ. Bücher genügten ihm nicht mehr. Und so begann er eine Meditation zu üben, die sich an die Tara, die Retterin wandte. Als ihm dabei ihr Antlitz erschien, ließ er die Sicherheit des Klosters hinter sich und begann als Wandermönch zu leben.

Er zog weit umher, bettelte in den Städten und Dörfern. Doch Nagarjuna fand keinen Frieden. Wenn er sich nachts niederlegte, dachte er bei sich: Ich bin nichts als ein wertloser Wicht. Wem bin ich denn von Nutzen?

Dann entschloss er sich, in Rajagriha Einsiedler zu werden. Dort begann er Mantras zu singen, um sich die Gefährtinnen des Elementargeistes geneigt zu machen. Er wandte sich zuerst an die Zwölf Gefährtinnen des Höchsten Elementargeistes.

Am ersten Tag seiner Einkehr erschütterte ein Erdbeben das Land.

Am zweiten Tag trat der Fluss über seine Ufer, und es gab eine große Überschwemmung.

Am dritten Tag senkte sich ein gewaltiger Feuerbrand von Himmel nieder.

Am vierten Tag erhob sich ein entsetzlicher Sturm.

Am fünften Tag fiel ein Hagel von Speeren mit den Spitzen voran aus dem Firmament.

Am sechsten Tag prasselten Vajras wie Blitzstrahlen hernieder.

Am siebten Tag sammelten die Zwölf Gefährtinnen all ihre Kräfte, um den Meditierenden anzugreifen und zu überwältigen. Aber was sie auch taten, sie konnten ihn nicht für den Bruchteil einer Sekunde ablenken. Er hielt unverrückbar, unantastbar an seiner Übung fest.

Die weiblichen Elementargeister erkannten seine Meisterschaft an und näherten sich ihm. «Bitte, und dir wird gegeben», sprachen sie demütig.

«Ich brauche eigentlich nichts», versetzte Nagarjuna. «Höchstens die tägliche Nahrung während der Zeit meines Einsiedlerdaseins.»

Von da an brachten ihm die Elementargeister zwölf Jahre lang jeden Tag vier Handvoll Reis und fünf Handvoll Gemüse. Am Ende seines Sadhana waren alle hundertacht Gefährtinnen des Elementargeistes unter seiner Kontrolle.

Nagarjuna war wie neugeboren und brach mit der klaren Absicht auf, allen Wesen zu dienen. Als erste Tat wollte er den Berg Gandhashila in reines Gold verwandeln. Er ging schrittweise vor und verwandelte den Berg zunächst in Eisen, danach in glänzendes Kupfer.

Als er eben daranging, ihn in Gold zu verwandeln, ertönte die Stimme des Bodhisattva Manjushri. «Glaubst du wirklich, du hilfst allen Wesen, wenn du den Berg zu Gold werden lässt?» fragte der Göttliche. «Dadurch wird nur Streit und Begierde entfacht. Meinst du, du kannst irdischen Wesen mit Gold helfen? Es wird nur größere Sünden und Missetaten verursachen.»

Nagarjuna erkannte die größere Weisheit des Bodhisattva an und gab das Vorhaben auf. Noch heute schimmert der Berg Gandhashila in tiefen Kupferfarben.

Dann wanderte er weit in den Süden hinab, bis er in der Nähe des Berges Sri Parvata an das Ufer eines mächtigen Flusses gelangte. Als er einige Hirten bat, ihn zu einer sicheren Furt zu bringen, führten sie ihn an die gefährlichste Stelle. Sie war von steilen, felsigen Hängen eingefasst und wimmelte von Krokodilen. Die Hirten ließen sich nicht davon abbringen, dass hier die sicherste Stelle sei, um an das andere Ufer zu kommen.

Als der Yogi das Wasser eben durchqueren wollte, hatte ein Hirt Mitleid mit ihm und warnte ihn vor der großen Gefahr. Er war ein hochgewachsener, kräftiger Mann mit warmer Stimme, und Nagarjuna vertraute ihm sofort.

«Ich werde Euch, heiliger Herr, zu einer sicheren Furt bringen», meinte der Hirt und führte den Yogi an die Stelle. «Steigt auf meine Schultern», sagte er. «Ich werde Euch trocken auf die andere Seite bringen.»

Mitten im Fluss waren sie auf einmal ohne jede Warnung von gierigen Krokodilen umringt, die das Wasser aufwühlten, bis es schäumte.

«Solange ich am Leben bin, habt Ihr nichts zu befürchten», schrie der treue Hirt. Und er schritt durch das Gewühl und brachte seinen Wanderer sicher hinüber.

«Kennst du mich?» fragte der Yogi den Hirten. «Ich bin Arya Nagarjuna.»

«Ich habe von Euch gehört», erwiderte der Hirt und wurde plötzlich von Ehrfurcht ergriffen.

«Weil du mich sicher über den Fluss getragen hast, darfst du dir wünschen, was dein Herz begehrt», sprach Nagarjuna und ließ unerwähnt, dass er die Krokodile zur Prüfung herbeigezaubert hatte.

Ohne das geringste Zögern erwiderte der Hirt: «Mach einen König aus mir.»

Worauf der Meister etwas Wasser aus dem Fluss auf einen Salbaum in der Nähe spritzte, der sofort in einen prächtigen weißen Elefanten mit königlichem Staatsgeschirr verwandelt war. Er neigte sich vor dem neuen König tief nieder und half ihm mit dem Rüssel beim Besteigen.

«Wie wäre es mit einer Armee?» rief der König hinab zu Nagarjuna.

«Wenn der Elefant trompetet, wird eine Armee erscheinen, o König», antwortete der Yogi.

Das laute Schmettern des Elefanten ließ den Wald erzittern, und im Nu erschien eine ganze Armee, prächtig gekleidet und bewaffnet und bereit zum Losmarschieren.

Später war der Hirt unter dem Namen König Salabandha bekannt. Er regierte zusammen mit seiner Gemahlin Sindhi weise und gütig acht Millionen vierhundert Tausend Haushalte.

Aber auch er kannte die Unzufriedenheit, die seinen Meister quälte. Und nach einigen Jahren begab sich der Hirt, der König geworden war, auf eine Pilgerschaft und suchte seinen Guru. Als er ihn gefunden hatte, warf er sich vor Nagarjuna nieder und umwandelte ihn einige Zeit, bevor er es wagte, ihm sein Herz auszuschütten.

«Dieses Regieren habe ich mir ganz anders vorgestellt», gestand er schließlich. «Es ist mein Herzenswunsch, auf meine Königswürde zu verzichten. Lass mich bitte von jetzt an hier bei dir bleiben.»

«Nein», sagte Nagarjuna. «Das kann ich dir nicht erlauben. Nimm jedoch diesen kostbaren Rosenkranz als deinen Lehrer. Er wird dich und dein Königreich beschützen. Und ich werde dir auch den göttlichen Nektar geben, der jenen im Angesicht des Todes Unsterblichkeit und Furchtlosigkeit verleiht, die seine Honigsüße geschmeckt haben.»

«Wenn du mir versprichst, dass ich irgendwann einmal für immer hier bei dir bleiben darf, werde ich deine Gaben annehmen und in mein Königreich zurückkehren. Wenn die Antwort aber Nein ist, will ich sie beide nicht.»

«Wir werden sehen», versetzte Nagarjuna und brachte die Klagen seines Schülers dadurch zum Schweigen, dass er ihn in der Kunst der Alchemie unterwies, der Quelle des Nektars der Unsterblichkeit. Und dann schickte er ihn für weitere hundert Jahre zurück zu seinem Volk.

Es war eine Zeit der Blüte für Salabandhas Reich. Die Ernten waren üppig, den Menschen und den Tieren ging es gut, und sie vermehrten sich. In diesen Jahren des Glücks verbreitete Nagarjuna die Lehren des Buddha im ganzen Land. Als die Zeit jedoch erfüllt war, drehte sich das Lebensrad weiter. Als man schon fast glaubte, dieses goldene Zeitalter würde ewig währen, wurde der böse Geist Sundarananda von Neid und Zorn auf den König erfasst. Er nährte seinen Groll, bis seine Macht so gewachsen war, dass sich im Land die schlechten Omen häuften. Selbst das Licht und die Wärme der Sonne wurden schwächer, und das Antlitz des freundlichen Mondes verschwand vom Nachthimmel. Früchte fielen von den Bäumen, bevor sie noch reif geworden waren. Der Regen kam zur falschen Zeit, und Hungersnöte suchten das

Land heim. Felder und Dschungel verdorrten und wurden gelb, und eine Zeit der Krankheiten und Kriege begann.

König Salabandha sah die Vorzeichen als Warnung, dass seinem Guru tödliche Gefahren drohten. Er setzte seinen ältesten Sohn an die Spitze des Reiches und reiste mit einigen treuen Dienern ab, um seinen Lehrer aufzusuchen. Als der Meister ihn nach dem Grund seines Kommens fragte, stimmte der König ein Klagelied an:

Warum sucht uns das Unglück heim?
Warum lässt uns die Lehre des Buddha im Stich?
Warum erheben sich die Mächte der Finsternis?
Warum haben unheilvolle Sturmwolken
den weißen Mond, das Erbarmen Mahakarunikas verdunkelt?
Wird mein heiliger Guru, der Unzerstörbare Diamant,
ein Raub des Todes, des Zerfalls?
Schlechte Vorzeichen trieben mich her.
Ich flehe dich an, gib uns
deinen Segen voll Erbarmen.

Der Meister antwortete mit einem Gesang:

Alle Geburt endet im Tod.
Alle Schöpfung endet in der Auflösung.
Alles Zusammengesetzte endet im Zerfall.
Alle Erscheinungsformen sind vergänglich.
Lass diese Omen sein. Komm,
trink das Elixier der Furchtlosigkeit!

Doch kaum waren die letzten Töne von Nagarjunas Lied verklungen, als sich das ereignete, wovor der König am meisten Angst hatte: der Guru verschenkte seine weltliche Habe und bereitete sich auf den Tod vor. Der große Gott Brahma erschien in Gestalt eines Brahmanen und bat um das Haupt des Meisters. Als Nagarjuna es ihm zusagte, brach dem König Salabandha das Herz. Gramgebeugt legte er seinen Kopf vor die Füße des Guru und starb.

Die versammelte Menge verfluchte den Brahmanen für seine Bitte. Nicht einen Menschen gab es, der sich nicht geweigert hätte, dem Meister den Kopf abzuschlagen. Schließlich war Nagarjuna gezwungen, einen Halm Kusha-Gras zu nehmen und es selbst zu tun. Als es geschehen war, nahm der Meister das eigene abgetrennte Haupt in die Hände und reichte es dem Brahmanen. Alles Grün welkte, und Tugend wie Verdienste der Menschen ließen nach im Land. Acht Yakshis, weibliche Elementargeister, die ihm so treu gedient hatten, kamen und bewachten Nagarjunas Leib. Und sie tun es noch immer.

Nach dem Tod des Meisters trat ein mächtiges Licht in den Körper Nagabodhis ein, der Nagarjunas spiritueller Sohn und Nachfolger war. Bis heute leuchtet dieses Licht wie die Strahlen des Vollmonds in klarster Nacht. Wenn die Lehren und die Güte des Maitreya, des zukünftigen Buddha, die Welt erfüllen, wird Nagarjuna auferstehen und uns allen dienen.

VINAPA

Der Musikliebhaber

Nach Jahren der Ausdauer und Hingabe
meisterte ich die launischen Saiten der Vina.
Dann fand ich den unangeschlagenen Klang
und verlor mein Ich.

Vinapa war der einzige Sohn des Königs von Gauda, einem Reich am Ufer der Mutter Ganga. Seine Eltern und der Hof liebten ihn innig. Acht Ammen lasen ihm jeden Wunsch von den Augen ab, und die Hofmusiker kamen und besänftigten ihn, wenn er schlechter Laune war. Vielleicht war es die frühe Begegnung mit den Tiefen der Musik, die sein Schicksal änderte? Denn als der Prinz heranwuchs, vernachlässigte er seinen Unterricht in der Staatskunst und ließ den Hofmusikern keine Ruhe, bis sie sich bereit erklärten, ihm das Spiel auf der Tambura beizubringen.

Stundenlang, tagelang zupfte der junge Prinz die vier Saiten der Tambura. Seine Finger wurden es anscheinend nie müde, das tiefe, sirrende Brummen aus den Saiten zu streicheln, den Atem des OM aus dem Instrument hervorzulocken. Er war so begabt, dass er die Tambura schon bald gemeistert hatte, und dann lernte er die siebensaitige Vina spielen. Wenn er die Vina mit seinen Plektren anschlug, schwangen die drei seitlich angebrachten Saiten von selbst in vollkommener Harmonie mit.

Der junge Prinz war verzaubert von der weiblichen Fülle an Einsichten, die das Instrument bot, und er konnte nicht von ihm lassen. Er war wie besessen von der Vina. Er konnte es kaum ertragen, sie abzusetzen, um ein paar Bissen zu sich zu nehmen.

Indessen war er kein gewöhnlicher Musiker. Er war der Thronfolger. Würde er denn in der Lage sein, das Königreich weise und mild zu regieren? Würde er geschickt und interessiert genug sein? Die Eltern und der Hof machten sich zunehmend Sorgen.

Voller Verzweiflung ließen sie schließlich einen bestens geschulten Yogi mit Namen Buddhapa kommen, in der Hoffnung, er könne den Prinzen von der Musik abbringen. Bei ihrem ersten Zusammentreffen war der junge Prinz tief beeindruckt von den bemerkenswerten Eigenschaften des heiligen Mannes. Vinapa erkannte seinen Meister, warf sich vor dem Yogi nieder und schritt ehrerbietig um ihn herum. Dann ließen sich die beiden nieder und sprachen aus tiefstem Herzen über Leben und Tod und alles, was es dazwischen und darüber hinaus gibt.

Buddhapa hatte sofort gewusst, dass der Prinz reif für die spirituelle Schulung war. Im Verlauf ihres Gesprächs fragte er den jungen Mann, ob er bereit sei, ein Sadhana auszuüben, die Praxis, die den Geist auf dem Pfad zur Buddhaschaft schult.

«Meine Musik ist mein Sadhana, ehrwürdiger Yogi», antwortete der Prinz. «Nichts ist mir so wichtig wie meine Vina und der Klang der Tambura. Ich würde nur ein Sadhana ausführen, das ich erlernen kann, ohne die Musik aufgeben zu müssen.»

«Wenn du dein Leben der Musik so sehr geweiht hast, wie du sagst, werde ich dir ein Musik-Sadhana beibringen», versprach ihm der Guru. Darauf weihte er den Prinzen in das Ritual ein, das den unausgereiften Strom des Denkens zur Reife führt.

«Meditiere beständig über den Klang deines Instruments», wies ihn Buddhapa an. «Doch dabei musst du dich völlig davon befreien, zwischen dem angeschlagenen Klang und dem zu unterscheiden, was der Geist wahrnimmt. Lass ab von aller gedanklichen Einmischung in den Klang. Lass alle Begrifflichkeit fahren. Lass ab von allem kritischen und urteilenden Denken. Kontempliere nichts als den reinen Klang.»

Der Prinz übte neun Jahre lang die Lehren, die er empfangen hatte, und wuchs zum Mann heran. Mit seinem Körper wuchsen auch sein Geist und seine Gesinnung. Alles, was zwischen ihm und der reinen Erkenntnis lag, wurde aus seinem Geist gelöscht, wie Schatten vor dem klaren Licht fliehen. Und genau dieses Licht begann in ihm zu leuchten, als sei er eine kostbare Butterlampe, und er erlangte den Zustand der Mahamudra-Siddhi.

Wunderbare Taten vollbrachte er. Er konnte die Zukunft vorhersagen, las die Gedanken der Menschen, die um ihn waren, und erschien an mehreren Orten gleichzeitig. Er wurde zum hochberühmten Mann, und es hieß, er habe seine Siddhi direkt von der Gottheit Hevajra erhalten.

Sein wahres Königreich war spiritueller Natur. Sein ganzes langes Leben lehrte er eine Unzahl von Wesen, wie sie sich aus den Fesseln des Daseins befreien können. Und als seine Aufgabe beendet war, ging er leiblich in das Paradies der Dakinis ein.

THAGANAPA

Der Meister der Lügen

Um Wasser aus dem Ohr zu bekommen,
gib Wasser in das Ohr.
Um die Wahrheit zu erkennen,
betrachte alle Erscheinungen als Lüge.

Thaganapa war der Sohn einer Familie, die einer niederen Kaste angehörte und im östlichen Indien lebte. Er zeigte schon früh einen Hang zum Kriminellen, und mit der Zeit hing sein ganzes Leben und sein Lebensunterhalt allein davon ab, dass er andere ausnutzte und betrog.

Eines Tages saß er am Rand einer Stadt auf einem Baumstamm und schmiedete Pläne zu einer herrlichen Betrügerei, als ein weiser Mönch des Weges kam.

«Weshalb bist du so tief in Gedanken versunken, mein Freund?» fragte der Mönch. «Das ist eine lange Geschichte, ehrwürdiger Herr», begann Thaganapa.

Der Mönch unterbrach ihn. «Du willst mir gerade eine Lüge auftischen, nicht wahr? Ist dir nicht bekannt, dass dein Hang zum Lügen immer stärker wird, je mehr du lügst, je mehr du glaubst, das Lügen sei normal? Wenn du so weiter machst, und dein Karma reift, wirst du in der Hölle wiedergeboren werden.»

Thaganapa erbleichte und begann zu zittern.

«Weißt du, das Lügen hat auch körperliche Folgen», fuhr der Mönch fort. «Deine Zunge wird rissig, dein Atem stinkt, und deine Worte sind weder überzeugend, noch haben sie Wirkung. Das Karma eines Lügners macht alle Felder unfruchtbar, alle Samen, die du säst, trocken und kraftlos.»

Thaganapa hörte zum ersten Mal, wie die Karmalehre auf das Lügen angewendet wurde, und die Auslegung des Mönchs traf ihn tief. «Ihr habt mich ganz durchschaut», gestand er. «Man nennt mich Thaganapa, weil in meinen Worten nicht einmal ein Hundertstel einer Haaresbreite Wahrheit ist. Ich lüge alle an, ohne eine Ausnahme. Aber was kann ich machen?»

«Glaubst du, du könntest ein Sadhana üben?» wollte der Mönch wissen.

«Also, ich könnte es mal versuchen», meinte Thaganapa unsicher. «Ich habe immerhin so lange gelogen, dass ich nicht weiß, ob ich aufhören kann.»

«Du bist nicht der einzige Lügner seit dem Anbeginn der Zeit», sprach der Mönch freundlich. «Selbst für solche wie dich gibt es Unterweisungen.»

«Na schön», sagte Thaganapa erleichtert. «Dann beginnt.»

Der Mönch führte Thaganapa zuerst in den Yoga ein, «wie mit Hilfe des Wassers das Wasser aus dem Ohr entfernt wird», eine Meditation, in der die Täuschung als Gegenmittel gegen die Täuschung eingesetzt wird. Als nächstes gewährte er ihm die Einweihung, die den unreifen Bewusstseinsstrom zur Reife lenkt. Und dann gab ihm der Mönch folgende Unterweisung: «Alles, was du siehst, hörst, berührst, von dem du denkst, du nimmst es mit den sechs Sinnen wahr, in der Tat alles, was du erlebst, ist nichts als eine Lüge.»

Nicht wissend, dass alle Erscheinung Lüge ist,
sagst du, du seist ein Lügner.
Doch wenn Wissen und Wissender,
die sechs Sinne und alles sinnlich
wahrgenommene Lügen sind, was ist dann Wahrheit?

Kindisches Nicht-Wissen der universellen Lüge
hält Falsches für wahr.
Wenn wir uns sagen, Täuschung sei Wahrheit,
fesseln wir uns an den Kreislauf der Existenzen,
sind wie die Tropfen am Rand des Wasserrades.

Betrachte daher
alles Erleben als an sich täuschend,
alle Form als an sich täuschend,
allen Klang als an sich täuschend.
Mit der Zeit wirst du entdecken,
dass dein Glaube an die Täuschung
gleichfalls eine Lüge ist.

Sieben Jahre meditierte Thaganapa darüber, dass alles auf Wahrnehmung beruhende Wissen Täuschung ist. Am Ende seines Sadhana begriff er, dass alle Erfahrung der Erscheinungswelt eine Einbildung ist.

Er erreichte das vollkommene Losgelöstsein und sah alle Erscheinungen als Traum, Halluzination, Luftschlösser, Mondlicht auf dem Wasser, Spiegelbilder. Und in dieser Gelöstheit erlangte er die Eigenschaften der Klarheit, der Selbstdisziplin und des Gleichmuts. Da er glaubte, das höchste Ziel erreicht zu haben, suchte er seinen Guru auf, um es sich bestätigen zu lassen.

Der Mönch sagte nur: «Erfahrung ist weder Täuschung noch Wahrheit. Die Wirklichkeit ist ungeschaffen, grenzenlos. Jetzt musst du über deine Erfahrung meditieren, dass alle Dinge Leerheit sind, durch ihr So-Sein leer.»

Thaganapa gehorchte seinem Guru und übte weiter. Sein Pfad war der der Auflösung der Paradoxien, der die widerstreitenden Gedanken und Gefühle zu einem Teppich jener Leerheit verwob, die in allen Dingen ist.

Er erlangte Siddhi und wurde von allen der «Meister der Lügen» genannt. Menschen mit gutem Karma brachte er bei, *wie Wasser im Ohr mit Hilfe des Wassers herauszubekommen ist*. Nach vielen Jahren des selbstlosen Dienens wurde er in das Paradies der Dakinis aufgenommen.

CHAMARIPA

Der göttliche Flickschuster

Ich forme das Leder der Vorurteile, des begrifflichen Denkens
um die höchste Leerheit, um das Erbarmen herum,
nehme die Ahle intuitiver Erkenntnis
und nähe mit dem Faden des Daseins,
der weder Anfang noch Ende hat.
Spontan, befreit von den acht weltlichen Zwängen
schaffe ich feinste leichte Schuhe des Dharmakaya.

Im östlichen Indien lebte in der Stadt Vishnunagar ein bescheidener Flickschuster. Er arbeitete und arbeitete den ganzen Tag und machte neue Schuhe, flickte alte. Und während der Arbeit träumte er vor sich hin, sagte sich immer wieder: «Schuster sollte ich doch nicht mein Leben lang sein!»

Als er es eines Tages nicht mehr ertragen konnte, blickte er eben von seiner Tätigkeit auf, als ein Mönch an seiner Bude vorbeiging. Er ließ das Werkzeug fallen, rannte auf die Straße und warf sich vor dem heiligen Mann in den Staub.

«Mir hängt dieses Leben endloser Plackerei, Leidenschaft und Dummheit zum Halse heraus», rief er. «Ich wollte schon immer dem Pfad des Buddha folgen, aber bis jetzt war es mir nie möglich gewesen. Bitte, ehrwürdiger Herr, bringt mir etwas bei, was mir in dieser Welt und in der nächsten Verdienste schafft.»

Der Mönch richtete den Schuster freundlich auf und sprach: «Wenn du dich jetzt für fähig hältst, ein Sadhana zu befolgen, wäre es mir eine Freude, dich zu unterweisen.»

«Ja, ach ja», versetzte froh der Schuster.

«Komm und iss mit uns in der ärmlichen Hütte Kastenloser.»

«Wenn die Sonne untergeht, werde ich da sein», antwortete der Mönch.

Der Schuster rannte nach Hause und teilte es seiner Frau und seinen Töchtern mit, und das Haus wurde auf den Kopf gestellt: saubermachen, kochen und die besten Speisen bereiten, die mit ihren einfachen Mitteln möglich waren. Als der verehrte Gast in der Hütte des Flickschusters erschien, war alles bereit.

Respektvoll bat die Familie den Mönch, sich zu setzen, und wusch ihm die Füße. Das schlichte Essen wurde aufgetragen, und der Gast langte fröhlich zu. Danach verschafften Frau und Töchter des Schusters dem Mönch allerlei Annehmlichkeiten, gaben ihm auch eine wohltuende Massage.

Der Mönch war entzückt über die großzügige Aufnahme und gewährte dem Schuster und seiner Frau die Initiation, wobei er sie wie folgt unterwies:

> Form das Leder von Leidenschaft und begrifflichem Denken
> um höchste Güte, höchstes Erbarmen herum.
> Nimm dann die Lehren des Guru als deine Ahle,
> näh achtsam mit dem Faden
> des Befreitseins von den acht Zwängen.
> Wie durch ein Wunder schaffst du die leichten Schuhe,
> die niemand mit umwölktem Blick erkennen kann –
> die wunderbaren Schuhe des Dharmakaya.

«Deine Übung besteht darin», sprach der Mönch, «dein Schustern als deine Meditation zu betrachten.» Der Flickschuster verstand sofort das Gleichnis des Guru und fragte: «Woran werde ich sehen, dass ich Fortschritte mache?»

«Zunächst», meinte der Guru, «wird dein Widerwille gegen das Samsara noch stärker werden. Doch mit der Zeit wird sich jedes Phänomen in sein wahres Wesen auflösen.» Damit verschwand der Mönch.

Der Flickschuster übte sein Sadhana zwölf Jahre lang, formte aus seiner Meditation die mystischen leichten Schuhe der Unterweisung seines Guru. Beschuht mit dem Dharmakaya durchmaß er mit einem Schritt die Unwissenheit, in der die sechs Leidenschaften ihren Grund haben. Alle Hemmnisse zogen wie Rauch aus seinem Geist fort, und er erlangte die Mahamudra-Siddhi.

Vishvakarma, der Gott der Künste und des Handwerks kam in Begleitung seines herrlichen Gefolges in die Schusterbude. Da der Schuster sitzenblieb und losgelöst von allen weltlichen Dingen einfach schaute, nahm der Gott die Werkzeuge und das Leder vom Arbeitsplatz und begann Schuhe zu machen.

Die Leute von Vishnunagar wussten nichts von den Übungen des Schusters und noch viel weniger vom Grad seiner Vervollkommnung, bis eines Tages ein neuer Kunde die Bude betrat. Dort sah er mit erstaunten Augen den Handwerker tief in Meditation versunken sitzen, während der große Gott Vishvakarma an seiner Stelle arbeitete.

Über Nacht erfuhr die ganze Stadt von dem Wunder. Die Menschen kamen einer nach dem anderen, um es mit eigenen Augen zu sehen. Sie warfen sich zu Füßen des Schuster-Yogis nieder und baten um Unterweisung. Er belehrte sie über die unerlässliche Hilfe, die die Unterweisung des Guru darstellt und erklärte dann die Wirkungsweise der verschiedensten Lehren und Techniken.

Sie nannten ihn Charmaripa, den «Schuster-Siddha», und er wurde weithin berühmt für seine Wundertaten. Als die Zeit gekommen war, ging er leiblich in das Paradies der Dakinis ein.

SYALIPA

Der Schakal-Yogi

Ein guter Künstler kann Form und Farbe
zu einem solchen Bild des Schreckens fügen,
dass uns sein Werk gleich Angst einjagt.
Seht wieder hin. Lasst los die Angst,
und alles, was bleibt, ist nur ein Widerschein.

Syalipa stammte aus der Stadt Bighapur, war ein Arbeiter und gehörte einer niedrigen Kaste an. Er war so arm, dass er sich nur einen kleinen Schuppen dicht an der Verbrennungsstätte leisten konnte. Das wäre nicht so schlimm gewesen, doch nachts streunten Schakalrudel über das Gelände und durchwühlten die Asche nach Knochen oder Fleischstücken, die nicht verbrannt waren. Wie es bei ihnen Brauch ist, kämpften und knurrten und heulten sie in der Dunkelheit.

Jede Nacht fuhr das schreckliche Geheul dem armen Mann in die Glieder. Jede Nacht wurde ihm angst und bange. Die wenigen Stunden Schlaf waren mit scheußlichen Träumen von Schakalen erfüllt, die ihn nicht mehr losließen.

An einem Spätnachmittag kam ein Wandermönch an die Hütte des Arbeiters und bettelte um Nahrung. Syalipa hieß ihn willkommen und warf sich zu seinen Füßen nieder. Er teilte mit dem Gast alles, was in seiner einfachen Behausung zu finden war und erzählte ihm das Neueste aus der Stadt.

Der Mönch wusste die Freundlichkeit seines Gastgebers zu schätzen und begann Syalipa zu erklären, welcher Lohn aus der Freigebigkeit erwächst. Der Arbeiter war sehr interessiert und versuchte, mit aller Aufmerksamkeit zuzuhören. Inzwischen war es Nacht geworden, und er wartete mit gespannten Nerven auf den ersten grauenhaften Schrei von der Verbrennungsstätte.

Schon bald schallte das Heulen durch die Nacht, und der Mönch bemerkte, wie aschfarben sein Gastgeber war, wie hohl seine Augen blickten. «Wovor hast du Angst?» wollte er wissen. «Fürchtest du das Leiden im Kreislauf der Existenzen? Schließlich gibt es da nichts zu fürchten als Leben, Tod und Wiedergeburt.»

«Wir alle fürchten uns vor dem Samsara, heiliger Herr», versetzte Syalipa. «Ich fürchte mich vor etwas anderem. Hört doch …»

Der Mönch lauschte still und sprach: «Ich höre nur das Lied der Schakale von der Verbrennungsstätte, sonst nichts.»

«Sonst nichts!» rief Syalipa. «Das reicht. Das Heulen macht mir Angst. Jede Nacht bin ich wach und zittere vor Angst wegen der Schakale.»

«Ach, jetzt verstehe ich», meinte der freundliche Mönch. «Ich habe Unterweisungen und ein Mantra, die dir helfen. Aber zunächst solltest du dich einweihen lassen.»

Syalipa war so dankbar, dass er die paar Münzen, die er gespart hatte, als Bezahlung für die Initiation hergab. Worauf ihn der Mönch ermächtigte und ihn in der Übung unterwies, die bekannt ist als die «Angst, die durch die Angst zerstört wird».

«Du fürchtest nur eins im Leben, und das Gegenmittel liegt in der Entdeckung der wahren Natur der Angst», sagte der Mönch. «Du musst folgendes tun. Bau eine Hütte mitten auf der Verbrennungsstätte, wo du eins mit den Schakalen sein wirst. Dort musst du über das Heulen der Schakale als die Wurzel aller Klänge meditieren. Du musst erreichen, dass du zwischen dem Geheul und allen anderen Geräuschen keinen Unterschied mehr wahrnimmst.»

Der Rat des Mönchs klang zwar furchtbar, doch Syalipa gehorchte. Im Lauf der Zeit hörte er die Stille im Herzen aller Klänge. Als er sich immer mehr von seiner Angst löste, erkannte er im Heulen der Schakale die Vereinigung von Klang und Leerheit. Die Meditation über die Ursache seiner schrecklichen Angst wurde zur befreienden Erfahrung furchtlosen Entzückens.

Als er sein Sadhana neun Jahre geübt hatte, schwanden die geistigen und körperlichen Befleckungen wie Echos dahin, und er erlangte die Mahamudra-Siddhi.

Er legte sich ein Schakalfell um, als Zeichen seiner Fähigkeit, den einen Geschmack aller Dinge wahrzunehmen, und wurde «der Schakal-Yogi» genannt.

Viele Jahre brachte er seinen zahllosen Schülern die Übungen bei, die sich auf die Einheit von Erscheinung und Leerheit beziehen. Schließlich stieg er leiblich in das Paradies der Dakinis auf.

NAROPA

Der unerschrockene Schüler

Wie die Heerscharen des Weltherrschers
alle Kontinente und die vielen Inseln erobern,
so erobert der Yogi, der den Geschmack
des Sahaja kennt, der angeborenen Selbstnatur,
das Samsara, und es herrscht nichts als
reine Glückseligkeit.

Naropa stammte aus Pataliputra, und seine Vorfahren gehörten verschiedenen Kasten an. Sein Vater handelte mit Alkohol, und als Naropa diesen Beruf ergreifen sollte, weigerte er sich und ging als Holzsammler in den Wald. Doch auch hier fand seine ruhelose, suchende Seele keinen Frieden.

Eines Abends hörte er, wie man sich Geschichten vom großen Weisen Tilopa erzählte. Auf der Stelle war für ihn entschieden, dass Tilopa sein Guru sein musste, dass er nicht ruhen würde, bis er ihn gefunden hatte. Am nächsten Tag tauschte er mit einem Jäger eine Ladung Holz gegen das traditionelle Rehfell des Yogi und machte sich auf den Weg nach Vishnunagar, seinen Meister zu suchen.

Dort angekommen hörte er zu seinem Kummer, dass der große Weise vor kurzem auf die Wanderschaft gegangen war; niemand wusste, wohin. Naropa setzte seine Reise unerschrocken fort, die Jahre dauern sollte und ihn durch ganz Indien führte, da er jedem Hinweis, jedem Gerücht nachging, das von Tilopas Aufenthaltsort wissen wollte.

Als Naropa eines Tages ohne eigentliches Ziel die Straße entlangging und sich kein Lüftchen regte, sah er in der staubigen Ferne eine Gestalt näherkommen. Das Herz schlug ihm aus unerfindlichen Gründen bis zum Hals. Seine Füße begannen wie von selbst zu fliegen, auf die Gestalt zu, die noch nicht genau zu erkennen war.

Doch je näher sie kam, desto sicherer wurde Naropa. Und als er das Gesicht des anderen Wanderers sehen konnte, war er seiner Sache sicher. Er hatte endlich

Tilopa gefunden. Er eilte zum Meister hin, warf sich in den Staub zu dessen Füßen, umtanzte ihn dann, nannte ihn Guru und erkundigte sich nach seiner Gesundheit.

Tilopa blieb mitten auf der Straße stehen, starrte Naropa ärgerlich an und rief: «Hör mit dem Unsinn auf. Ich bin nicht dein Guru. Du bist nicht mein Schüler. Ich habe dich noch nie gesehen und hoffe, dass du mir nie wieder vor die Augen kommst.» Dann verprügelte er Naropa mit seinem kräftigen Wanderstab und jagte ihn aus dem Weg.

Naropa war weder überrascht noch entmutigt. Er hatte den Meister gefunden, den er so viele Jahre gesucht hatte und war durch ein paar Schläge nicht zu erschüttern. Er begab sich einfach in die nächste Stadt und erbettelte für ihn und sich Essen.

Als er zurückkehrte, hatte Tilopa nicht ein Wort des Grußes für ihn übrig, langte aber kräftig zu und schlug ihn dann wieder kräftig. Naropa begnügte sich still mit den Resten und umkreiste danach ehrerbietig seinen Guru.

Zwölf lange Jahre blieb er bei Tilopa, erbettelte Nahrung und diente ihm. Tilopa nahm ihn nie als seinen Schüler an und Naropa wurde nie in seinem Glauben schwankend.

Gegen Ende des zwölften Jahres erreichten sie ein Dorf, in dem eben die Hochzeit der Tochter eines reichen Mannes gefeiert wurde. Der großzügige Gastgeber hatte für das Fest vierundachtzig verschiedene Curry-Gerichte zubereiten lassen. Eins davon war eine so seltene und köstliche Delikatesse, dass ein Bissen genügte, und man glaubte, mit den Göttern gespeist zu haben.

Man gab Naropa reichlich von allen Currys und auch von der großen Delikatesse. Als er zu Tilopa zurückkehrte und das Festmahl ausbreitete, geschah etwas Erstaunliches. Zum ersten Mal in all den Jahren lächelte Tilopa. Dann verspeiste er die Spezialität bis auf den letzten Bissen. Er leckte sich die Finger, reichte Naropa die leere Schale und fragte: «Wo hast du das her, mein Sohn? Geh bitte noch einmal hin und hol mir mehr.»

«Er hat ‹mein Sohn› gesagt», dachte Naropa und war glücklich wie ein Bodhisattva auf der ersten Stufe des Pfades. «Zwölf Jahre saß ich meinem Guru zu Füßen, und er hat mich nie nach meinem Namen gefragt. Und jetzt hat er mich ‹mein Sohn› genannt!» Wie in Ekstase kehrte er zur Hochzeit zurück und bat um etwas mehr von dem Curry für seinen Meister.

Doch Tilopa hatte so großen Appetit, dass er seinen Schüler immer wieder hinschickte. Naropa war sehr erleichtert, dass man ihm erneut von der Köstlichkeit gab. Als ihn Tilopa aber ein fünftes Mal zurückschickte, schämte sich Naropa und wollte sich nicht mehr blicken lassen. In ihm tobte ein mächtiger Kampf. Da er sich dem

Missfallen des Guru nicht aussetzen wollte, beschloss er endlich, den ganzen Topf mit der Delikatesse zu stehlen.

Er wartete am Rand der Menge auf eine günstige Gelegenheit und schlich langsam zum Currytopf hin. Als alle Gäste und Diener aufmerksam irgendeine Zeremonie verfolgten, ließ er seine Selbstachtung fahren, griff sich den Topf, verbarg ihn unter seinem Gewand und entwischte.

Tilopa war voller Anerkennung, dass Naropa sich so tief gedemütigt hatte und lobte ihn noch dazu, weil er so große Ausdauer gezeigt hatte. Tilopa nannte ihn «meinen eifrigen Sohn», gewährte ihm die Einweihung und den Segen der Vajravarahi, unterwies ihn auch in der Meditation.

Nach sechs Monaten hatte Naropa die Mahamudra-Siddhi erlangt, und von ihm strömte ein so intensives Licht aus, dass es noch eine Monatsreise von seiner Einsiedelei entfernt wahrzunehmen war. Sein Ruhm verbreitete sich wie ein Lauffeuer, und aus den vier Weltgegenden eilten die Schüler zu ihm.

Nach Jahren des unermüdlichen Dienens an seinen Schülern wurde er leiblich in das Paradies der Dakinis aufgenommen.

TILOPA

Der große Entsagende

Der Vogel, der sich auf dem Weltenberg Meru niederlässt,
scheint wie aus Gold gemacht.
Der Weise, der alles als reines Potenzial erkennt,
verlässt die materielle Welt,
und verweilt in den Buddhaländern der Glückseligkeit.

Viele Jahre lang erfüllte Tilopa priesterliche Aufgaben in den Diensten des Königs von Vishnunagar. Aus Dankbarkeit für die Bemühungen des großen Weisen, die Lehre des Buddha an seine zahllosen Schüler zu vermitteln, belohnte ihn der König mit der fürstlichen Summe von fünfhundert Goldmünzen pro Tag.

Und doch war Tilopa trotz des Erfolges seiner Arbeit und der gnädigen Unterstützung seines Lebens sehr unzufrieden und in seiner Arbeit abgelenkt. «Mein Leben ist sinnlos», dachte er bei sich. «Es gibt eine wesentliche Lehre, nach der sich meine Seele sehnt, die ich in dieser luxuriösen Umgebung nicht entdecken kann. Ich muss weggehen und die Erleuchtung suchen, indem ich als Yogin lebe.»

Aber jedes Mal, wenn Tilopa versuchte, sein Amt niederzulegen, erhob sich ein solcher Aufschrei der Bestürzung und des Verlustes bei seinen Schülern, am Hof und in der königlichen Familie, dass der König ihm jedes Mal nicht gestatte, zu gehen.

Schließlich, eines Nachts, wurde Tilopas Sehnsucht so stark, dass er wusste, dass er nicht länger bleiben konnte, komme was wolle. Er hinterließ eine kurze Notiz in seinem Raum zurück: «Ich werde nie zurückkehren. Versucht nicht, mir zu folgen», und machte sich in aller Stille auf den Weg zum Tempel. Dort angekommen, suchte er sich einen Bettler, tauschte seine priesterlichen Gewänder gegen die Lumpen des armen Mannes und schlich sich unbemerkt aus dem königlichen Anwesen.

Im Morgengrauen war Tilopa bereits auf dem Weg nach Kanchi, wo er sich auf dem Verbrennungsplatz niederließ. Dort lebte er eine Zeit lang ruhig, übte sein Sadhana und erbettelte Nahrung. Eines Tages traf er auf der Straße Naropa, der sein treuer und ergebener Diener wurde.

Er fuhr fort, sein Sadhana zu üben, und als nach vielen Jahren die Befleckungen seines Geistes getilgt waren, erreichte er die Mahamudra-Siddhi. Im Paradies der Götter speiste er herrlich, und man erwies ihm viele Ehren. Er erlangte die Siddhi des Körpers, der Rede und des Geistes. Er wurde überall als der Yogi Tilopa berühmt. Unzähligen Wesen zeigte er den Pfad, arbeitete selbstlos für andere und stieg in das Paradies der Dakinis auf.

SHANTIPA

Der Gelehrte

Wie ein Kind, genährt von seiner Mutter,
aufwächst zum kräftigen Erwachsenen,
so wächst der unreife Geist,
genährt von den Unterweisungen des Guru,
zur Glückseligkeit des Mahayana heran.
Wie die Krankheit vom Arzt
und seinen Mitteln geheilt wird,
so wird das Unwohlsein, das vom Glauben
an ein «Ich» und an das «Mein» herrührt,
sofort durch die Lehre des Guru geheilt.

Als König Devapala über Magadha herrschte, wurde der Mönch Shantipa, der als berühmter Meister auch unter dem Namen Ratnakarashanti bekannt war, von Geburt Brahmane, in der großen Klosteruniversität Vikramashila zum gefeierten Lehrer der fünf Künste und Wissenschaften. Sein Ruhm breitete sich bis nach Sri Lanka aus, wo der tugendhafte und verdienstvolle König Kapina sich für die Lehre des Buddha zu interessieren begann. Der König und sein Hof dürsteten nach weiterer Belehrung und beschlossen, der große Weise Shantipa müsse ihr Guru werden.

So geschah es, dass ein königlicher Bote mit wertvollen Geschenken vor den Toren des Klosters erschien. Er warf sich vor dem großen Lehrer nieder und überbrachte die Worte des Königs. «Ich bringe dir Gold und Silber, Perlen und feinste Seiden, Schnitzwerk aus Teak und Elfenbein, Gewürze und seltene Kräuter. Dies alles nur als kleines Zeichen der Hochachtung, die König Kapina und all die Menschen Sri Lankas für dich empfinden. Großer Weiser, habe Erbarmen mit uns. Wir sind nichts als Barbaren, die in Finsternis und Unwissenheit leben, von den Flammen der Wollust und Habgier verzehrt, von den Waffen des Zorns und Hasses gequält. Komm zu uns. Verbreite die befreiende Botschaft des Mahayana – das Große Fahrzeug zur Buddhaschaft – denn wir kennen sie nicht. Komm um der Menschen willen auf die Insel Sri Lanka.»

Nach einiger Bedenkzeit entschied Shantipa, dass es seine Pflicht war, dorthin zu ziehen. Er schiffte sich in Begleitung von zweitausend Mönchen ein und nahm unzählige Ochsen und Pferde mit, die mit dem Tripitaka, dem «Dreikorb», dem Kanon der Schriften beladen waren.

Als das Volk von Sri Lanka erfuhr, dass sie bald ankommen würden, war es so glücklich wie die Bodhisattvas auf der ersten ihrer zehn Stufen. Die Menschen ließen ihre Arbeit liegen und versammelten sich am Strand. Als das erste Segel auftauchte, schlugen ihre Herzen laut vor Freude. Als die Schiffe voller Baldachine und Ochsen über den Horizont kamen, waren sie außer sich.

Sie breiteten Seide für den großen Lehrer auf dem Boden aus, und als er den Fuß auf ihr Land setzte, verneigten sich alle ehrfürchtig vor ihm. Wolken seltenen Räucherwerks umgaben ihn, Blumen regneten auf ihn und seine Gruppe herab. Die Dienerschaft des Königs beeilte sich, ihm alles zu bringen, was er benötigte.

Der große Lehrer weilte drei Jahre in Sri Lanka und vermittelte dem König, seinem Hof und seinem Volk die Grundsätze und Praktiken des Tripitaka.

Shantipas Abreise war so prächtig wie seine Ankunft. Der dankbare Monarch übergab ihm Tausende von Pferden und Ochsen, dazu kostbares Gerät aus Gold und Silber und die dunkelsten Korallen, die nur in großer Tiefe zu finden waren. Der Weise beschloss, auf der Rückreise den längeren Weg zu wählen. Als das Meer überquert war, reiste die Gruppe durch das Königreich von Rameshvaram, wo der König Rama, als er seine Frau aus Lankapuri auf Sri Lanka befreit hatte, dankbar einen großen Tempel für Mahadeva erbaut hatte.

Schließlich trennte sie nur noch eine siebentägige Reise von der Heimat, die über eine öde Hochebene führte, die von abweisenden Bergen umstanden war. Am vierten Tag dieses Zuges traf dann Shantipa auf Kotalipa, einen Bauern, der sein Schüler wurde und dessen Geschichte in der vierundvierzigsten Legende berichtet wird.

Nach der Rückkehr ins Kloster nahm das Leben bald seinen gewohnten Lauf. Shantipa nahm seine Lehrtätigkeit, seine Studien wieder auf. Die Zeit verging, und Shantipa begann alt und gebrechlich zu werden. Seine Studenten gingen dazu über, ihn im Ochsenkarren spazieren zu fahren, und sie brachten ihm Süßigkeiten und andere weiche Nahrung, da er keine Zähne mehr hatte. Als er den hundertsten Geburtstag feierte, zog er sich aus dem aktiven Leben zurück und begann eine Versenkung, die zwölf Jahre währte.

Während dieser zwölf Jahre begab sich auf der öden Hochebene, die Shantipa auf seiner Rückreise von Sri Lanka überquert hatte, auch der Bauer Kotalipa in seine Einsiedelei. Shantipa übte die diskursive Versenkung, während Kotalipa völlig im Wahren-Wesen des Seins aufging, und seine nicht-diskursive, von Gedanken freie Meditation führte direkt zur Mahamudra-Siddhi.

Nach dieser Zeit kehrte Shantipa aus seiner Abgeschiedenheit zurück, und seine Schüler priesen ihn sehr.

Als Kotalipa die Mahamudra-Siddhi erlangte, kam Indra, der Herr der Götter, um das Ereignis festlich zu begehen. Der große Gott war von zahllosen Dakinis und seinem göttlichen Gefolge begleitet. Er goss Ambrosia in das «Tor der Reinheit», das Chakra am Scheitelpunkt von Kotalipas Kopf. Das erfüllte den Yogi mit vollkommener Zufriedenheit. Die Dakinis riefen: «Das ist der wahre Vajrasattva», und Kotalipa segnete sie, was sie mit göttlicher Freude erfüllte. Während der Festlichkeiten betonte Kotalipa immer wieder: «Es waren die Unterweisungen meines Guru, die mir zur Siddhi verhalfen. Ich pflügte die Berglehne, doch er lehrte mich, meinen Geist zu pflügen.»

Indra und sein Gefolge baten Kotalipa, in die dreiunddreißig Sinnlichen Paradiese einzugehen, doch der Yogi hatte nur seinen Guru im Sinn. Er lehnte es ab und sprach: «Ist mein Guru nicht eine größere Quelle der Gnade als der Buddha? Heißt es nicht in den Schriften: ‹Der Guru ist der Buddha, der Guru ist der Dharma, der Guru ist der Sangha, die Gemeinde. Der Guru verkörpert die Drei Kostbarkeiten, und ich sehne mich nach seinem heiligen Segen.›»

Kotalipa begab sich in seinem unsichtbaren Bewusstseinskörper in die Gegenwart Shantipas und warf sich vor dem großen Guru und seinem Gefolge nieder. Niemand konnte ihn freilich sehen, nicht einmal sein Lehrer, und so materialisierte er seinen physischen Leib und wiederholte seine Huldigung.

«Wer bist du?» fragte Shantipa erstaunt.

«Ich bin dein Schüler», erklärte Kotalipa bescheiden und ehrfürchtig.

Shantipa seufzte und sprach: «Ich glaube fast, es waren so viele Schüler, dass ich mich gar nicht mehr an alle erinnern kann.»

«Du erinnerst dich nicht an den Bauern, der die Berglehne pflügte, als du ihn trafst?»

Shantipa lächelte, denn jetzt fiel ihm die Begegnung ein. «Zu welchen Ergebnissen hat deine Meditation geführt?» erkundigte er sich freundlich.

«Ich befolgte deine Anweisungen, und das brachte mir die Mahamudra-Siddhi, dazu die Erfahrungsebene des reinen Bewusstseins und der Leerheit – den Dharmakaya», erwiderte Kotalipa.

Worauf Shantipa ein großes Licht aufging. Er sah ein, dass er in all den Jahren des Lehrens die wahre spirituelle Schulung vernachlässigt hatte. «Ich muss etwas gestehen», sagte er zu seinem Schüler. «Ich habe nie die höchste Wirklichkeit erfahren, die ich lehre. Ich habe sogar die Anweisungen vergessen, die ich dir gab.» Er bat seinen Schüler, die Auswirkungen seiner Meditation darzulegen.

So wurde der Schüler zum Lehrer, und der Lehrer wandelte sich zum Schüler. Kotalipa nahm Shantipa in eine abgelegene Einsiedelei mit und offenbarte ihm die vielen Eigenschaften des Dharmakaya, gab so das Geschenk der Unterweisung zurück.

Shantipa verbrachte weitere zwölf Jahre in der Meditation und erlangte endlich die Mahamudra-Siddhi. Als er die wahre Glückseligkeit erreichte, begriff er, dass seine ganze Schulweisheit, all die Ehren und Geschenke, mit denen er überhäuft worden war, im Vergleich hohl und nichtig schienen. Die ihm verbleibenden Jahre brachte er im treuen Dienst an den anderen zu. Am Ende gelangte auch er ins Paradies der Dakinis.

MEKOPA

Der Guru mit den wilden Augen

Vor allem anderen
lässt dich der Guru die Natur
des Geistes verwirklichen.
Wenn du vertraut mit der Nicht-Dualität
alle Ereignisse als gleich ansiehst,
so lebe auf der Verbrennungsstätte.
Was macht es, dass die Welt dich
als verrückten Heiligen sieht?

Mekopa verkaufte Lebensmittel und lebte in einer kleinen bengalischen Stadt. Er hatte immer ein fröhliches Wort für seine Kunden und war so gutherzig, dass er den Armen oft ohne Bezahlung zu essen gab. Das fiel einem bestimmten Yogi auf, dem Mekopa jeden Tag zu essen gab, ohne irgend etwas dafür zu verlangen.

«Warum bist du so freigiebig?» fragte der Yogi den Mekopa eines Tages.

Der lachte und sprach: «Vielleicht sammle ich Verdienste für eine bessere Wiedergeburt.»

«Wenn das dein Wunsch ist», meinte der Yogi, «warum lässt du dich nicht von mir in einem Sadhana unterweisen, das dafür sorgen wird?»

Mekopa war entzückt und versprach, gewissenhaft alles zu üben, was er lernen würde. Der Yogi gewährte ihm die Einweihung, bei der Gnade übertragen wird, und wies ihn in die Natur des Geistes ein, indem er diese Verse sang:

Dein Geist ist wie Zauberjuwel,
manifestiert alles, was da ist –
vom Samsara bis zum Nirvana.
Da Wissen und Nicht-Wissen eine Dualität sind,
schau tief in den unwandelbaren Raum

des wahren Wesens des Geistes,
und entdecke die Quelle aller Dualität.
Nicht-dualistischer Raum ist ohne Substanz,
und so ist alle Erfahrung Illusion.
Entdecke, wie uns trügerisches Begehren fesselt.

In der Meditation erfasste Mekopa die Wahrheit der Worte seines Guru: dass alle Phänomene Einbildungen der Geistestätigkeiten sind, dass der Geist selbst grenzenlose Weite ist, in der es kein Kommen, kein Gehen gibt. Sechs Monate verweilte er in der Verwirklichung der Natur des eigenen Geistes.

Die ungeheuerlich intensive, direkte Berührung mit der tiefsten Wahrheit brachte es aber mit sich, dass er wie ein Verrückter durch die Verbrennungsstätte schweifte. Oft rannte er in die Stadt und starrte Fremden mit wilden Blicken in die Augen, die durch die Welt der Erscheinungen drangen.

Die Leute nannten ihn bald «Guru Wahnsinnsaugen». Seine tiefgründigen Lehren veränderten manches Leben, und als die Zeit gekommen war, fuhr er leiblich ins Paradies der Dakinis auf.

KAMBALA

Der Yogi mit dem schwarzen Tuch

Inmitten der stillen Tiefen des Ozeans
liegt ein unbeschreiblicher Schatz –
wie wunderbar das Entzücken der Naga-Könige!
Inmitten von allem Licht, allem Klang
liegt der Dharmakaya –
wie groß das Entzücken des Adepten!

Als der Vater gestorben war, bestieg der neue König von Kankarama den Thron. Er ließ dann nach seiner Mutter schicken und wollte sich ihren weisen Rat holen, doch war sie nirgends zu finden. Vergeblich suchte man überall im Palast nach ihr. Sie war einfach verschwunden.

Ungeachtet des doppelten Verlustes sah sich der König gezwungen, an die Regierung seines Reiches zu denken. Und schon bald brachten seine beispielhafte Tugend und seine Weisheit die vierundachtzigtausend Haushalte seines Landes zum Blühen. Als zwei Jahre vergangen waren, erschien die Königinmutter auf einmal wieder am Hof. Ihr Sohn war außer sich vor Freude, als sie sich dem Thron näherte. Doch als er die Tränen in ihren Augen sah, verwandelte sich seine Freude in Ernst.

«Geliebte Mutter, weshalb weint Ihr?» fragte der König.

«Ich weine, weil ich dich auf diesem Thron sitzen sehe, weil du dich auf das jämmerliche Geschäft des Regierens einlässt», erwiderte sie.

Der junge König erhob sich vom Thron, nahm die Krone vom Haupt und umarmte seine Mutter. «Ich werde zugunsten meines Bruders abdanken und in den geistlichen Stand treten», erklärte er, da ihm ihr Wunsch Befehl war.

Innerhalb einer Woche zog er mit einer Gefolgschaft von dreihundert Mönchen in ein Kloster ein. Nach einiger Zeit erschien wieder die Mutter vor ihm. Und wieder weinte sie. Er warf sich vor ihr nieder und flehte sie an, ihm den Grund ihres Leids zu sagen.

«Obwohl du Mönch geworden bist, weine ich, weil ich sehe, dass du noch immer wie ein König inmitten eines Hofstaates lebst.»

«Sprich, was soll ich tun?» sagte er.

«Verlasse das Kloster mit seinem Luxus», meinte sie. «Verlass dein Gefolge von Mönchen und geh allein in den Dschungel, um zu meditieren.»

Noch einmal folgte er ihrer Anweisung. Er begab sich in den Dschungel und ließ sich im Schutz eines mächtigen Baumes nieder. Den Dorfbewohnern der Gegend blieb seine Anwesenheit aber nicht verborgen, und da sie seine frühere Großzügigkeit nicht vergessen hatten, brachten sie ihm die feinsten Speisen und andere Dinge, damit er es bequem hatte.

Wieder erschien die Mutter vor ihm, schlug sich gegen die Brust und weinte heftig. Und wieder bat er sie, ihm zu sagen, was sie so betrübe.

Sie wies auf seine seidenen Gewänder, das silberne Handbecken und sagte streng: «Wozu braucht ein heiliger Mann all diesen Trödel?»

Er verließ die aufwendige Einsiedelei im Dschungel, ließ seine Untertanen nicht länger für ihn sorgen und schlug den Pfad des Yogi ein, wanderte von Land zu Land.

Er war noch nicht weit gekommen, als seine Mutter noch einmal erschien; diesmal schwebte sie über ihm in der Luft, und er erkannte endlich ihre wahre Dakini-Natur. Sie gewährte ihm die Shamvara-Initiation und unterwies ihn in der Meditation. Dann war sie verschwunden.

Der Yogi-König zog zwölf Jahre von Ort zu Ort. Er übernachtete auf Verbrennungsstätten und übte sein Sadhana, bis er die Mahamudra-Siddhi erlangt hatte. Er schwebte in den Himmel auf und fand sich dort vor seiner Mutter und ihrem überirdischen Gefolge wieder. «Warum setzt du deine Kraft für so etwas Nutzloses ein?» fragte sie zornig, die Augen geschwollen vom Weinen. «Weshalb setzt du deine Gaben nicht zum Wohle der Wesen dort unten ein?»

Der Meister schwebte zur Erde zurück, wollte sich dem selbstlosen Dienst widmen und reiste nach Mangalapur, der Hauptstadt von Oddiyana, der Heimat der Dakinis.

Vor der Stadt mit ihren zweihundertfünfzigtausend Haushalten stieß er in der Gegend von Karabir auf die wilden und einsamen Panaba-Felsen. In einer Felswand fand er eine Höhle, in die er sich zurückzog, und die später Talatse, die Palmwipfelhöhle genannt wurde.

Kaum hatte er sich aber dort niedergelassen, als andere, weniger wohlwollende weibliche Wesen in sein Leben traten. Seine Anwesenheit stellte wohl eine Gefahr für die Macht einer Gruppe örtlicher Dakini-Dämoninnen und ihrer Königin Padmadevi dar. Sie saßen zu Rate und beschlossen, ihn und seine Meditation zu bekämpfen und sein Leben so zu stören, dass er gezwungen wäre, weiterzuziehen.

Eines Tages legte er das schwarze Tuch um, das sein einziges Kleidungsstück war, und machte sich auf den Weg zur Stadt, um seine Nahrung zu erbetteln. Auf der Straße machte sich eine Schar junger, betörender Dämoninnen an ihn heran.

«Komm bitte mit uns nach Hause», riefen sie schmeichelnd. «Es wäre eine so große Ehre für uns, dich speisen zu dürfen. So müsstest du auch nicht den ganzen Weg zur Stadt zurücklegen.»

«Üblicherweise erhalte ich meine Nahrung nicht nur von einem Haushalt», entgegnete er.

«Nun, wenn du nicht mit uns nach Hause kommen willst», sagte Padmadevi mit süßer Stimme, «so wirst du uns doch wenigstens dein Tuch leihen, bis du zurückkommst?»

Gütig wie er war, wollte er ihr die Bitte nicht abschlagen, gab ihr das Tuch und setzte seinen Weg nackt weiter fort.

Kaum war er hinter einem Hügel verschwunden, begannen die Dämoninnen schadenfroh zu lachen und tanzten wie besessen mit dem Tuch des Yogi herum. Dann hielt Padmadevi wieder eine Ratsversammlung ab.

«Der Siddha hat übernatürliche Kräfte», sprach sie, «und daher ist auch in seinen Sachen etwas von diesen Kräften. Wie wollen wir das Tuch unter uns aufteilen?» Sie beschlossen, es sofort aufzuessen und rissen es in kleine Stücke. Im Nu hatten sie es ganz verspeist – bis auf eine Ecke, die sie ins Feuer warfen.

Als der Meister auf dem Rückweg war, bat er sie höflich, ihm das Tuch zurückzugeben. Das konnten die Dämoninnen freilich nicht, und so boten sie ihm ein schönes neues Tuch an. Das ging nicht an. Der Yogi bestand auf seinem Tuch. Sie versuchten es mit Gold. Er wollte nicht darauf eingehen.

Er kehrte zornig in die Stadt zurück und beschwerte sich beim König. Er erzählte von dem Tuch und verlangte, dass der König die diebischen Dämoninnen zwinge, das Kleidungsstück herauszurücken.

Der König ließ die Dämoninnen kommen und befahl ihnen, dem Yogi das Tuch wiederzugeben. Sie behaupteten, es sei nicht mehr in ihrem Besitz. Sie hätten dem Yogi Ersatz angeboten, wären jedoch abgewiesen worden.

Was konnte der König unternehmen? Das Tuch blieb verschwunden.

Der Meister kehrte nackt in die Höhle zurück, um seine Meditation fortzusetzen. Dort opferte er der Dakini Vajravarahi, der Gefährtin des Heruka, einen Torma, einen geweihten Kuchen, um die Elementargeister günstig zu stimmen. Als eine der Dämoninnen später mit einem Zauberspruch die Quelle in seiner Höhle zum Versiegen brachte, war er in der Lage, der Erdgöttin zu gebieten, es rückgängig zu machen. Sofort sprudelte frisches, süßes Wasser aus der Quelle.

Immer wieder kam es zu lächerlichen Störungen. Doch der Meister blieb unberührt und konnte jeden Schaden beheben, den die Dämoninnen angerichtet hatten. Seine Plagegeister beschlossen verärgert, eine große Versammlung von Dakini-Dämoninnen einzuberufen, um den Meister mit vereinten Kräften zu bezwingen. Selbst vom Weltenberg Meru und den vier Kontinenten kamen Dämoninnen herbei, um an der großen Sitzung in Oddiyana teilzunehmen.

Der Meister bekam Wind davon und sann auf ein Gegenmittel. Er wartete, bis sich alle um ihre Königin Padmadevi versammelt hatten, und sang ein kraftgeladenes Mantra, das sie in die harmloseste Gestalt verwandelte, die ihm einfiel – in eine Herde Schafe.

Padmadevi blökte jämmerlich und flehte ihn an, sie zurückzuverwandeln. Er war einverstanden, war aber vorsichtig genug, sie erst einmal zu scheren. Als die Dämoninnen wieder die menschliche Gestalt annahmen, entdeckten sie, dass ihnen die Köpfe kahlgeschoren waren. Wieder ertönte schreckliches Heulen.

Die Göttin der Sinnlichkeit holte beleidigt über die Herabwürdigung ihrer Macht zum Gegenschlag aus. Sie sprach eins ihrer stärksten Zauberworte aus und ließ einen gewaltigen Sturm entstehen, der einen Riesenstein oben aus der Felswand löste, damit er hinunter zur Palmwipfelhöhle rolle. Der Meister blickte dem Steinblock ruhig entgegen, und als der schon fast auf ihn stürzte, hob er einfach warnend die Hand.

Sofort blieb der Fels liegen, blieb als Schaukelstein gefährlich auf einem Vorsprung über dem Höhleneingang hängen. Noch heute ist er dort zu sehen.

Der Kampf zwischen Meister und Dämoninnen hatte das Alltagsleben des Königreiches zum Stillstand gebracht. Niemand fühlte sich mehr sicher, weil man nicht wissen konnte, was als nächstes geschehen würde – ob ein großes Erdbeben oder eine Überschwemmung käme, ob vielleicht Feuer vom Himmel regnen würde? Der König beschloss endlich, der Unruhe abzuhelfen, und rief den Meister und Padmadevis dämonische Störenfriede an den Hof.

Der König saß streng und majestätisch auf seinem Thron und betrachtete die Dämoninnen schweigend. Nach einer Weile sagt er: «Unter euch ist keine, die nicht wenigstens einem meiner Untertanen Schaden zugefügt hat. Ihr müsst nun um Vergebung bitten und geloben, dem Pfad der Tugend zu folgen.»

Die Dämoninnen lachten ihn aus und gaben sich völlig unbußfertig. Da schleuderte der Meister mit Donnerstimme eine Verwünschung gegen die Schar: «Gelobt, die Wahrheit zu schützen, oder ich schicke euch im nächsten Augenblick zum Herrn des Todes, Dharmaraja.»

Die Dämoninnen zitterten vor Angst und gelobten es. Der Meister sah sie mit seinem durchdringenden Blick an und warnte sie: «Sollte sich eine von euch überlegen, das Gelübde auch nur ein wenig zu brechen, wird sie sofort in einen Karrengaul verwandelt.»

Die Dämoninnen wussten, dass der Meister keine leeren Worte machte, nahmen Zuflucht zum Buddha und gelobten, an seiner Lehre festzuhalten. Als sie daraufhin an einer Reinigungszeremonie teilnahmen, spien sie alle die Stücke des Tuches aus, das sie dem Meister entwendet hatten. Er war glücklich, sein einziges Kleidungsstück wiederzuerhalten, sammelte die Fetzen auf und nähte sie zusammen. Das kleine Stück, das ins Feuer geworfen worden war, fehlte natürlich.

Der große Yogi wurde nah und fern als Kambala, der Meister mit dem Tuch bekannt, auch als Sri Prabhat, glorreiches Licht. Nach vielen friedlichen Jahren des selbstlosen Dienstes an der Menschheit wurde er leiblich in das Paradies der Dakinis aufgenommen.

VYALIPA

Der Alchemist der Kurtisane

Höchste Einsamkeit schenkt die Betrachtung
des allumfassenden Raumes
und vollkommene Harmonie, wenn die Natur
jeder Erfahrung verwirklicht ist.
Doch die Schau der endgültigen Wirklichkeit
ist die Schau deines unvergleichlichen Guru.
Erst dann wirst du das Elixier der Unsterblichkeit trinken
und wahrhaft lebendig sein.

Der sehr reiche Brahmane Vyali begehrte die Unsterblichkeit. Und so begann er die Alchemie auszuüben, weil er das Geheimnis des Lebenselixiers ergründen wollte. Für einen hohen Preis erwarb er ein bestimmtes seltenes Handbuch der Alchemie, erstand eine große Menge Quecksilber und seltene Kräuter, die in der Formel des Buches angeführt waren.

Er bereitete das Elixier sorgsam in den komplizierten Schritten zu, die im Handbuch standen, doch am Ende konnte er eine wesentliche Zutat nicht erhalten, und der Trank war nach all der Zeit, den Kosten und Mühen wertlos. In einem Anfall von Wut schleuderte er das Buch in die Mutter Ganga und wurde im dreizehnten Jahr seines Sadhana zum wandernden Bettler, der nicht die kleinste Münze besaß.

Er folgte dem Fluss und gelangte nicht weit von einem Tempel des Ramachandra in ein kleines Dorf. Als er dort um Nahrung bettelte, traf er eine Kurtisane. Sie unterhielten sich, und die Frau berichtete von einer merkwürdigen Begebenheit, die sich beim morgendlichen Bade zugetragen hatte. Ein Buch war auf den Wellen des Flusses dahergetanzt, ihr direkt in die Hände. Und was für ein sonderbares Buch! Die Kurtisane zeigte dem Yogi ihren Schatz, und als der ihn genauer besah, begann er wie ein Wahnsinniger zu lachen. Ihm rollten die Tränen über die Wangen, als er ihr sein Leben erzählte, denn hier war das alchemistische Handbuch, das er in den Fluss geworfen hatte.

Der Erfolg einer Kurtisane ist so vergänglich wie ihre Schönheit, und die wiederum blüht so lange wie ihre Jugend. Die Frau war sehr an dem Lebenselixier interessiert und bat den Yogi, sich noch einmal ans Werk zu machen. Sie lockte ihn mit dreißig Pfund Gold.

Der Zauber des Goldes war stärker als seine Enttäuschung, und er nahm das Angebot an. Wieder kaufte er eine Menge Quecksilber und mühte sich ein weiteres Jahr erfolglos mit seinem alchemistischen Sadhana ab. Immer noch fehlte seinem Trank eine wesentliche Zutat, die rote Myrobalane, eine Frucht ähnlich der Kirschpflaume.

Gegen Ende des Jahres nahm die Kurtisane ihr tägliches Bad in der Mutter Ganga, als sich ein zweites Wunder ereignete. Eine schöne rote Blüte kam den Fluss herabgetrieben und wickelte sich um einen ihrer Finger. Sie bemerkte das erst, als sie nach Hause zurückgekehrt war und nach dem Werk ihres Gefährten sah. Als sie die Blüte von ihrem Finger schüttelte, fiel ein Tropfen Nektar in den Trank, und die Luft füllte sich mit wunderbaren Symbolen: über ihren Köpfen erschien plötzlich ein rechtsdrehender Kreis mit acht glückbringenden Zeichen; das waren ein kostbarer Schirm, zwei goldene Fische, ein Weihwassergefäß, eine Lotosblüte, ein weißes Muschelhorn, der Knoten des unendlichen Lebens, eine Siegesfahne und ein Rad mit acht Speichen.

Vyalis Augen glitzerten vor gierigem Entzücken. Ihm war nur wichtig, ob die Kurtisane jemandem von den Experimenten erzählt hatte. Sie versicherte ihm, geschwiegen zu haben.

An jenem Abend beschloss sie, nach einem weiteren Erfolgszeichen bei ihrem Gefährten Ausschau zu halten; sie war immerhin eine vorsichtige Frau. Heimlich gab sie ein anderes stärkendes Heilkraut, Chiraita, in sein Essen. Es war äußerst bitter, und Vyali hatte es noch nie vertragen. Diesmal jedoch bemerkte er nichts. Die Kurtisane war außer sich vor Entzücken.

Zunächst erprobten sie ein wenig von dem Trank an einer alten Stute, der die Kurtisane das Gnadenbrot gab. Bald fing das Tier an, auszuschlagen und sich wie das fröhliche Fohlen aufzuführen, das es einst gewesen war.

Vyali und die Kurtisane fassten Mut, stießen auf ihr ewiges Leben an und genossen etwas von dem Trank. Sofort erlangten beide weltliche Siddhi und die Kraft der Todlosigkeit. Doch auch das änderte nichts am egoistischen, gierigen Wesen des Yogi, und er beschloss, das Geheimnis zu bewahren und alle anderen davon auszuschließen.

Dies war so selbstsüchtig, dass die Götter die beiden, als sie zum Himmel auffuhren, mit Verachtung straften. Und so begaben sich die zwei Unsterblichen ins

Land Kilampara, um dort zu leben. Sie ließen sich im Schatten eines einsamen Baumes auf der Spitze eines Felsens nieder, der eine Meile hoch aufragte – die zehnfache Entfernung, die ein Geräusch überbrücken kann – und rings von einem unzugänglichen Sumpf umgeben war.

Doch Arya Nagarjuna hatte die Kraft des Fliegens erlangt; und er gelobte, das Geheimnis der Unsterblichkeit zurückzubringen, das der Menschheit geraubt worden war. Bevor er sich in die Lüfte schwang, zog er schlauerweise einen Schuh aus. Als er die Spitze des Felsens erreichte, warf er sich vor dem unsterblichen Paar nieder, das recht verblüfft war, ihn zu sehen und allzu gerne auch die Wunderkraft des Fliegens besessen hätte. Was für ein herrliches Leben das wäre, wenn sie jeden Punkt der Welt erreichen könnten!

Als sie Nagarjuna über seine ungewöhnliche Gabe befragten, erzählte er ihnen, das Geheimnis beruhe auf der Kraft, die in dem einen Schuh stecke, den er trage. Nach heftigem Feilschen bot ihm Vyali das Rezept für das Lebenselixier an, wenn er dafür den Wunderschuh erhalte.

Vyali und die Kurtisane sitzen heute noch auf dem Felsen, und das Geheimnis des Fliegens hat sich ihnen nicht enthüllt. Ohne Reinigung des Geistes durch die Übung eines Sadhana fehlt allen Elixieren der Welt die eine wahre Zutat – die Reue und Zerknirschung, die den Bewusstseinsstrom der Unterweisung durch den Guru öffnet.

Doch Arya Nagarjuna kehrte mit der kostbaren Formel nach Indien zurück. Auch heute noch führt er sein Werk zum Segen aller Wesen auf dem Gipfel des Berges Sri Parvata fort. Und wer den Pfad zur Verwirklichung findet, dem offenbart er das Geheimnis vom Zauberelixier des Lebens.

TANTEPA

Der Spieler

All das Wirken meines Geistes
löst sich auf in Raum, frei von Gedanken.
Die vergängliche Erfahrung der Erscheinungen
ganz versunken im Kontinuum der Leerheit.

Tantepa gehörte einer niedrigen Kaste an und stammte aus Kaushambi im Tal der Mutter Ganga. Wie besessen spielte er Tag und Nacht. Das Leben bestand für ihn aus Gewinnen oder Verlieren, war eine einzige Wette. Es gelang ihm meistens, ungeschoren davonzukommen. Doch dann kam eine verhängnisvolle Pechsträhne.

Er setzte alles aufs Spiel und verlor. Das konnte ihn nicht aufhalten, und er machte Schulden, spielte weiter. Er verlor weiter, und seine Gläubiger wurden langsam unangenehm. Als er das Geld nicht auftreiben konnte, ergriff er die Flucht und versteckte sich. Für wie lang? Schließlich war es mit seinem Glück ganz vorbei, und er hatte keinen Pfennig mehr, war hungrig und erschöpft. Seine Gläubiger entdeckten das Versteck und prügelten ihn halb tot.

Nach Einbruch der Dunkelheit gelang es Tantepa, sich zu einer Verbrennungsstätte zu schleppen, wo er sich in den Schatten und in der Asche verbergen wollte. Dort fand ihn ein Yogi, der ihm anbot, das Essen mit ihm zu teilen.

«Du hast da ziemlich schlimme Kratzer und blaue Flecken», sprach der Yogi. «Bist du unter die Räuber gefallen?»

«Ich habe mich selbst ausgeraubt, heiliger Mann», antwortete Tantepa. «Ich bin ein Spieler. Ich habe meinen gesamten Besitz verspielt, und meine Gläubiger schlugen mich fast tot, weil ich mich mit meinen Schuldscheinen verdrückte.»

«Da sich in deinem Leben gar nichts auszahlt, versuch es doch einmal mit der Meditation», meinte der Yogi.

«Wie steht die Wette, dass sie etwas bringt?» fragte der Spieler. Dann brach er in Tränen aus. «Da siehst du es!» schluchzte er. «So bin ich. Für mich sind nur die Punkte auf dem Würfel wichtig. Aber eins will ich dir sagen», sprach er, und seine Miene hellte sich auf. «Wenn du eine Meditation hast, die ich üben kann, ohne das Spielen aufgeben zu müssen, dann würde ich es vielleicht mal versuchen.»

Der Yogi lächelte und versetzte: «Nun ja, junger Mann, du hast Glück. Ich kenne sogar eine Übung, die für Leute wie dich genau das Richtige ist.»

Worauf er dem Spieler die Einweihung und Ermächtigung gewährte. Dann sagte er: «Du musst nun die drei Welten oder Sphären visualisieren: die Sinneswelt, die Welt der Reinen Form und die des Formlosen. Mit der letzten bist du schon vertraut; sie ist so leer wie deine Taschen.»

Der Spieler nickte und lächelte schief. Der Yogi fuhr fort: «Wenn du die drei Sphären visualisiert hast, musst du anfangen, die Natur deines Geistes als dieselbe Leerheit aufzufassen.» Und er sang ihm dies Lied:

> Wie du dein ganzes Geld beim Würfeln verloren hast,
> musst du jeden Gedanken an die drei Welten verlieren.
> Wie dich deine Gläubiger fertigmachten,
> musst du das Wirken deines Geistes fertigmachen,
> bis nichts als die Leerheit des gedankenfreien Raumes ist.
> Dann verwandelt sich die Verbrennungsstätte
> in die Sphäre reiner Glückseligkeit.

Tantepa meditierte gewissenhaft, wie ihn sein Guru unterwiesen hatte. Und dabei lösten sich all seine Gedanken und Vorstellungen über die drei Welten in die wahre Wirklichkeit ihrer eigenen, leeren Raumunendlichkeit auf.

Er wurde ein Lehrer, der für sein Erbarmen und seine Einsicht in die Schwächen und Launen seiner Mitmenschen berühmt wurde. Als letzte Tat in seinem Leben sang er folgendes Lied für seine Schüler:

> Hätte ich Kummer und Reue nicht gekannt,
> wie wäre ich auf den Pfad der Befreiung gelangt?
> Hätte ich nicht Vertrauen zu einem Lehrer gefasst,
> wie könnte ich die höchste Kraft erlangen?

Kaum hatten die Worte seine Lippen verlassen, da schwebte er zur Höhe von sieben Palmen auf und betrat das Paradies der Dakinis.

KUKKURIPA

Der Hundefreund

Wo bewusstes Mühen und Streben sind,
ist der Buddha nicht zugegen.
Daher sind rituelle Anbetung und Gaben an den Buddha
vergeblich.
Höchste Erfahrung der wirklichen Gnade des Guru
ist im Innern des glücklichen Empfängers – doch sieht er sie?

In Kapilavastu lebte ein Brahmane namens Kukkuripa. Während er über die Fragen des Daseins grübelte, fasste er Vertrauen in das Tantra, wählte mit der Zeit den Weg der Entsagung und lebte als Yogi. Er begann seine Wanderschaft, indem er langsam zu den Höhlen von Lumbini zog und bettelte.

Eines Tages, auf dem Weg zur nächsten Stadt, hörte er ein leises Wimmern im Unterholz. Als er dem nachging, fand er eine junge Hündin, die so ausgehungert war, dass sie nicht mehr stehen konnte. Sie weckte sein Mitleid, und er trug sie nach Lumbini, teilte den Inhalt seines Bettelnapfes mit ihr und beobachtete mit Freude, wie sie wieder kräftig und gesund wurde.

Als sie in Lumbini ankamen, hatte sich Kukkuripa so sehr an ihre liebevolle, gutmütige Gesellschaft gewöhnt, dass er sich ein Leben ohne sie nicht mehr vorstellen konnte. So suchte er nach einer leeren Höhle, die groß genug für sie beide war und ließ sich in ihr nieder. Jeden Tag, wenn er zum Betteln fortging, hielt sie Wache und wartete geduldig auf seine Rückkehr.

Kukkuripa war so sehr in die beständige Rezitation seines Mantras vertieft, dass zwölf Jahre so schnell vergingen wie ein einziges. Fast ohne es zu merken, erlangte der Yogin die magischen Kräfte des Vorherwissens und der göttliche Einsicht. Jedoch die Götter der dreiunddreißig sinnlichen Himmel hatten davon Kenntnis genommen. Sie waren sogar so beeindruckt, dass sie ihn einluden, seine Errungenschaften mit einem Besuch in ihrem Paradies zu feiern. Geschmeichelt und erstaunt

über ihre Aufmerksamkeit nahm er die Einladung an und ließ sich auf einen unaufhörlichen Kreislauf ausschweifender Feste und Vergnügungen ein.

Auf der Erde wartete seine treue Hündin geduldig auf die Rückkehr ihres Herrn. Auch wenn sie nach allem wühlen musste, was sie zu fressen fand, entfernte sie sich nie weit von der Höhle. Sie war aber nicht vergessen. Wenn sich auch der Yogi an den Gaben der Götter labte, vermisste Kukkuripa seine geliebte Gefährtin schmerzlich. Immer wieder erzählte er den Göttern, dass er in die Höhle zurückkehren müsse, um für sie zu sorgen.

Aber seine himmlischen Gastgeber drängten ihn zu bleiben und sagten: «Wie kannst du an eine Hündin in einer feuchten Höhle denken, während du hier diesen Luxus, diese Annehmlichkeiten und unsere Gunst genießt. Sei nicht so töricht! Bleib bitte bei uns.» Der Yogi ließ sich von den Göttern überreden, die Rückkehr aufzuschieben. Doch eines Tages, als er vom dreiunddreißigsten Himmel herabblickte, erkannte er, dass sein treuer Hund sich nach ihm sehnte – ihre Augen waren traurig, ihr Schwanz hing herunter und sie war so dünn, dass er ihre Rippen sehen konnte. Kukkuripas Herz schmerzte wegen ihr. In diesem Moment stieg er aus dem Paradies herab, um zu ihr in die Höhle zurückzukehren.

Die Hündin sprang und tänzelte vor Freude, als sie ihr geliebtes Herrchen erblickte. Doch kaum hatte er sich hingesetzt und begonnen, ihre Lieblingsstelle hinter den Ohren zu kraulen, wurde die Hündin zu einer strahlend schönen Dakini, umhüllt von einer Wolke der Herrlichkeit. «Wohlgetan!» sprach sie. «Du hast dich als würdig erwiesen. Du hast die Versuchung überwunden. Jetzt, da du zurückgekehrt bist, gehört dir die höchste Macht. Du hast gelernt, dass die weltliche Macht der Götter trügerisch ist, denn sie bewahren sich immer noch eine Vorstellung von sich selbst. Ihr Reich ist das Reich des vergänglichen Vergnügens. Aber jetzt gewährt dir deine Dakini höchste Verwirklichung – makelloses reines Entzücken, das nie abnimmt.»

Dann lehrt sie ihm die symbolische Vereinigung von richtig angewandten Mitteln und vollkommener Erkenntnis, und als in seinem Bewusstseinsstrom unwiderruflich eine unfehlbare Schau des Unveränderlichen entstanden war, erreichte er die höchste Verwirklichung.

Als Guru Kukkuripa, der Hundeliebhaber, bekannt, kehrte er nach Kapilavastu zurück, wo er ein langes Leben des selbstlosen Dienens führte und zu gegebener Zeit mit einem großen Gefolge von Schülern die endgültige Befreiung im Paradies der Dakinis fand.

KANHAPA

Der Dunkelhäutige

So wenig, wie du einen Wagen ohne Räder fahren kannst,
verschaffen dir Wohltätigkeit und moralisches Verhalten
ohne Guru die höchste Siddhi.
Wie der Geier mit weiten Schwingen und angeborenem
Geschick im Himmel oben schwebt,
so geben die mächtigen Lehren des Guru,
instinktiv vollständig aufgenommen,
dem Yogi gänzliche Zufriedenheit.

Kanhapa war der Sohn eines Schreibers. Von ihm war schon früh viel zu erwarten, und so ließ er sich in die große Klosteruniversität von Somapuri aufnehmen. Dort wurde er von seinem Guru Jalandhara in das Mandala der Gottheit Hevajra eingeweiht.

Als der Sohn des Schreibers zwölf Jahre sein Sadhana geübt hatte, wurde er mit einer Vision des Hevajra umgeben von seinem himmlischen Gefolge belohnt, und die Erde bebte unter seinen Füßen. Kanhapa war sich voller Stolz sicher, dass er das höchste Ziel erreicht hatte. Doch als er eben völlig mit sich selbst zufrieden war, erschien eine Dakini, wies ihn zurecht und erklärte, dass seine Vision nur ein Teil der Vorbereitungen sei. Kanhapa setzte geläutert seine einsamen Übungen fort.

Er konnte es aber doch nicht lassen, von Zeit zu Zeit seine Errungenschaften zu prüfen. Eines Tages setzte er den Fuß sanft auf einen Granitfelsen. Als er ihn wieder hob, sah er, dass er im harten Stein einen Fußabdruck hinterlassen hatte. Wieder zeigte sich die Dakini, wies ihn zurecht und schickte ihn wieder zurück zu seiner Meditation.

Als er das dritte Mal aus seinem Samadhi erwachte, entdeckte er, dass er eine Elle über dem Boden in der Luft schwebte. Einen Augenblick später erschien noch einmal die strenge Dakini und zeigte auf seinen Meditationssitz.

Als er zum vierten Mal aus der Meditation zu sich kam, sah er sieben königliche Schirme über seinem Kopf schweben, während sieben Damaru-Schädeltrommeln zugleich die Luft erklingen ließen.

«Jetzt kann mir niemand mehr sagen, ich hätte mein Ziel nicht erreicht», teilte er seinen Schülern mit. «Folgt mir zur Insel Lankapuri vor der Küste von Sri Lanka. Wir werden ihre heidnischen Bewohner zum Pfad des Buddha bekehren.»

Mit einer Gefolgschaft von dreitausend Schülern machte sich Kanhapa auf den Weg zur Stadt Lankapuri. Als sie die Meerenge erreichten, die die Insel vom Festland trennt, beschloss er, eine Probe seiner Fähigkeiten zu geben. Seine erstaunten Begleiter sahen vom Strand aus zu, wie er über die Wasserfläche auf die Insel zu hüpfte.

«Selbst mein Guru bringt das nicht zustande», sagte er sich. Doch kaum hatte er die verhängnisvollen Worte ausgesprochen, als er auch schon wie ein Stein untersank. Die Wellen spülten ihn bald hustend und spuckend auf den Sand. Als er sich auf den Rücken drehte, um den Sand aus dem Mund zu speien, erblickte er über sich seinen Guru Jalandhara, der in der Luft schwebte.

«In Schwierigkeiten geraten?» erkundigte sich Jalandhara trocken.

Kanhapa gestand hilflos seinen Stolz ein, und welche Folgen er gehabt hatte.

Jalandhara brüllte vor Lachen, hatte dann aber Mitleid mit dem Schelm. «Geh nach Pataliputra, wo der gütige König Dharmapala herrscht», sprach er. «Dort findest du einen meiner Schüler, von Beruf Weber. Wenn du alles tust, was er dir sagt, wirst du sicherlich die höchste Wahrheit erlangen – die du, möchte ich einmal sagen, erst noch erfassen musst.» Dann war er verschwunden.

Plötzlich zeigten sich am Himmel wieder die Schirme und Schädeltrommeln, und Kanhapa wusste, dass er seine Kräfte zurückerhalten hatte – er konnte wieder über das Wasser wandeln und Fußabdrücke im harten Fels zurücklassen. Er machte sich mit seiner Gefolgschaft unverzüglich auf den Weg nach Pataliputra.

Als sie dort ankamen, ließ er seine dreitausend Schüler vor der Stadt warten. Er war sich sicher, den Mann zu finden, den er suchte, und schlenderte durch die Straße der Weber. Er benutzte seinen durchdringenden Blick, um im Vorbeigehen die Fäden der Webstühle reißen zu lassen, bis er schließlich an einen Mann geriet, dessen Kette und Schuss sich sofort von selbst wieder einzogen. Da wusste er, dass er nicht weiter suchen musste. Er verneigte sich vor dem Weber und umwandelte ihn ehrfürchtig. Dann bat er den Yogi, ihn die höchste Wahrheit zu lehren.

«Versprichst du mir, alles zu tun, was ich dir sage?» fragte der Weber streng.

«Ja», gelobte Kanhapa.

Der Weber führte ihn darauf zur Verbrennungsstätte, zeigte auf eine frische Leiche und sagte: «Iss ein Stück von dem Fleisch.»

Kanhapa kniete sich nieder, zog sein Messer und begann zu schneiden.

«Doch nicht so, du Narr!» fuhr ihn der Weber an. «So macht man das!» Er verwandelte sich im Nu in einen Wolf, sprang auf die Leiche und begann sie gierig zu zerreißen. Als er genug gefressen hatte, nahm er wieder seine menschliche Gestalt an. «Menschliches Fleisch kannst du nur in Tiergestalt essen», belehrte er seinen verdutzten Schüler.

Dann kauerte sich der Weber hin und entleerte sich. Er nahm eins der drei Stücke Kot in die Hand und reichte es seinem Schüler. «Iss!» befahl er.

«Und wenn mich jemand sieht?» protestierte Kanhapa. «Nein, das tue ich nicht.»

Worauf der Weber ein Stück selbst verspeiste, das zweite den himmlischen Göttern gab, das dritte den Naga-Schlangen, die es in die Unterwelt mitnahmen.

Sie kehrten in die Stadt zurück, und der Weber kaufte für fünf Kupfermünzen Essen und alkoholische Getränke. «Ruf deine Schüler her, und wir feiern gemeinsam ein *Ganachakra*-Fest.»

Kanhapa tat, wie ihm befohlen wurde. Er fragte sich aber, wie der Weber so viele Menschen speisen wollte, da die eingekauften Dinge nicht einmal für einen reichten.

Als die Gemeinschaft sich versammelte, segnete der Weber die Gaben und begann das Essen zu verteilen. Wie durch ein Wunder erschienen endlose Mengen Reis, Süßigkeiten und die verschiedensten Delikatessen in den Schalen. Das Festmahl währte sieben Tage, und noch immer nahmen die Gaben kein Ende.

«Ich bringe keinen Bissen mehr herunter», sagte Kanhapa angewidert. Er warf seine Reste den hungrigen Geistern als Opfer hin, versammelte seine Schüler um sich und ging.

Doch vor ihnen erschien der Weber und sang:

> Elende Kinder, was wollt ihr erreichen
> mit eurem Wegrennen?
> Ihr zerstört euch selbst,
> weil ihr die Leerheit der vollkommenen Einsicht
> vom tätigen Mitgefühl des Lebens trennt.
> Schwebende Schirme und Schädeltrommeln sind nichts
> verglichen mit dem Erkennen
> des wahren Wesens der Wirklichkeit.

Kanhapa aber wollte nicht hören. Er zog immer weiter, bis er schließlich vierhundertfünfzig Meilen östlich von seinem Ausgangspunkt die Stadt Bhadokora erreichte. In den Außenvierteln erspähte er einen Litschibaum, der reife Früchte trug. Unter ihm saß ein zartes junges Mädchen und sang leise vor sich hin.

Kanhapa grüßte es und fragte, ob er ein paar Früchte pflücken dürfe.

Das Mädchen schüttelte den Kopf.

Kanhapa geriet in Wut. «Von deinesgleichen lass ich mich nicht zurückweisen!» rief er und pflückte die Früchte mit seinem mächtigen Blick vom Baum.

Kaum hatten die Litschis den Boden berührt, als das Mädchen sie mit ebenso mächtigem Blick an ihren angestammten Platz zurückbewegte und damit seine wahre Dakini-Natur enthüllte.

Kanhapa war jetzt zu zornig, um die Tragweite des Geschehens zu begreifen. Anstatt die Dakini günstig zu stimmen, verwünschte er sie mit einem so kraftgeladenen Mantra, dass sie sich am Boden wand und aus jeder Leibesöffnung heftig blutete.

Gleich scharten sich Menschen um das leidende Mädchen, und die Lage wurde brenzlig. Die Leute murmelten untereinander: «Buddhisten müssten doch gütig sein. Dieser Yogi ist blutrünstig!»

Tief im Innern wurde Kanhapa bewusst, wie wahr die Worte waren, und er kam wieder zur Besinnung. Er hob die Verwünschung auf, aber es war leider schon zu spät. Das Mädchen hatte inzwischen eine Gegenverwünschung ausgesprochen. Er musste sich übergeben und stürzte kräftig blutend zu Boden. In tödlicher Angst rief er seine treue Dakini-Gefährtin Bhande zu sich und bat sie, in den Süden zum Berg Sri Parvata zu gehen und ihm bestimmte Kräuter zu bringen, die nur an seinen Hängen wuchsen. Nur die konnten ihm Heilung bringen.

Verzweifelt machte sich Bhande sofort auf den Weg und brauchte für eine Reise von sechs Monaten kaum sieben Tage. Sie sammelte in der dunstigen Morgendämmerung am Berg die kostbaren Kräuter und machte sich auf die Rückreise nach Bengalen. Als sie aber nur noch eine Tagesreise vom Ort entfernt war, wo sie den leidenden Yogi zurückgelassen hatte, traf sie am Wegesrand eine Alte, die herzzerreißend weinte. Ach, Bhande konnte die Verführerin nicht erkennen, die ihren Meister verflucht hatte, und blieb stehen um zu fragen, ob sie der alten Frau irgendwie helfen könne.

«Weshalb weinst du, Mutter?» wollte die Dakini wissen.

«Ist denn der Tod des Herrn Kanhapa nicht Grund genug für Tränen?» schluchzte die Alte.

Die Nachricht versetzte Bhande in tiefste Hoffnungslosigkeit. Voller Ärger, weil ihre Bemühungen umsonst gewesen waren, warf sie das Fläschchen mit den Heilkräutern fort. Sie zog weiter, und hinter jeder Wegbiegung meinte sie schon den qualmenden Scheiterhaufen zu entdecken.

Stattdessen fand sie ihren Meister noch am Leben, aber seine Kräfte schwanden rasch dahin. Als er sie schwach um die Kräuter bat, begann sie heftig zu weinen und berichtete, wie sie getäuscht worden war.

Kanhapa bereitete sich auf den Tod vor und wusste, dass ihm sieben Tage blieben, um seine Schüler zu unterweisen, bevor er seinen karmisch reifen Körper verließ, um in das Paradies der Dakinis einzugehen. Er lehrte sie das Sadhana, das jetzt unter dem Namen die «Enthauptete Vajravarahi» bekannt ist.

Als er den letzten Atemzug getan hatte, durchsuchte Bhande den großen Himmel, die große Tiefe und die irdischen Bereiche dazwischen, um die weltliche Dakini zu finden, die Kanhapa das Leben geraubt hatte.

Endlich entdeckte sie ihr Opfer, das sich im Geäst eines Sambhila-Baumes verbarg. Bhande packte die Zauberin sofort am Fuß, schleuderte sie auf den Boden und verfluchte sie so schrecklich, dass die Dakini seither von brennenden Schmerzen heimgesucht wird.

ACHINTA

Der habsüchtige Einsiedler

Mahamudra ist ohne Vorstellung, ohne Objekt.
In ihr werden alle Erscheinungen
Wissen und reines Bewusstsein.
In ihr sind die zehntausend Truggedanken
leer. Alle Wirklichkeit
ist Mahamudra.

Einst lebte in Dhanirupa ein Mann, der war so arm, dass er nie sicher wusste, wann er das nächste Mal essen würde. Doch in seiner Fantasie führte er ein sehr reiches Leben. Seine Gedanken kreisten eigentlich nur um das eine unerreichbare Ziel – reich zu sein. Er war von diesem quälenden Gedanken so besessen, dass er es nicht ertragen konnte, wenn andere seinen Traum störten. So zog er sich aus der zivilisierten Welt zurück und lebte allein mit seinen Fantasien in einer kleinen Hütte, die er sich im Wald errichtete.

Eines Tages kam der Yogi Kambala an der Einsiedelei vorbei. Achinta teilte sein karges Mahl mit dem Besuch und schüttete ihm sein Herz aus.

«Wie ich sehe, ist es dir gelungen, den Menschen mit ihrem Geplapper zu entkommen», meinte Kambala. «Aber sag mir doch, ist es mit deinem Denken besser geworden, seit du hier bist?»

«Leider nicht», gestand der Einsiedler mit einem Seufzen. «Ich bin immer noch voller Begierde nach Reichtum. Eins weiß ich jedoch, wenn ich diesen einen Gedanken los wäre, müsste mein Geist vollkommen leer sein, da ich an nichts anderes denke. Kannst du mir ein Mittel nennen, wie ich mich von dieser Torheit befreien könnte?»

«Eigentlich schon», entgegnete der Yogi. «Wenn du mir versprichst, zu üben, was ich dich lehre, will ich dich unterweisen.»

Der Einsiedler versprach, gewissenhaft zu üben, und der Guru gewährte ihm die Shamvara-Initiation. Dann sang er ihm zur Belehrung ein Lied:

Begierde ist wie das Kind
einer unfruchtbaren Frau.
Willst du deinen Geist davon befreien,
visualisiere deinen Körper als den Himmel,
und jeden deiner Gedanken
als die Sterne am Firmament.
Dann wird der Gott des Reichtums erscheinen,
und alle deine Wünsche sind erfüllt.

Der Einsiedler meditierte in seiner Waldeinsamkeit, wie ihn sein Guru gelehrt hatte. Als das funkelnde Strahlen der Sterne seinen Geist erfüllte, war kein Platz mehr für die Gedanken an Gold. Seine Besessenheit erlosch wie die Sterne in die grenzenlose Weite des Himmels hinein, und er war frei von Gedanken.

Er suchte seinen Guru auf und teilte ihm mit, dass sein Geist leer geworden war, und Kambala sang ihm wieder ein Lied:

Was ist die Natur des Himmels?
Kannst du etwas aus ihm machen?
Wie kannst du ihn begehren?
Wie kannst du gar etwas über ihn denken?

Als der Einsiedler die tiefe Bedeutung dieser Strophe verstand, erlangte er Mahamudra-Siddhi und wurde als Achintapa, der gedankenfreie Guru bekannt.

Dreihundert Jahre unterwies er selbstlos seine zahlreichen Schüler darin, wie die höchste Natur des Wesens zu verwirklichen ist. Und als die Zeit gekommen war, begleiteten ihn alle seine Schüler, als er leiblich ins Paradies der Dakinis auffuhr.

BHADRAPA

Der Hochnäsige

Wahnhafte Schau wird nur gereinigt,
durch die klare Schau der Leerheit.
Wahnhaftes Verhalten wird nur rein
durch die Betrachtung der Güte.
Meditation lässt verstehen,
dass in der Wirklichkeit
alle Dinge eins sind,
und das Ziel ist, dass der Eine Geschmack
alles durchdringt.

Vor langer Zeit lebte im Königreich Manidhara ein sehr rechtschaffener, hochherziger Brahmane, der unermesslich reich war. Er lebte so traditionsbewusst, dass er weder Schweinefleisch und geistige Getränke zu sich genommen hatte, noch auch nur die Worte selbst je ausgesprochen hatte. Er ließ keine menstruierende Frau in seine Nähe, damit er nicht unrein würde. Und er hatte nicht vor, seine rituelle Reinheit durch irgendwelche Arbeiten mit den Händen oder durch die Berührung von Schmutz und Exkrementen aufs Spiel zu setzen.

Trotz seines Reichtums, seines gesellschaftlichen Ansehens, seiner strengen Lebensweise machte er sich ständig Sorgen, wie ihn wohl die anderen sehen würden. Er war ganz versessen darauf, das Bild, das man von ihm hatte, makellos zu erhalten.

Als seine edlen Freunde eines Tages gegangen waren, um die rituellen Waschungen auszuführen, sah er sich allein im Haus. Als ein ungepflegter Yogi mit verfilztem Haar an seiner Türschwelle erschien und um Nahrung bettelte, war er gezwungen, mit dem Mann zu sprechen.

Er wollte den Bettelmönch loswerden, bevor ihn jemand sah, und rannte in panischem Schrecken auf ihn zu, scheuchte ihn mit den Händen fort und rief: «Hinaus! Hinaus! Du bist unrein. Du befleckst mein Haus!»

«Was meinst du mit unrein?» erkundigte sich der Yogi kühl.

«Du fragst, was ich mit unrein meine?» sagte der Brahmane und warf einen höhnischen Blick auf den ungebetenen Gast. «Seit Jahren ungewaschen. Mit dreckigen Lumpen bedeckt. Mit einer Almosenschale, die aus einem menschlichen Schädel gemacht ist und nach verfaultem Müll riecht. Und es ist deutlich zu sehen, dass du einer sehr niedrigen Kaste entstammst. Geh jetzt bitte, bevor dich einer meiner Freunde sieht.»

Der Yogi blieb einfach stehen, wo er war, und starrte den Brahmanen unentwegt an. «Das ist nicht unrein», sprach er leise. «Ich werde dir sagen, was unrein ist. Bösartiges Reden, Denken und Handeln – das ist unrein. Da helfen auch rituelle Bäder nichts. Geist und Herz können nicht mit Seife gereinigt werden. Solche Unreinheiten können nur durch das Bad der Unterweisungen gereinigt werden, die der Guru gibt.»

Da der Yogi sah, dass ihm der Brahmane gespannt lauschte, sang er ihm ein Lied:

> Weder Priester noch König sind die höchsten Wesen,
> nur die Bodhisattvas.
> Kein noch so starkes Scheuern
> kann Körper, Rede, Geist säubern.
> Nur die Lehre des Guru der Übertragungslinie
> verleiht unvergleichliche Reinheit.
> Kein Festmahl eines Reichen, Milch, Käse, Yoghurt,
> hat den höchsten Geschmack,
> nichts als Begierdelosigkeit deckt den besten Tisch.

Der Brahmane fasste Vertrauen zum Yogi und bat ihn um Unterweisung.

«Gib mir zu essen, und ich werde dir etwas beibringen», sagte der Yogi einfach.

«Also gut», erklärte der Brahmane. Doch dann fiel ihm plötzlich ein, wie das in den Augen seiner Freunde aussehen würde, und er fügte hinzu: «Aber nicht hier. Meine Freunde haben keinen Glauben. Lass mich zu deinem Haus kommen, und dann will ich dich anhören.»

«Ich lebe auf der Verbrennungsstätte», meinte der Yogi und wandte sich zum Gehen. Dann blieb er wie in Gedanken versunken stehen und drehte sich zum Brahmanen um. «Bring etwas Alkohol und Schweinefleisch mit, wenn du kommst.»

«Das kann ich nicht», rief der Brahmane entsetzt. «Wenn mich jemand sieht.»

«Wenn du unterwiesen werden willst, tu, was ich dir sage», erwiderte der Yogi streng.

«Nun gut», sprach der Brahmane, «aber erst, wenn es Nacht wird.»

Der Yogi zuckte mit den Schultern, ging auf die staubige Straße hinaus und war verschwunden.

Der Brahmane war in einer schwierigen Lage. Wie konnte er sich die beiden unaussprechlichen Dinge verschaffen, die der Yogi verlangt hatte, ohne einen Skandal heraufzubeschwören? Endlich schmiedete er einen Plan. Er wollte sich als Diener aus einer niedrigen Kaste verkleiden und unerkannt einkaufen. Obwohl ihm die Vorstellung allein schon schrecklich war, brachte er alles zu einem guten Abschluss.

Nach Einbruch der Dunkelheit machte er sich verstohlen mit den verbotenen Dingen auf den Weg zur Verbrennungsstätte. Der Guru hieß ihn in seinem Schuppen willkommen, bereitete das Essen und bestand darauf, dass der Brahmane mit ihm teile. Danach weihte der Guru seinen hohen Gast in das Mandala der Danksagung ein und gewährte ihm seinen Segen.

Darauf begannen einige Übungen, die den Kastenstolz des Brahmanen brechen sollten. Dem Schüler wurde befohlen, seine rechte Schau zu beweisen, und dazu sollte er die Latrine seines Meisters ausräumen, eine Arbeit, die ihm als Brahmane nicht erlaubt war. Und als er sie beendet hatte, sollte er einen Anstrich aus der üblichen Mischung von Schlamm, Kuhdung und weißem Lehm herstellen und die Hütte des Yogi neu tünchen. Der Guru erklärte, dies sei die symbolische Darstellung des rechten Handelns. Die weiße Farbe des Lehms stelle die Gleichheit aller Dinge dar, den Gegenstand der rechten Meditation.

Als der Brahmane all das zur Zufriedenheit seines Meisters erledigt hatte, teilte der ihm mit, all diese Handlungen seien symbolisch für das Ziel der Übung. Worauf der Brahmane plötzlich einsah, dass Schau, Meditation und Tun ein und dasselbe waren, dass alle Erscheinungen gleichartig sind. Da gab er seine Kaste mit all ihren Vorurteilen auf und wurde ein Yogi.

Nach sechs Jahren der Meditation erreichte er die Mahamudra-Siddhi und wurde nah und fern als Yogi Bhadrapa, als der «glückbringende Lehrer» berühmt. Den Rest seines Lebens widmete er selbstlos dem Dienst an den anderen. Und als seine Zeit kam, in das Paradies der Dakinis aufgenommen zu werden, waren fünfhundert Schüler in der Lage, mit ihm aufzusteigen.

KALAPA

Der schöne Verrückte

All die Menschen geh'n durch ihr Leben
in völliger Täuschung,
und diese Narren nennen mich verrückt.
Ah, ich kenne das Heilmittel für diese Täuschung:
Den ambrosischen Nektar der Lehre des Guru.

Kalapa war deutlich anzusehen, dass sein Karma gut war. In einem früheren Leben hatte er sich in Geduld und Meditation geübt, und so war er mit einem athletischen Körper, einem fein geschnittenen Gesicht und dunklen, blitzenden Augen gesegnet, die voller Gefühl waren. Er war so schön, dass die Leute von Rajapur wie angewurzelt auf der Straße stehen blieben und ihm nachgafften, wenn er vorbeikam.

Kalapa gehörte nicht zu den Menschen, die ihre Schönheit benutzen, um die anderen für ihre egoistischen Ziele einzuspannen, und so war ihm diese Aufmerksamkeit peinlich und eine Belastung. Er musste annehmen, dass niemand den Menschen aus Fleisch und Blut hinter der äußeren Erscheinung sah, dass er langsam zu einer Art Kunstgegenstand wurde. Je mehr ihn die Leute beachteten und aus der Welt der gewöhnlichen Wesen heraushoben, desto einsamer und in sich gekehrter wurde er.

Schließlich war ihm klar, dass ihm nichts übrig blieb, als der Welt völlig zu entsagen und sich auf eine Verbrennungsstätte zurückzuziehen. Und dort begab er sich mit dem Allernötigsten hin und baute sich eine winzige Hütte.

Es dauerte nicht lange und er traf einen Yogi, der ebenfalls auf der Verbrennungsstätte lebte, und die beiden schlossen Freundschaft.

Der Yogi hörte sich Kalapas Geschichte aufmerksam und voller Mitgefühl an. «Ich kenne ein Sadhana, das dir wahrscheinlich helfen wird, diese missliche Lage zu überwinden», sprach er zu dem jungen Mann.

Kalapa war lernbegierig, und sein Guru gewährte ihm die Shamvara-Initiation. Darauf wurde er in die aufbauende wie die auflösende Phase der Meditation eingeführt. Die erste Übung verschaffte ihm eine Schau der Welt der Erscheinungen, frei von allen begrifflichen Konstruktionen, frei von den Vorurteilen des Geistes. Die zweite ließ ihn klar erkennen, dass die Natur aller Dinge Leerheit ist.

Bald war er fähig, beide Meditationen zusammen zu üben. Das verhalf ihm zum Verständnis, dass alle Erscheinungen nichts als Funktionen des Geistes sind und auf einen einzigen Gedanken reduziert werden können, und das ist die Art und Weise, wie die Götter ihre Schöpfung wahrnehmen.

Als er sich darin vervollkommnet hatte, erkannte er auch, dass die Täuschung der Getrenntheit von ihm abgefallen war, dass zwischen ihm und den anderen nicht der geringste Unterschied mehr bestand.

Er war von allen Vorurteilen, allem emotionalen Verhaftetsein befreit, und das schrankenlose Handeln begann von selbst durch ihn zu fließen. Die Pforten der Wahrnehmung flogen auf, und er fing an, seine Gefühle und Neigungen ohne jede Rücksicht auf gesellschaftliche Umgangsformen auszudrücken.

Die Leute von Rajapur, die keine Ahnung hatten, wie es ist, die Wirklichkeit direkt und ohne die Fesseln vorgefasster Meinungen zu erfahren, waren verzweifelt und riefen: «Nicht schon wieder ein verrückter Heiliger!»

Worauf der heilige Narr sang:

Die Wurzeln der Angst sitzen tief
in der Täuschung, dass jeder von uns
für sich eine Insel ist,
allein, jeder vom andern getrennt.
Wenn ihr frei wärt von diesem Leiden,
die Tätigkeiten eures Geistes sehen würdet
als einen einzigen Gedanken,
ein Gefolge der Götter,
die in den Klang des Ah hinein verschwinden,
wie der Regenbogen verschwindet im Himmel.

Geburt, Leben und Tod haben keine Gewalt mehr
über diesen Verrückten.
Das Handeln fließt frei durch ihn,
ist reines Entzücken;
die Erkenntnis unverstellter Klarheit
ist reines Entzücken;

Meditation über die sechs unbehinderten Sinnesbereiche
ist reines Entzücken;
das Ziel, mühelos erreicht,
ist reines Entzücken.

Mit diesen Worten schwebte er in den Himmel auf bis in eine Höhe von sieben Palmen. Er blieb in der Luft, zeigte, dass er alle Elemente beherrschte, und tat viele Wunder vor der staunenden Menge.

Danach wurde er nah und fern als Yogi Kalapa berühmt, und als die Zeit gekommen war, wurde er leiblich in das Paradies der Dakinis aufgenommen.

BHUSUKU

Shantideva – der faule Mönch

Im Samsara war ich dem Buddha abgeneigt,
lebte nur dem Genuss wechselnder Vorlieben.
Dann vereinte Verwirklichung
Samsara und Nirvana in Glückseligkeit,
und ich flammte wie ein Juwel im großen Ozean.

Der jüngere Sohn einer königlichen Familie kam in die Klosteruniversität Sri Nalanda, um in den Mahasanghika-Orden aufgenommen zu werden. Als Kind war er sehr verhätschelt worden und fand es nicht nur schwer, sondern auch unvernünftig, sein früheres Leben zu lassen. Wenn seine Mitbrüder lernten, wälzte er sich im Bett. Wenn seine Mitbrüder Stunden meditierten, schlenderte er durch die Klostergärten, damit seine Verdauung gut blieb. Es gab noch ein großes Vergnügen für ihn, die Mahlzeit, wobei er jedes Korn seiner fünf Handvoll Reis genoss.

Seine Faulheit ärgerte die anderen Mönche über alle Maßen, und sie nannten ihn gewöhnlich Bhusuku, den Trägen. Gnadenlos spotteten sie hinter seinem Rücken, sagten ihm Grobheiten ins Gesicht und hofften von Herzen, dass ihn bald die wohlverdiente Strafe ereile.

In Nalanda war es Brauch, stets die Schriften vorzutragen, morgens, mittags und abends, das ganze Jahr hindurch. Die Mönche hielten sich an dieses Herkommen, setzten sich der Reihe nach auf den Tempelthron unter dem Mönchsschirm und rezitierten den Teil der Sutras, den sie auswendig gelernt hatten. Sie wechselten sich alle ab, mit Ausnahme von Bhusuku natürlich. Da er es geschafft hatte, nichts zu lernen, war so gut wie nie die Reihe an ihm. Der Ärger, die Feindseligkeit, die daraus entstanden, überraschten in einer so frommen Einrichtung.

Bhusukus schändliches Verhalten brachte ihm schließlich einen Tadel des Abtes ein. Ihm wurde mitgeteilt, dass er aus dem Kloster verstoßen würde, wenn er nicht wie jeder andere seiner Pflicht nachkommen würde. Recht viele Mönche

mussten da hinter vorgehaltener Hand grinsen und hofften, dass es zum Schlimmsten kommen würde.

«Ich habe doch kein Gelübde gebrochen», brachte Bhusuku zu seiner Verteidigung vor. «Ich bin einfach ein schlechter Gelehrter. Ist das Grund genug, mich fortzuweisen?»

Der Abt war unnachgiebig. In heller Morgenfrühe war er an der Reihe. Wenn er seine Rezitation wieder nicht halten wollte, würde er auf der Straße sitzen. Die Mönche waren entzückt, und es wurde viel darüber geschwatzt, wie gewisse Taugenichtse und Faulpelze bald auf der Nase liegen würden.

Der Abt hatte zwar einen Tadel ausgesprochen, war aber ein gütiger Mensch und hatte eine Schwäche für den Missetäter. Als sich nachts alle zu Bett begeben hatten, um von der köstlichen Komödie zu träumen, die sich morgen ereignen sollte, kam der Abt in Bhusukus Zelle, um ihm einen Rat zu geben.

«Also, mein Sohn», sprach der Abt, «du hast dich in eine ziemlich missliche Lage gebracht. Du hast so viel Zeit damit verbracht, deinen Bauch zu mästen und im Bett zu faulenzen, dass du nicht einmal ein halbes Dutzend Verse einer Sutra gelernt hast. Du wirst morgen bestimmt Schiffbruch erleiden, wenn du meinen Rat nicht beherzigst.»

Bhusuku warf sich dem Abt zu Füßen nieder und flehte um Hilfe. «Alles, Herr. Sprecht. Ich will es tun.»

«Nun gut», meinte der Abt und fügte streng hinzu: «Aber das bedeutet, dass du heute nacht kein Auge zutun wirst.»

«Auch das», sagte der Mönch demütig.

«Du hast nur eine Hoffnung», erklärte der Abt. «Du musst die Nacht damit zubringen, das Mantra Manjushris zu rezitieren, des Bodhisattva der intellektuellen Darlegung. Du musst das Arapachana-Mantra bis zum ersten Hahnenschrei sprechen und das Beste hoffen.» Dann gewährte er Bhusuku die geheimen Unterweisungen des Sadhanas Manjushris, dazu den Segen des Mantras und ließ den Bußfertigen an die Arbeit gehen.

Bhusuku kannte seine Schwächen, und zur Vorsicht verband er den Kragen seines Gewands und die Zellendecke mit Hilfe einer festen Schnur, damit er während der Nacht nicht einnicken konnte. Und die ganze Nacht rezitierte er das Mantra, das ihm der Abt beigebracht hatte, bis er wie betäubt vor Müdigkeit war.

Kurz vor dem ersten Tagesschein war seine Zelle auf einmal von Licht durchflutet. Bhusuku fuhr zusammen und meinte, die Sonne gehe auf, und er war nicht viel klüger als am Abend zuvor. Da dröhnte eine laute Stimme von der Decke: «Was glaubst du denn, was du hier tust!»

Er blickte in seiner Erschöpfung auf und sah eine mächtige Gestalt in der Luft über seinem Kopf schweben. «Ich rufe die Hilfe des Herrn Manjushri an, damit ich heute noch ein Sutra rezitieren kann, und ich hab' keins gelernt. Aber wer bist du und was willst du von mir?»

«Was für eine närrische Frage», versetzte der ungewöhnliche Gast. «Die halbe Nacht hast du mich angerufen.»

«D-d-d-du bist Manjushri!» stammelte der Mönch verstört.

«Genau der. Nun sag mir, was du möchtest, damit ich mich wieder an die Arbeit machen kann.»

Bhusuku hätte sich gern zu Boden geworfen, aber er war noch an die Decke angebunden, und so presste er die Hände demütig aneinander und flehte: «Bitte, großer Herr, gewährt mir die Kraft und die Verwirklichung jedes Kennzeichens der vollkommenen Erkenntnis.»

«Abgemacht!» sprach Manjushri. «Rezitiere dein Sutra, wenn man dich ruft.» Und er war so schnell verschwunden, wie er gekommen war.

Es hatte sich herumgesprochen, dass sich Bhusuku heute lächerlich machen würde, und König Devapala mit seinem gesamten Hof wollte sich das Schauspiel nicht entgehen lassen. Auf dem Altar türmten sich duftende Blüten als Opfergaben, von den Besuchern mitgebracht.

Als Bhusuku die große Halle betrat, war die Zuhörerschaft ein einziges Kichern und Gewisper. Die Leute sahen belustigt, wie er den Gang vertrauensvoll entlangschritt und den Tempelthron bestieg. Alles wartete darauf, dass er voll auf die Nase fallen würde. Er rief jedoch nach dem Mönchsschirm und nahm den Lotossitz ein. Mit großer Ruhe schaute er über die Zuhörer hin und wartete, bis Ruhe einkehrte. Als klar war, dass endlich alle Aufmerksamkeit auf ihn gerichtet war, schwebte er in die Luft über dem Thron auf, und sein Körper begann mit großem Glanz zu strahlen, der durch die ganze Halle vibrierte.

Wer gekommen war, weil er lachen wollte, war sprachlos vor Erstaunen. Man blickte sich verwundert an.

Bhusuku begrüßte den König und fragte: «Soll ich ein überliefertes Sutra rezitieren, Euer Majestät, oder hättet Ihr lieber eins meiner eigenen Werke?»

Der König begann zu lächeln. «Wie ich höre, sind deine Essgewohnheiten höchst ungewöhnlich», sagte er, «und dein Schlafen und Spazierengehen haben unter deinen Mitbrüdern großes Aufsehen erregt. Es wäre doch nur passend, wenn du dich an dein urwüchsiges Benehmen halten und etwas Eigenes rezitieren würdest.»

Worauf Bhusuku die erhabene und tiefgründige Lehrrede verfasste und vortrug, die Bodhicharyavatara genannt wird, Eintritt in das Leben zur Erleuchtung. Als er das zehnte und letzte Kapitel vollendet hatte, stieg er bis in die Höhe von sieben Palmen in den Himmel auf und erfüllte die Versammlung mit neuem Glauben.

«Das ist nicht Bhusuku, der Träge», rief der König. «Er ist bestimmt ein großer Weiser.» Und er verlieh dem Mönch einen anderen Namen, Shantideva, göttlicher Friede.

Die Leute begannen die Stellen, die seine Füße berührt hatten, mit Blüten zu bestreuen, und die Gelehrten baten ihn bescheiden um einen Kommentar zu seiner Lehrrede. Shantideva tat es selbstverständlich, doch als die Mönche ihn ersuchten, ihr Abt zu werden, lehnte er ab.

In jener Nacht legte er seine Gewänder, seine Almosenschale und alle geweihten Dinge als Opfer auf den Altar und ging heimlich davon. Er wanderte von Land zu Land und kam schließlich nach Dhokiri, einer Stadt mit zweihundertfünfzigtausend Haushalten. Dort machte er sich aus einem Stück Holz ein hübsches Schwert und malte es mit etwas Goldfarbe an. Den nächsten Tag begab er sich an den Hof, warf sich vor dem König nieder und bat um eine Stellung als Schwertkämpfer in der Palastwache. Der König meinte, er eigne sich seinem Aussehen nach dazu und nahm ihn auf der Stelle in seine Dienste. Als Lohn wollte er ihm zehn Tolas Gold pro Tag zahlen, eine hübsche Summe.

Shantideva diente dem König zwölf Jahre lang treu. Tagsüber führte er das Leben eines Soldaten, doch nachts übte er sein Sadhana, war sich immer der höchsten Natur der Wirklichkeit bewusst. Jeden Herbst ging er während des großen Festes der Muttergöttin Umadevi mit der Wache in den Tempel, als wäre auch er einer ihrer Verehrer.

Niemand wusste etwas von seinem wahren Wesen, als eines Nachmittags alle in der Waffenkammer waren und putzten und reparierten. Einer der Wachen sah sich Shantidevas Schwert genauer an. Es schien aus Holz zu sein! Er wollte dem König einen Dienst erweisen und begab sich sofort zu ihm, um es zu melden und den Schwindler bloßzustellen. Shantideva wurde in die Thronhalle gerufen.

«Zeig mir dein Schwert», verlangte der König.

«Ich würde es gern tun», sagte Shantideva, «aber es wird Euch großen Schaden zufügen, wenn ich gehorche.»

«Du tust, was ich sage», befahl der König. «Lass nur meine Sorge sein, was draus werden wird.»

Shantideva fasste nach dem Schwertgriff und bat: «Herr, macht wenigstens ein Auge zu.»

Der König und alle Versammelten lachten und hielten sich eine Hand vors Auge. Worauf Shantideva das Schwert der Weisheit zog. Als er es zum Himmel richtete, füllte ein Licht so stark wie zehn Sonnen die Thronhalle und blendete jedes ungeschützte Auge. Alle fielen mit dem König vor Shantideva auf die Knie und baten den Yogi um Vergebung und Gnade.

Shantideva ging zu jedem einzelnen in der Halle, begann beim niedrigsten Diener, spuckte sich auf den Zeigefinger, rieb den heilenden Speichel aufs versehrte Auge und machte es wunderbarerweise wieder sehend. Der König bat Shantideva, als Hofpriester bei ihm zu bleiben, doch er lehnte höflich ab und verließ noch diesen Tag Dhokiri.

Er zog sich in eine Höhle in der Bergeinsamkeit zurück, lebte dort einige Zeit und übte sein Sadhana. Doch die neugierigen Jäger und Waldläufer in der Gegend ließen ihn nicht aus den Augen.

Als eines Tages ein Jäger mit seltenem Wildbret für den Tisch des Königs an den Hof kam, erzählte er, dass er mit eigenen Augen gesehen hatte, wie Shantideva Rehe jagte und tötete und am Spieß gebratenes Fleisch verzehrte.

Der König begab sich sofort mit großem Gefolge ins Gebirge, um den ernsten Vorwurf nachzuprüfen. Sie fanden Shantideva auf einem Rehfell vor einer ganz gewöhnlichen nackten Felswand sitzen und meditieren.

Der König sagte dem Yogi, was er gehört hatte und fügte hinzu: «Wieso musst du, der du den König von Nalanda von seinem Stolz geheilt und mich und meinen Hof wieder sehend gemacht hast, diesen Lebewesen Schaden zufügen, wo du doch über so viele Kräfte verfügst?»

«Ich töte nicht», sprach Shantideva, «ich heile.» Worauf er winkte, und die Felswand hinter ihm sich öffnete und den Eingang zu seiner Höhle freigab. Heraus sprangen alle nur erdenklichen Tiere. Sie sprangen fort in die Wälder und schienen sich vor den verdutzten Augen des Königs und seines Gefolges zu verdoppeln, bis sie jeden Hügel, jedes Tal füllten. Und dann waren sie verschwunden, als habe es sie nie gegeben.

«Alle Elemente der Erfahrung sind nichts als Träume und Illusionen», erklärte Shantideva. «Ihr müsst verstehen, dass alle Dinge bloß unwirkliche Fantasieprodukte sind, Projektionen des Geistes. Begebt euch auf den Pfad der Befreiung.» Dann trug er diese Strophe vor:

> Das Reh, das ich zum Wildbret nahm,
> hat nie auf dieser Erde existiert,
> wird dennoch nie zu sein aufhören.
> Wenn schon keine Substanz ist,
> gibt es keinen Jäger, nichts Gejagtes.
> Ich bin es nicht, der hier der Faule ist.

Worauf Shantideva den König von Dhokiri zur Umkehr brachte und sein ganzes Volk auf den Pfad der Wahrheit. Er diente ihnen treu hundert Jahre, bevor er ins Paradies der Dakinis auffuhr.

KOTALIPA

Der Guru und Bauer

Freude wie Schmerz sind Schöpfungen des Geistes;
beachte also die Unterweisungen des Guru
und kultiviere den Geist und seine Natur.
Selbst der Weiseste kann unaufhörlich graben
auf einem Berg aus Felsgestein, und entdeckt
nie den natürlichen Zustand der Glückseligkeit.

Erwecke Bewusstsein in den Tiefen deines Herzens.
Trink tief aus den sechs Entzückensströmen der Sinne.
Versuch nicht, zu benennen, Namen zu geben;
das bringt nur Angst. Ob Meditation oder nicht,
lass los im spannungsfreien Zustand natürlicher Ruhe.

Kotalipa war ein guter, ehrlicher Mensch, ein hart arbeitender Bauer, dessen Leben ein endloser Kreislauf der Plackerei war. Tagein, tagaus mühte er sich unaufhörlich mit dem Pflug ab und bepflanzte eine Berglehne. Ein armseliges Dasein war sein ganzer Lohn.

Als er eines Tages eine Terrasse in das unbarmherzige Gestein grub, zog der Meister Shantipa auf seinem Heimweg nach Magadha vorbei; er kam aus Sri Lanka, dessen Bewohner er bekehrt hatte.

«Wer bist du und was machst du da?» rief Shantipa.

«Ich bin ein Bauer und grabe den Berg um», antwortete Kotalipa mit einer tiefen Verneigung.

«Weshalb willst du Getreide auf nacktem Fels anbauen?» erkundigte sich der Meister.

«Ich hatte einst einen schönen Hof mit fetter, schwarzer Erde», gab Kotalipa traurig zurück. «Er war zwei kriegerischen Königen im Weg. Sie plünderten und

brandschatzten, bis den Leuten aus unserem Dorf nichts mehr übrig blieb, als zu fliehen. Alles, was wir jetzt haben, ist dieser jämmerliche Berg, aber wir sind wenigstens in Sicherheit.»

«Wenn du ein Mantra hättest, um Berge umzugraben, dazu die entsprechende Unterweisung, würdest du diese Lehren dann üben?» fragte Shantipa.

«Ja, sicher, heiliger Mann», versetzte Kotalipa und lauschte aufmerksam, als Shantipa von den sechs Vollkommenheiten sprach. «Man kann sich zwar auf das körperliche Leiden als Gegenstand der Meditation konzentrieren», sagte Shantipa, «aber ohne Verständnis des wahren Wesens des Geistes kann das zu einer tödlichen Falle werden.»

Dein Körper ist ausgemergelt vom harten Leben;
du bist dem Karma gefolgt
der sechsfachen Verkehrtheit:
Die Erde umgraben als Gebefreudigkeit,
Gewaltlosigkeit als Sittlichkeit,
Schmerzen ertragen als Geduld,
ständiges Bemühen als Ausdauer,
unentwegte Energie als Konzentration,
diesen Pfad für das vollkommene Bewusstsein halten.

Dieser karmische Pfad ist schon an sich feindselig.
Du musst ihn verlassen und das Karma üben
der sechsfachen Vollkommenheit:
Den Guru lieben als Gebefreudigkeit,
den Geist hüten als Sittlichkeit,
Beständigkeit der Geist-Natur als Geduld,
Meditation über die Geist-Natur als Ausdauer,
Versenkung, nie abgelenkt, als Konzentration,
und Wahrnehmung der Wirklichkeit als vollkommenes Bewusstsein.
Übe die Unterweisungen, und dir wird Befreiung zuteil.

Kotalipa bat um genauere Anweisungen.

«Zunächst weihe dich völlig dem Guru», sagte Shantipa. «Da die Quelle von aller Freude, allem Schmerz im Geist liegt, musst du die Reinheit seiner Natur erkennen. Der Geist ist wie ein Berg, unwandelbar, unveränderlich. Grab ihn mit dem Spaten des strahlenden Wissens um. So wie deine beiden Hände verschiedene, aber sich ergänzende Aufgaben gleichzeitig ausführen können, so lernst du deinen Berg umgraben und dabei zur gleichen Zeit über das wahre Wesen des Geistes meditieren.»

> Ohne die Unterweisungen
> gräbst du dein ganzes Leben auf dem Berg herum,
> entdeckst vielleicht nie das reine Entzücken
> des wahren Wesens des Geistes.
> Hör also auf den Guru
> und kultiviere den Berg des Geistes.

Kotalipa kultivierte zwölf Jahre sowohl Erde wie Geist, ließ sich in der Einzieligkeit der Konzentration nicht ablenken und erlangte Siddhi. Nach vielen selbstlosen Taten zum Segen aller Wesen wurde er in das Paradies der Dakinis aufgenommen.

INDRABHUTI

Der erleuchtete König

Ohne den spontanen Funken Gnade
genau im richtigen Moment
kommt es nie zum Erwachen des Yogi.
Vollkommene Glückseligkeit und der Buddha
sind nicht verschieden. Brich durch
die Fesseln des Verhaftetseins,
erfahr den Zustand der Glückseligkeit.

Oddiyana, das Land der Dakinis, bestand aus zwei Königreichen. König Indrabhuti regierte die zweihundertfünfzigtausend Haushalte von Sambhola, während König Jalendra über die ebenso vielen Haushalte von Lankapuri herrschte. Die beiden Reiche unterschieden sich nur in einem: König Indrabhutis Familien verehrten den Buddha, die anderen Familien Brahman. Beiden Königen war es zwar gelungen, friedlich miteinander auszukommen, aber sie meinten, diese Eintracht könnte durch eine glückverheißende Ehe noch gestärkt werden.

Indrabhuti hatte nun eine siebenjährige Schwester, die versprach, sehr schön und klug zu werden. König Jalendra wusste das und schickte Gesandte mit reichen Gaben in das Nachbarreich, um für seinen einzigen Sohn um die Hand der Prinzessin Lakshminkara anzuhalten. Die Religion war das einzige Hindernis, und da sie die friedlichen Beziehungen zwischen beiden Ländern noch nie gestört hatte, war man der Ansicht, dass diese Heirat genau den Wünschen der zwei Könige entsprach.

Nicht lange nach der offiziellen Verlobung zog der Guru Lawapa, der auch Kambala genannt wurde, durch Sambhola. Er wurde an den Hof gerufen und gab den Gemahlinnen des Königs und der kleinen Prinzessin Unterweisungen. Lakshminkara war so beeindruckt, dass sie mit großem Ernst zu üben begann.

Nach einem Jahr kam ihr Verlobter, um die zukünftige Braut zu treffen und sie in sein Reich heimzuholen. Die Bevölkerung von Sambhola bewunderte sein präch-

tiges Gefolge, die wunderbaren Geschenke an Elefanten, Pferden, Gold, Silber und Edelsteinen, die er aus Lankapuri mitgebracht hatte. Die jungen Menschen sahen sich kurz, dann teilte man dem Prinzen jedoch mit, dass Lakshminkara noch zu jung sei, um ihre vertraute Heimat zu verlassen, und so kehrte er mit leeren Händen zurück.

König Jalendra war überrascht, ließ die Erklärungen aber gelten und die Hochzeitspläne ruhen, bis die Prinzessin sechzehn war. Er schickte ein zweites Gefolge mit noch herrlicheren Geschenken aus, um die Braut in ihre neue Heimat zu führen.

Sie hatte jedoch die ganze Zeit ihr Sadhana geübt und gar keine Lust auf ihre neuen Pflichten. Kaum war sie in dem unaufgeklärten Land Lankapuri, als sie ein großer Abscheu vor allen weltlichen Dingen überkam. In dunkler Nacht floh sie aus dem Palast und ging in die Berge, lebte in einer Höhle.

Nach einiger Zeit erlangte die Yogini-Prinzessin Mahamudra-Siddhi. Darauf kehrte sie in die Residenzstadt zurück und begann, König Jalendras Latrinenreinigern und anderen Kastenlosen seines Reichs das Wort des Buddha beizubringen. Nach Jahren selbstlosen Dienstes fuhr sie in das Paradies der Dakinis auf.

Als sie als junge Braut in ihre neue Heimat gekommen war, hatte sich das ganze Land und der Hof über ihr ungebührliches Benehmen empört. König Jalendra sandte sogleich Boten zu König Indrabhuti, die sich seiner Hilfe versichern sollten, damit seine Schwester zur Vernunft gebracht werden konnte.

Indrabhutis Verhalten war aber so erstaunlich wie das von Lakshminkara, denn die Nachrichten aus Lankapuri riefen in ihm ein Gefühl der Unzulänglichkeit hervor, das an Scham grenzte. «Meine kleine Schwester hat tatsächlich die Buddhaschaft erlangt, und was habe ich die ganze Zeit getan?» dachte er. «Selbstzufrieden und bequem lebe ich dahin. Lakshminkara hat das tiefste Geheimnis des Daseins ergründet, während ich bloß dieses Land regierte. Jetzt erkenne ich deutlich, dass die Last des Regierens eine Strafe ist, die mir mein Karma auferlegte.» Worauf er beschloss, abzudanken und dem Pfad seiner Schwester zu folgen.

Nach der Krönung seines Sohnes zog sich Indrabhuti aus der Welt zurück und lebte in einem kleinen Palast, wo er zwölf Jahre lang sein Sadhana übte und insgeheim die Mahamudra-Siddhi erlangte.

Eines Tages kam sein Sohn zu Besuch, begleitet von allen, die den früheren König von Herzen geliebt hatten. Als sie den Palast eben betreten wollten, ertönte über ihnen eine Stimme. Sie schauten auf und sahen erstaunt Indrabhuti auf einem prächtigen Thron in der Luft über ihnen schweben.

Die Besucher waren so glücklich, als hätten sie selbst die erste Stufe auf dem Pfad des Bodhisattvas erreicht und warfen sich vor ihm nieder. Der König blieb sieben Tage in der Luft schweben und unterwies seinen Sohn und die alten Freunde in der Lehre von der *nichterfassbaren Tiefe und Weite*.

Am achten Tag wurde er in Begleitung von siebenhundert Schülern leiblich in das Paradies der Dakinis aufgenommen.

JALANDHARA

Der Erwählte

Lass Segen im Innern aufsteigen,
indem du jeden Gedanken, alle Vorstellungen
der Welten der Sinne, der Reinen Form, des Formlosen
versammelst in den läuternden Kosmos von Körper, Rede, Geist:
in den Körper der Erscheinungen,
die Rede der Schwingungen, der Reinen Form,
den Geist des Reinen Bewusstseins.
Fasse sie in die drei psychischen Kanäle:
In die Subjektivität des männlichen Lalana,
die Objektivität des weiblichen Rasana,
die sich leeren in den Avadhuti, den allumfassenden Geist.

Jalandhara war ein Brahmane aus der Stadt Turkhara. Er war ein höchst spiritueller Mensch, und je feiner sein Bewusstsein wurde, desto abscheulicher fand er das Leben um sich herum. Schließlich ließ er eines Tages sein altes Leben, den ganzen Besitz zurück und begab sich auf eine Verbrennungsstätte.

Er setzte sich im Schatten eines Baumes nieder und begann zu meditieren. Bald war er tief in einen glückseligen Zustand versunken, in dem er eine Dakini aus Himmelshöhen zu sich sprechen hörte.

«O edler Sohn», sagte eine unbeschreiblich süße Stimme, «mögest du die absolute Wahrheit erkennen!»

Jalandhara war außer sich vor Freude. Jeden Tag betete er zu seinem Dakini-Guru, bis sie sich wirklich vor seinen staunenden Augen manifestierte. Sie gewährte ihm die Hevajra-Einweihung und Ermächtigung, unterwies ihn in der auflösenden Meditation:

«Versammle alle Wahrnehmungen, innere wie äußere Phänomene, die drei Welten, die Welt der Erscheinungen mit ihrer Formenvielfalt. Verteile sie auf die feinstofflichen Ebenen von Körper, Rede und Geist.

Dann leere alle Ideen, alle geistigen Vorstellungen über Körper, Rede und Geist in die feinstofflichen Energien des männlichen und weiblichen psychischen Kanals, in den Lalana und Rasana.

Danach bewege dich über diese feinstoffliche Dualität hinaus in die zentrale Säule der psychischen Energie, des reinen Bewusstseins des Avadhuti. Damit wirfst du allen überlebten Krimskrams deiner früheren Wahrnehmungsweise durch das Tor der Reinheit, den tausendblättrigen Lotos am Scheitel deines Kopfes hinaus.

Meditiere von diesem Moment an einzig über die Unteilbarkeit von Erscheinungen und Leerheit.» Dann trug sie Jalandhara diese Verse vor:

> Wenn all deine Gedanken über die Wirklichkeit
> versammelt sind in Körper, Rede, Geist,
> wenn der weiße und rote Strom von Lalana und Rasana
> sich in die Reinheit des Avadhuti ergießen,
> wenn alles Übrige ausgestoßen wurde
> durch die Mitte des tausendblättrigen Lotos,
> dann erkenne im Raum, der reiner Yoga ist,
> dass Leerheit und höchstes Entzücken eins sind.
> Versuch, die unteilbare Einheit zu erhalten
> von reinem Entzücken und reiner Leerheit.

Jalandhara meditierte sieben Jahre nach den Unterweisungen, die er von seiner Dakini-Lehrerin erhalten hatte. Viele Jahre danach, als er selbstlos für zahllose Wesen gearbeitet hatte, wurde er mit dreihundert Schülern leiblich in das Paradies der Dakinis aufgenommen.

BHIKSHANAPA

Siddha Zweizahn

Wie ein Seiltänzer tritt
der erhabene Yogi mit vollendetem Gleichgewicht
auf das weitgespannte, hohe Seil,
dessen zwei Stränge rechte Mittel und Weisheit
zur Einheit reinen Entzückens vereinigt sind.
Ich folgte den Unterweisungen des Guru,
erlangte den unvergleichlichen, unerreichbaren
Schrein der Verwirklichung.

Vor langer Zeit hatte einst ein Mann aus niedriger Kaste, der in Pataliputra lebte, großes Glück. Ein bejahrter Verwandter war gestorben und hatte ihm zu seiner Überraschung ein kleines Erbe hinterlassen.

Schon lange wünschte er sich so viele Dinge, dass er ganz ausgelassen wurde. Ohne einen Gedanken an morgen zu verschwenden, ließ er sich von seinen Leidenschaften treiben – hier ein Fest in einer Taverne, dort neue Gewänder, und überall zupackende Freunde, die ihm halfen, das Vermögen durchzubringen. Im Handumdrehen saß er mit leeren Taschen, leerem Magen und ohne Freunde da.

Nun, ihm blieb nur das Betteln übrig. Und er zog in der Hoffnung auf ein paar Reste von Stadt zu Stadt. Als er eines Tages gar kein Glück hatte und es so aussah, als ob sein Bauch es nie wieder behaglich haben würde, lief er hinaus in den Dschungel an einen einsamen, abgelegenen Ort, wo er nach Herzenslust in Selbstmitleid schwelgen konnte.

Da saß er nun und schmähte die Welt und sich selbst mit endlosem Jammern, bis sich eine Dakini erbarmte. Sie erschien vor ihm in voller Pracht, und der arme Mann hätte darüber fast den Verstand verloren. Als sie ihn sanft, mit süßer Stimme fragte, was ihn bedrücke, fasste er sich ein Herz und erzählte ihr, was ihm widerfahren war.

«Ich habe die Mittel, um deine Wünsche zu erfüllen», sprach die Dakini.

«Bitte, bitte, belehre mich», flehte er. «Ich weiß nicht, wohin ich mich sonst wenden soll.»

«Was willst du mir dafür geben?» wollte sie wissen.

Vergeblich sah er sich um, konnte ihr nichts bieten, als ein paar Lumpen. Dann hatte er plötzlich einen seltsamen Einfall. Zwei Zähne biss er mit aller Kraft zusammen, die restlichen schlug er sich alle aus und reichte sie der Dakini als Opfergabe.

Das war ein Zeichen, dass er fähig war, höhere Gedanken zu fassen, weil in seinem Handeln die Einheit von Entzücken und Leerheit Ausdruck gefunden hatte – der Tanz von Dakini und Guru. Sofort gewährte sie Bhikshanapa die Einweihung und unterwies ihn in der Vereinigung von richtig angewandten Mitteln und vollkommener Weisheit.

Nach sieben Jahren der Meditation sah er die Wahrheit dieser Vereinigung. In seinem Bewusstseinsstrom erhob sich die unerschöpfliche Tugend und Kraft der Buddhas, und er erreichte sein Ziel. Er wurde als Siddha Zweizahn bekannt und zog weiter von Dorf zu Stadt und bettelte um Almosen. Doch nun tat er es für die, die bereit waren, die Lehre zu empfangen. Nach vielen Jahren wurde er in das Paradies der Dakinis aufgenommen.

GHANTAPA

Der keusche Mönch

Um Segen in dir selbst hervorzurufen,
verbinde fest die drei psychischen Kanäle,
den Lalana, den Rasana, den Avadhuti.
Um die Verwirklichung in dir zu erlangen
achte auf drei Dinge –
die Unterweisung des Guru,
die Natur des Geistes,
die Reinheit der Erscheinungen.

Ghantapa war der Sohn des Königs von Nalanda, doch verzichtete er auf den Thron und wurde ein bekannter und gelehrter Mönch der Klosteruniversität. Jahre später gab er unzufrieden und suchend das Mönchsleben auf und lebte als Yogi auf der Wanderschaft. Dabei traf er den Guru Darikapa und wurde in das Mandala des Shamvara eingeweiht.

Ghantapa befolgte die Anweisungen seines Guru und zog nach Pataliputra, wo König Devapala über drei Millionen einhunderttausend Haushalte herrschte. Der Mönch ließ sich unter einem ausladenden Baum dort nieder, wo die Residenzstadt an den Dschungel grenzte. Hier bettelte er um Almosen und übte sein Sadhana.

König Devapala war selbst ein frommer Mann. Lange hatte er zahllose Mönche und Yogis in seinem Reich aufgenommen und hatte dennoch das Gefühl, nicht genug Verdienste für seine nächsten Wiedergeburten erworben zu haben. Das bereitete ihm solchen Kummer, dass ihn seine Gemahlin fragte, ob ihm etwas fehle, ob sie den Hofarzt rufen solle?

Er erzählte ihr von seinen spirituellen Schwierigkeiten und bat sie um Rat. Sie dachte kurz nach und klatschte dann entzückt in die Hände. «Da hat das Karma dafür gesorgt, dass du mir das heute sagst. Ich habe nämlich eben erfahren, dass

ein großer Heiliger, der sich streng an die Regeln der Sittlichkeit hält, in unserem Reich eingetroffen ist. Er hat gerade seine Matte unter einem Baum am Stadtrand ausgebreitet.»

«Aber meine Liebe», meinte der König, «ich habe schon so viele heilige Männer unterstützt, und mein Geist ist immer noch unruhig.»

«Der da ist anders», versicherte die Königin. «Das habe ich im Gefühl. Wichtig ist jetzt, ihn zu veranlassen, seine Wohnung im Palast zu nehmen. Seine tägliche Unterweisung wird dir bestimmt helfen, den höchsten Zustand zu erreichen. Da er außer seinem Gewand und ein paar notwendigen Dingen nichts besitzt, muss er seine tägliche Nahrung erbetteln, und so wollen wir ihn mit einem großartigen Festmahl ehren.» Sie war begeistert von der Idee und begann die Gänge festzulegen. «Vierundachtzig der seltensten Curry-Gerichte, vierzehn verschiedene höchst schmackhafte Süßigkeiten, Wein aus den besten Trauben und die fünf Arten Getränke. Ein Festessen, das auch den Göttern munden würde. Er kann unsere Einladung nicht ablehnen.»

Der König war sehr freigebig, und der Vorschlag gefiel ihm. Am nächsten Morgen sandte er Diener aus, um Ghantapa in den Palast einzuladen. Alle waren überrascht, als der Meister die Einladung ausschlug, und die Boten allein zurückkehren mussten.

Am nächsten Tag begab sich der König selbst zum Baum des Meisters. Das große Gefolge sah, wie sich der König vor Ghantapa niederwarf und ihn mit aller Beredsamkeit bat, in den Palast zu kommen.

«Du hast meine Antwort gestern erhalten», sagte Ghantapa. «Weshalb hast du dir die Mühe gemacht, herzukommen?»

«Um dir meine Almosen anzubieten und dir zu zeigen, wie groß mein Vertrauen in deine heilige Anwesenheit ist», versetzte der König.

«Dein Reich ist voller Laster», sprach Ghantapa streng. «Ich komme nicht.»

Der König war getroffen von diesen Worten – hatte er denn kein höchst beispielhaftes Leben geführt? Trotzdem ließ er nicht locker. «Ich bitte dich um Nachsicht. Bitte komm in den Palast und lebe ein Jahr bei uns.»

Ghantapa weigerte sich. Der König bat um einen Besuch von sechs Monaten, drei Monaten, zwei Wochen und endlich einer Stunde.

«Nein, nie, niemals», sagte Ghantapa unnachgiebig. «Jede Bewegung, die du machst, dein ganzes Tun, all deine Gedanken, jedes Wort, das du sprichst, sind voller Sünde. Behalte deine Festmähler, deine irdischen Freuden. Ich will nichts davon.»

Vierzig Tage lang kehrte der König jeden Tag zu Ghantapas Baum zurück und wiederholte seine Einladung in den Palast. Und jeden Tag schlug Ghantapa sie aus.

Schließlich waren König und Königin in ihrem Stolz so verletzt, dass sie Ghantapa zu hassen begannen. Und während sie früher nur Gutes über ihn hören wollten, waren sie jetzt auf üblen Klatsch erpicht.

Das Herz des Königs glühte vor Hass, und er ließ überall im Reich bekanntmachen: «Wer beweisen kann, dass Tugend und Keuschheit dieses aufgeblasenen Mönchs nichts als Schwindel sind, erhält mein halbes Land und wird einhundertmal in Gold aufgewogen.»

Der königliche Groll kam einer gewissen Darima zu Ohren, eine berühmte Kurtisane, die in Pataliputra wohnte. Sie war nun das listigste Freudenmädchen, das je gelebt hatte, und als sie die Bekanntmachung vernommen hatte, sah sie ihre Gelegenheit, zu Reichtum und Macht zu kommen.

Sie begab sich in ihren feinsten Gewändern und in Gefolgschaft von Dienern zum Palast und ersuchte um Audienz beim König.

«Euer Majestät», sprach sie, «Euer sehnlichster Wunsch wird bald in Erfüllung gehen. Ich habe nicht den geringsten Zweifel, dass es mir mit meinen Künsten gelingen wird, den lästigen Mönch zu Fall zu bringen.»

«Dann tu dein Bestes», entgegnete der König, der selbst von ihrer Schönheit und Intelligenz sehr eingenommen war.

Darima war noch gerissener, als der König vermutet hatte. Sie hatte nicht vor, sich selbst dem Mönch anzubieten. Nein, sie hatte eine Überraschung vor. Darima besaß nämlich eine zwölfjährige Tochter, eine Jungfrau, deren strahlend schönes Antlitz, verführerischer Gang, süß kluge Rede, runde Hüften und wohlgeformte Brüste den Lauf der Sonne anhielten, wenn die das Mädchen nur sah. Darima zählte auf die erstaunliche Verbindung von sinnlicher Schönheit mit unverdorbener Reinheit, die ihre Tochter befähigen würde, den Mönch zu umgarnen.

Mit diesen Gedanken suchte Darima zehn Tage jeden Morgen zur Zeit der Dämmerung Ghantapa auf. Jeden Tag warf sie sich vor ihm nieder und umwandelte ihn ehrerbietig. Neun Tage sagte sie nichts, schenkte ihm nichts als ihre Verehrung. Am zehnten bat sie: «Gestatte doch bitte, dass ich während des Sommermonsuns deine Schutzherrin sein darf.»

Ghantapa schlug es ihr ab, wie er auch die Einladung des Königs ausgeschlagen hatte. Doch Darima kehrte einen Monat lang bei jedem Sonnenaufgang zurück, und am Himmel begannen Wolken zu erscheinen. Sie flehte ihn an, ihm dienen zu dürfen, bot ihm nichts als die Gastlichkeit ihres großen Gartens. Ghantapa konnte darin nichts Böses entdecken und willigte endlich ein.

Darima kehrte in ihr Haus zurück und war fast außer sich vor Vergnügen. Sie wollte ihren Erfolg feiern und lud alle Freunde, alle Gönner zu einem großen Fest ein. Sie war in dieser Nacht so fröhlich, dass sie ständig leise ein Liedchen sang:

Mit Sex als unfehlbarer Waffe
erfüllt die Frau sich listig alle Wünsche.
Trug wie der meine kann die Welt umgarnen,
ein Mönch, bei aller Heiligkeit, ist doch nur Mann!

Als der Regen kam, zog sich Ghantapa in eine kleine Hütte zurück, die Darima am Rand ihres Besitzes errichtet hatte, dort, wo der Dschungel an die Straße stieß. Der Mönch war vorsichtig und bestand darauf, dass nur männliche Dienerschaft das Essen brachte. Darima sagte bescheiden, seine Wünsche wären ihr Befehl. Und die beiden ersten Wochen schickte sie Diener mit einfachen Reisspeisen und kühlem Quellwasser.

Am fünfzehnten Tag ließ sie ein köstliches Mahl bereiten. Sie rief die Tochter in ihre Gemächer und hüllte sie wie eine Prinzessin in Seide und Schmuck. Sie sollte dem Meister aufwarten, und mit ihr kamen fünfzig Diener, die Tabletts voller Leckerbissen. Die Männer trugen die Speisen nur bis an den Rand der Lichtung, auf der sich die Hütte des Meisters befand, kehrten um und ließen das himmlisch gewürzte Essen und die köstliche Jungfrau vor ihm zurück.

«Wer bist du?» fragte Ghantapa misstrauisch, als er sie erblickte.

«Ich bin hier, um dir heute aufzuwarten», sagte das schöne Mädchen mit süßer, verführerischer Stimme. «Die Diener haben noch eine Menge zu tun.»

Sie bot ihm die verschiedenen Delikatessen an und säumte so lange, bis sich am Nachmittag die Gewitterwolken türmten.

«Du musst jetzt fort!» sprach Ghantapa streng.

«Ach bitte, heiliger Herr», erwiderte sie und spähte besorgt zum Himmel empor. «Ich sehe Wolken, die fünf verschiedene Farben haben. Jeden Augenblick kann der Regen niederprasseln. Und dies hier ist im Umkreis von Meilen der einzige Unterschlupf.»

Wie auf ein Stichwort krachte der Donner los, und der Regen kam in Sturzbächen herab. Der Mönch erklärte sich widerwillig bereit, die Hütte mit ihr zu teilen, wenn sie auf Abstand blieb.

Das Gewitter zog erst bei Sonnenuntergang ab, und in der Zwischenzeit bedachte sie den ahnungslosen Mönch mit scheuem Lächeln, zartem Erröten.

Das blieb wirkungslos. Als der Regen aufhörte, befahl er ihr, nach Hause zu gehen.

«Lieber Herr», sagte sie zitternd mit furchtsamem Blick, «Ihr wollt mich doch nicht in der Dunkelheit allein die Straße entlang schicken. Es gibt Räuber und Wegelagerer, die mir wegen der Edelsteine, die ich trage, vielleicht die Kehle durchschneiden.»

Ghantapa wusste, dass ihre Angst nicht unbegründet war, und erlaubte ihr, vor der Hütte zu schlafen. Doch während der Nacht bekam sie in der ungewohnten Umgebung Angst. Mit süß klagender Stimme flehte sie, er möge sie schützen. Ghantapa fand sich mit einem Seufzen ab und ließ sie wieder in die Hütte kommen.

Drinnen war es sehr eng. Die Schläfer waren sehr unruhig. Unausweichlich berührten sich die Körper. Dann verflochten sich Arme und Beine. Nicht lange, und sie hatten die vier Ebenen der Freude hinter sich gelassen und durcheilten den Pfad der Befreiung bis zur endgültigen Erfüllung.

Nun war dieses Mädchen in sechs früheren Leben der Untergang des Mönches gewesen. Sechsmal war sie die Ursache, dass er sein Gelübde brach. Doch damals war sein Geist noch nicht gereinigt, hatte er das Ja und Nein, die Subjekt-Objekt-Dualität umwölkter Augen noch nicht abgelegt. In diesem Leben hatten sich solche Befleckungen längst in die grenzenlose Weite der Leerheit aufgelöst, und er hatte den wahren Pfad erreicht.

Am Morgen bat er das Mädchen, bei ihm zu bleiben, und es war einverstanden. Es wurde die Gefährtin des Yogi. Und da sie in den sechs Leben Ghantapa Dienste erwiesen hatte, war auch ihr Geist gereinigt.

Ein Jahr später wurde ihnen ein Kind geboren.

Inzwischen konnte der König seinen Triumph über den frommen Mönch kaum noch erwarten. Und er sandte immer wieder Boten zu Darima, die in Erfahrung bringen wollte, ob sie schon Fortschritte gemacht habe. Die gewitzte Kurtisane wusste, wie Zeit zu gewinnen war. Drei Jahre lang hielt sie den König mit kunstvollen Ausflüchten und quälenden Erfolgsaussichten hin.

Ihre Spione hielten sie auf dem laufenden, was in der kleinen Hütte mit ihren drei Bewohnern vorging. Endlich sah Darima die Zeit gekommen, zum König zu gehen und ihm mitzuteilen, dass er jetzt sicher süße Rache nehmen könne.

Der König war hocherfreut, dass sein beleidigtes Moralempfinden bald Genugtuung fände und der selbstgerechte Mönch seine wohlverdiente Strafe erhielte. «Benachrichtige deine Tochter und den Mönch», sprach der König, «dass ich sie in drei Tagen besuchen werde.»

Als die beiden davon hörten, hatte das Mädchen Angst vor dem Zorn und Spott der Leute und fürchtete um das Leben ihres Kindes. Ghantapa fragte sie, ob sie bleiben und es auf eine Kraftprobe ankommen lassen wolle, oder ob sie lieber Pataliputra verlassen und in ein anderes Land gehen möchte. Sie bat ihn, mit ihr zu fliehen, und er war einverstanden.

Am festgesetzten Tag versammelte der König sein Volk um sich, das Zeuge der Erniedrigung des Mönches werden sollte. Er bestieg seinen prachtvoll aufgeputzten

Elefanten und ritt an der Spitze der spottlustigen Menge der Gläubigen zur Hütte des Yogi.

Inzwischen hatten Ghantapa und seine Gefährtin die Abreise vorbereitet. Der Mönch verbarg das Kind in seinem Gewand, nahm einen Krug Alkohol unter den Arm und machte sich auf den Weg mit seiner Frau, die das bisschen Hausgerät trug.

Sie hörten leider die näherkommende Menge nicht, und als sie um eine Kurve bogen, standen sie vor dem König und seinem Volk.

Der Herrscher kostete die süße Rache aus, blickte vom königlichen Elefanten herab auf das Paar, das er auf der Flucht ertappt hatte. «Was trägst du da, und was ist unter deinem Gewand verborgen?» wollte er mit Donnerstimme wissen. «Wer ist das Mädchen und was sucht es an deiner Seite?»

Ghantapa stand in der Mitte der Straße. Er blickte dem König fest in die Augen und entgegnete mit einer doppelt so lauten Stimme: «Ich trage einen Krug Alkohol.»

Die Menge riss die Münder auf.

Er öffnete das Gewand und hielt das Kind in die Höhe. «Meinen Sohn habe ich unter dem Gewand.»

Die Menge wurde zornig.

«Und das ist meine Gefährtin», sagte er und legte den Arm um das Mädchen.

Da begann die Menge Verwünschungen zu rufen, wollte die kleine Familie bestraft sehen. Der König hob jedoch die Hand und gebot Schweigen.

«Also», sprach der König und genoss jeden Moment, «der Mönch, der sich weigerte in meinen Palast zu kommen, weil ich ein sündiger Mensch sei, hat die Tochter einer Hure zur Geliebten, mit der er einen Bankert gezeugt hat, und obendrein trinkt er noch Alkohol!»

«Ich bin ohne jeden Makel», versetzte Ghantapa ruhig. «Weshalb beleidigst du mich?»

Der König brachte seine Anklage noch einmal vor. Und wieder begann die Menge zu grölen. Zuletzt schleuderte Ghantapa seinen Sohn und den Schnapskrug auf den Boden. Das erschreckte die Erdgöttin so sehr, dass sie vor Furcht bebte. Eine Spalte öffnete sich, und ein Springquell schoss in die Höhe.

Das Kind war sofort in einen Diamant-Vajra verwandelt, der Schnapskrug in eine Glocke. Worauf der Yogi mit Vajra und Glocke gemeinsam mit seiner Gefährtin in die Höhe schwebte, wo beide zu den Gottheiten Shamvara und Vajravarahi wurden, vereint wie Vater und Mutter. Sie befanden sich über dem König und der Menge, während das Wasser immer höher stieg.

«Wir nehmen Zuflucht zum Meister!» schrien die Leute in der Flut. Doch Ghantapa blieb diamanthart in seinem Samadhi des unwandelbaren Zorns.

Als der Tod unausweichlich schien und alle schier ertrunken wären, zeigte sich plötzlich der Bodhisattva des Erbarmens. Avalokiteshvara setzte seinen heiligen Fuß auf die Quelle der Flut, und das Wasser strömte sogleich in den Boden zurück.

Alle waren gerettet. Alle, selbst der König warfen sich in den Schlamm nieder und baten Ghantapa um Vergebung. Wie durch Zauber erschien eine steinerne Statue des Bodhisattva an der Stelle, die sein Fuß berührt hatte. Sie ist heute noch zu sehen, und gleich neben ihr steigt der klare Wasserstrahl einer Quelle bis in eine Höhe von sechs Fuß auf.

Ghantapa schwebte über der bußfertigen Versammlung und sprach: «Moralvorschriften, die ohne Verständnis ausgeführt werden, können das größte Hindernis sein, das die Erfüllung des Bodhisattva-Gelübdes des unterschiedslosen Erbarmens unmöglich macht. Pflegt weder die Tugend, noch entsagt dem Laster. Lernt lieber alle Dinge annehmen, wie sie kommen. Dringt in die Essenz jeder Erfahrung ein, bis ihr den einen Geschmack erlangt habt.» Und dann sang er ihnen dieses Lied:

Die Arznei heilt und das Gift bringt um,
doch ihre Essenz ist letztlich gleich.
Positive wie negative Eigenschaften
sind Hilfen auf dem Pfad –
der Weise verwirft nichts.
Doch der nichtverwirklichte Tor
ist fünffach vergiftet
auf ewig verloren im Samsara.

Da ging dem König und seinem Volk ein Licht auf. Ihre Selbstgerechtigkeit, ihre spießigen Vorurteile lösten sich wie Wolken im frischen Wind auf, und im Lotoszentrum aller Herzen wurde der Glaube geboren.

Ghantapa wurde als der *Beschützer der Glocke* bekannt, und sein Ruhm erfüllte die ganze Welt. Der Yogi besaß die glorreiche Kraft und Tugend eines Buddha und fuhr mit seiner Gefährtin in das Paradies der Dakinis auf.

CHAMPAKA

Der Blütenkönig

Wenn sich rechte Mittel und Weisheit zu klarem Licht vereinen,
wird der stete Strom des Guru allumfassend.
Sahaja, wie der Baum, der jeden Wunsch erfüllt,
erhebt sich spontan aus dem tiefsten Sein:
Seine Frucht, der Trikaya, ist strahlende Vollkommenheit.

Das Königreich Champa hatte seinen Namen von den üppig duftenden Blüten, die es dort in so großer Zahl gab. Selbst der König wurde nach den wunderschönen, magnolienähnlichen Blüten genannt. In Champakas Reich waren Blumen allerorten, und seine glücklichen Untertanen lebten voller Freuden im Überfluss.

Der junge König genoss den Luxus, die Verfeinerung an seinem Hof, seine Macht und sein Glück in vollen Zügen. Das Leben war eine so endlose Folge von Wonnen, dass er kaum an die Zukunft dachte.

Eines Tages kam ein Yogi an den Palast und bettelte um Almosen. Der König empfing ihn in seinem kleinen Sommerpavillon, der wie ein Juwel zwischen den Champakabüschen mit ihren leuchtenden Blüten stand. Süß duftende Blüten polsterten den Thron, strömten nieder und bildeten einen Teppich aus samtweichen Blättern. In dieser Duftorgie wusch der König dem Yogi die Füße und reichte ihm ein weiches Ruhekissen. Dann ließ er für seinen Gast eine köstliche Stärkung kommen und lehnte sich zurück, um der Lehrrede des Yogi zu lauschen.

Champaka war vom Gehörten so beeindruckt, dass er den Yogi bat, bei ihm zu bleiben und sein Priester zu werden. Der Yogi war einverstanden.

«Sag einmal», sprach Champaka, als er dem Yogi Palast und Gärten zeigte, «du bist doch durch viele Länder gekommen – hast du je solche Blüten erblickt, einen König wie mich getroffen?»

«Nirgends sonst gibt es solche Blüten – ihre Schönheit, ihr Duft sind unvergleichlich», erwiderte der Gast.

Der junge König strahlte vor Stolz.

«Allerdings», fuhr der Yogi fort, «ist der Geruch, der von deinem Körper ausgeht, alles andere als angenehm, da du so achtlos in den Tag hineinlebst. Ja, dein Königreich übertrifft viele andere, aber was zählt das, wenn selbst du mit leeren Händen diese Welt verlassen musst?»

Der König war wie vor den Kopf geschlagen. Zum ersten Mal in seinem Leben begann er über die Vergnügungen des Tages hinauszudenken, sich den tieferen Fragen nach Leben, Tod und Wiedergeburt zuzuwenden.

Einige Tage danach begab er sich zurück zu seinem Guru und berichtete ihm, was er durch die Selbstbeobachtung gelernt hatte. Er bat um weitere Unterweisung, die alles Verhaftetsein an den Körper auflösen würde. Der Yogi belehrte seinen jungen Schüler über das Karma, die Gesetze von Ursache und Wirkung, die jede menschliche Tätigkeit lenken, damit sein Geist geschult werde in der mitleidsvollen Achtsamkeit, im tugendhaften Wandel. Dann weihte er ihn in den Pfad des aufbauenden und auflösenden Yoga ein.

Der König machte sich mit aller Willenskraft an seine Meditationsübungen, wurde aber ständig von Zweifeln geplagt, ob es so auch richtig wäre. Und kaum hatte er seinen Geist gesammelt, da lenkte ihn schon wieder der schwere Duft der Champakablüten ab.

Verzweifelt kehrte er zum Yogi zurück und suchte seinen Beistand. Und sein Guru erfand Mittel und Wege, eben diese Ablenkungen als Hilfen auf dem Weg einzusetzen:

> Erkenne die Natur der Erscheinungen als Leerheit –
> das ist die Blüte, das ist des Guru Unterweisung,
> in die sich wie die Biene in die Blüte,
> der Geist versenken muss, und Pollen sammeln,
> der zu nie endendem Ambrosia wird.
> Da gibt es keine Unterscheidung zwischen
> der Blüte und der Biene und den Pollen,
> die Eines sind in ihrem wahren Wesen.
> Und gar der Honig! Nichts als reines Entzücken!
> So lehrte Mahavajradhara selbst, der sechste Buddha.
> So meditiere ohne Zweifel, ohne Furcht.

Champaka meditierte zwölf Jahre lang über die Blüte der reinen Wirklichkeit. Dann erfasste er die Wahrheit der Worte seines Guru über die Leerheit der Erscheinungen. Instinktiv begriff er, dass die Wirklichkeit seines Geistes völlig untrennbar von der höchsten Erfahrung war, die er suchte, und erreichte sein Ziel. Er war als Guru Champakapada bekannt und unterwies seinen Hof und seine Gefährtinnen viele Jahre im Dharma, bevor er leiblich in das Paradies der Dakinis aufgenommen wurde.

KUMBHARIPA

Der Töpfer

Auf der rasenden Scheibe gewohnten Tuns
nehmen Musik und Tanz des Daseins Formen an.
Doch die Flammen des Wissens und reinen Bewusstseins
verbrennen allen Wahn.

Kumbharipa war ein Töpfer in der Stadt Jomanasri. Tagein, tagaus bestand sein Leben aus Lehmgraben, Lehmkneten, Lehmformen auf der Scheibe und dem Brennen der Töpfe. Als er eines Abends meinte, die Scheibe nie wieder in Drehung versetzen zu können, kam ein Yogi vorbei, der um Nahrung bettelte.

Kumbharipa bat ihn herein und teilte sein einfaches Mahl mit ihm. Und dann schüttete er dem Besuch sein Herz aus.

«Guruji», rief er, «ich halte es keine Minute länger an der Töpferscheibe aus. Mein Leben ist nichts als eine endlose Plage und Plackerei.»

Der Yogi schaute eine Weile auf die Töpferscheibe und versetzte sie in Schwung. «Weißt du nicht, dass alle Wesen auf dem Rad der Wiedergeburt nie einen Augenblick wahren Glücks erleben? Seit undenklichen Zeiten gibt es nichts als Leiden. Verfang dich nicht in deinem bisschen Elend. Alle menschlichen Freuden und Vergnügen sind bloß vergängliche Schatten.»

Die Worte drangen tief in den Töpfer ein, und er bat den Yogi, ihm ein Sadhana beizubringen. Worauf ihm der Yogi die Einweihung gewährte und ihn mit diesen Versen in der aufbauenden wie auflösenden Meditation unterwies:

Aus dem Boden des Nicht-Wissens, der Beschränktheit
kommt der Lehm der Leidenschaft, des Denkens,
um gedreht zu werden auf der Scheibe Gier und Greifen.
Form' sechs Töpfe aus den sechs Bereichen

> von Nicht-Wissen und Wahn des Samsara,
> brenn dann die Töpfe im Feuer reinen Bewusstseins.

Der Töpfer verstand die Anweisung des Gurus und meditierte nur sechs Monate – einen Monat für jeden Bereich samsarischen Wahns – bis alle Befleckungen seines Geistes ausgelöscht waren und er sein Ziel erreichte.

Er saß in der Meditation, und seine Scheibe drehte sich von selbst, und die Töpfe entsprangen ihr, wie die Freude dem Herzen des Töpfers entsprang. Als die Städter erfuhren, dass er die Kraft der Buddhas erlangt hatte, setzten sie sich ihm zu Füßen, um unterwiesen zu werden. Als die Zeit gekommen war, wurde er nach vielen Jahren selbstlosen Dienens in das Paradies der Dakinis aufgenommen.

GODHURI

Der Vogelfänger

Die inneren und äußeren Phänomene sehe ich als Geist,
nehme die Geist-Natur als Licht wahr,
wache, schlafe, träume, meditiere
im Dharmakaya und verwirkliche so
die voll erwachte Buddhaschaft.

Godhuripa stammte aus Disunagar und war ein Vogelfänger. Einstmals war er im Dschungel und fing mit dem Netz kleine Singvögel, die er auf dem Markt verkaufen wollte, als er einen Yogi traf, der in die Stadt zog, Nahrung zu erbetteln.

Als der Yogi ihn sah mit seinen Netzen voller winziger, hilfloser Geschöpfe, fragte er ihn, warum er etwas so Grausames tue.

«Ich weiß, dass es nicht recht ist», meinte Godhuripa. «Ich nehme an, die vielen Missetaten meines vergangenen Lebens haben mich dazu gebracht, meinen Unterhalt mit diesem mörderischen Gewerbe zu verdienen. Ich schäme mich über mein jämmerliches Leben, aber ich kann nichts anderes.»

«Mein Lieber», sprach der Yogi, «weißt du nicht, dass dein schlechtes Karma noch schlimmer wird durch dieses Gewerbe, dass deine zukünftigen Leben noch ärger, noch jämmerlicher sein werden?»

Godhuripa setzte sich unter einen Baum und begann bitterlich zu weinen. Schließlich blickte er mit geröteten, geschwollenen Augen zum Yogi auf und bat um Hilfe.

«Wenn du bereit bist, ein Sadhana zu üben», sagte der Yogi, «wirst du in deinem Netz ständig Glück statt Kummer finden.»

«Wenn ein heiliger Mann wie du Mitleid mit einem Sünder wie mir haben kann, wie soll ich es abschlagen?» antwortete Godhuripa bescheiden.

Darauf ließ er alle Singvögel aus seinen Netzen frei, und der Yogi übertrug Gnade und gewährte die Einweihung. Dann unterwies ihn der Guru in der Meditation, in der alle Aufmerksamkeit auf ein einziges Bild konzentriert wird.

«Visualisiere alle Klänge der Welt als deine Erinnerung des Vogelzwitscherns, bis Klang und Vogellied eins werden», erklärte der Yogi.

Lass deinen Geist einschmelzen in die Essenz
des süßen Schalls der Nachtigall.
Wenn aller Klang zu diesem einen wird,
durchdring' das Herz des Nachtigallenliedes
und entdeck' den Klang der Stille,
in dem der Klang und sein Hörer
verwandelt sind in allumfassenden Raum.

Godhuripa meditierte auf diese Weise, bis aller Klang zu einem geworden war, untrennbar von der Leerheit. Nach neun Jahren hatten sich die Befleckungen seiner Wahrnehmung in vollkommene Stille aufgelöst, und er erlangte Mahamudra-Siddhi.

Er blieb weitere hundert Jahre auf der Welt und arbeitete für alle Wesen; dann fuhr er leiblich zusammen mit dreihundert Schülern in das Paradies der Dakinis auf.

KAPALAPA

Der Träger des Schädels

Die Einheit des Vajradhara –
die Nicht-Dualität aller Erscheinungen –
die Geheimnisse der sechs Ornamente, des Schädels,
selbst das wahnhafte Ich:
Sie alle sind durch Suchen nicht zu finden.

Eine Fieberepidemie wütete in der Stadt Rajapuri. Einem Arbeiter aus niedriger Kaste starb die geliebte Frau unter vielen Qualen in den Armen. Die fünf kleinen Söhne waren ebenfalls am Fieber erkrankt, doch der Witwer war gezwungen, sie allein zu lassen, weil er die Leiche seiner Frau zur Verbrennungsstätte tragen musste.

Als er mit gebrochenem Herzen weinend neben der Leiche saß, erreichte ihn eine noch tragischere Nachricht. Seine fünf Kinder waren der tückischen Krankheit erlegen. Es war der traurigste Gang seines Lebens, als er die fünf kleinen Körper holte und sie neben ihre Mutter legte. Er hatte keine Tränen mehr. Überwältigt vom Verlust blieb er einfach sitzen, schwankte stumm hin und her und blickte auf das, was seine Familie gewesen war.

Der Guru Krishnacharya erschien und setzte sich neben ihn, um ihn zu trösten.

«Yogiji», sagte der Mann mit bleierner Stimme, «vor dir liegt das Ende meines Glücks. Das Leben bedeutet mir nichts mehr. Ich kann mir nur denken, hier neben meiner Familie sitzen zu bleiben, bis auch ich sterbe.»

«Alle Wesen der drei Welten leben unter der Wolke des Todes», sprach der Yogi. «Dies Leiden trifft nicht dich allein. Aber da du meinst, dass du weder mit dir noch mit anderen etwas anfangen kannst, warum dann nicht ein Sadhana üben?»

Der Arbeiter bat in seiner schmerzenden Trauer um Unterweisung, und der Yogi weihte ihn in das Mandala des Hevajra ein. Dann lehrte er ihn die aufbauende und die auflösende Phase der Meditation.

Der Yogi schnitzte aus den Knochen der kleinen Söhne die Ornamente der fünf Dhyani-Buddhas – Krone, Ohrringe, Kette, Armreifen und Gürtel, dazu den Dreizack der Dakini. Dann brachte er die heilige Schnur an. Schließlich enthauptete Krishnacharya den Leichnam der Frau und fertigte aus ihrem Kopf eine Schädelschale.

«Schau diesen Schädel als die Form der aufbauenden Meditation», sagte er und reichte ihn seinem Schüler. «Betrachte die Leerheit in ihm als die auflösende Meditation.»

Kapalapa meditierte so neun Jahre, bis er beide Formen der Meditation vereinigte und sein Ziel erreichte. Dann sang er seinen Schülern von seiner Verwirklichung:

> Ich bin der Yogi mit dem Schädel.
> Ich habe diesen Schädel erkannt
> als die wahre Natur aller Dinge.
> Mein Handeln ist jetzt ohne Hemmnis.

Nach dieser Offenbarung wirkte er fünfhundert Jahre selbstlos für andere. Als die Zeit gekommen war, fuhr er mit sechshundert Schülern leiblich in das Paradies der Dakinis auf.

CHARBARIPA
(CHARPATI)

Der Siddha der Menschen in Stein verwandelte

Das höchste Gelübde aller Buddhas
ist einfach Selbstverwirklichung.
Wer die Reinheit des eignen Geistes erkennt,
sieht mit den Augen des Buddha.

In Magadha lebte einst ein wohlhabender Herdenbesitzer, dem tausend Wasserbüffel sowie zahllose Ziegen, Schafe und Pferde gehörten. Als die Zeit abgelaufen war, starb sein alter Vater, und wie es Brauch war, wurde vom Herdenbesitzer erwartet, dass er ein großes Bestattungsmahl geben würde, zu dem die ganze Gegend eingeladen werden musste.

Früh am Morgen begab sich die Familie mit allen Gästen zu einer Zeremonie hinab zur Mutter Ganga, um in ihren reinigenden Fluten zu baden, und nur die junge Frau des Herdenbesitzers blieb zurück, um sich um den Haushalt und die Vorbereitungen für den Tag zu kümmern.

Als sie mit ihrem kleinen Sohn auf der Hüfte ihrer Arbeit nachging, erschien auf einmal der Guru Charbaripa vor ihr und bat um Essen. Sie warf sich vor dem heiligen Mann nieder und brach in Tränen aus.

«Ach, Herr, es wäre mir eine große Ehre, Euch zu dienen. Aber mein Mann und die Schwiegermutter sind sehr streng. Sie schlagen mich, wenn ich nicht genau tue, was sie sagen. Ich habe keine Erlaubnis, irgend jemandem außer ihnen und ihren Gästen etwas zu essen zu geben, und ich habe Angst, wenn ich nicht gehorche.»

«Na, na», sagte der Yogi und wischte ihr die Tränen ab. «Sieh dort hinüber zu dem Hügel.» Er wies in die Ferne. «Kannst du meine Hütte dort oben sehen?»

Die junge Frau schirmte ihre Augen mit der Hand und schaute zum Hügel hin. «Ja, ich glaube, da oben bei den Bäumen sehe ich etwas», meinte sie.

«Schön», sprach der Guru. «Wenn dir dein Mann oder die Schwiegermutter irgendwelche Vorwürfe machen, weil du mir mein Frühstück gegeben hast, dann nimmst du dein Baby mit und kommst zu mir herauf. Ich werde dich beschützen.»

Die junge Frau fasste sich ein Herz, machte sich in der Küche zu schaffen und brachte dem Besuch ein üppiges Mahl. Er unterhielt sich lange mit ihr, und sie lauschte mit wachsender Aufmerksamkeit seinen Worten.

Kaum war er gegangen, kehrte die Schwiegermutter mit den hungrigen Gästen vom Bad zurück. Als die ältere Frau sah, wie viel Essen fehlte, begann sie die arme junge Frau so zu beschimpfen und anzuschreien, dass selbst das Baby zu heulen begann. Die verschreckte junge Frau floh mit ihrem geliebten kleinen Kind aus dem Haus und hielt erst an, als sie Charbaripas Einsiedelei erreicht hatte.

Inzwischen war der Herdenbesitzer nach Hause gekommen und fragte, wo seine Frau sei. Noch kochend vor Wut erzählte ihm die Mutter von den Missetaten der jungen Frau und fügte hinzu: «Die blöde, faule Gans ist davongerannt, dass du es nur weißt. Und sie hat deinen Sohn mitgenommen!»

Der verzweifelte Mann schickte Leute in alle Richtungen auf die Suche. Den ganzen Morgen, Mittag und Abend durchkämmten sie die Gegend, vergebens. In der Morgendämmerung entschloss sich der betrübte Mann, den Hügel zu ersteigen, um eine bessere Aussicht zu haben, und traf dort gleich auf den Yogi.

«Willkommen», sagte Charbaripa und bespritzte ihn mit dem geweihten Wasser. So wurde auch er in ein steinernes Standbild des Buddha verwandelt, und der Yogi stellte die drei Statuen, Mann, Frau und Kind, auf einen kleinen Steinsockel.

Im Verlauf des Tages kamen andere Leute auf ihrer Suche hinauf zum Hügel, einige allein, andere in kleinen Gruppen. Charbaripa hieß sie alle willkommen und bespritzte sie alle. Als es Nacht wurde, waren fast dreihundert Menschen zur Einsiedelei gelangt, und alle waren Steinbuddhas geworden – in vollkommener Meditation erstarrt.

So erreichte der kleine Sohn des Herdenbesitzers die acht großen Siddhis. Aus seinen Hoden entstand Khechari-Siddhi, aus seinem Penis der Nektar, der unedle Metalle in Gold verwandelt, aus seinem After die Ambrosia der Todlosigkeit, aus seinen Augen die Kraft, zu fliegen.

Der Ruhm des wunderbaren Kindes verbreitete sich nah und fern, und selbst der König von Champa kam, um seine Ehrerbietung zu erweisen. Er war so beeindruckt, dass er einen Tempel für das Kind und seine Eltern errichten ließ, dazu noch einen größeren für die übrigen Steinstatuen.

Im Lauf der Jahre ging von den Tempeln auf dem Hügel eine gewaltige Ausstrahlung von Heiligkeit und Kraft aus. Viele Menschen gingen auf Pilgerfahrt dorthin, um ihr Sadhana zu üben.

Über die Jahre hat sich eine Legende gebildet: Wenn ein Yogi, der dort meditiert, in seiner Übung nachlässt oder von hartnäckigen Gedanken verwirrt wird, so werden die Steinfiguren wieder zu Menschen und prügeln ihn, bis sein Geist klar ist.

KANTALIPA

Der Lumpensammler

Mit dem wahren Guru des Wissens als Nadel,
und dem Erbarmen als meinem Faden,
nähe ich die drei Welten zusammen
zum leuchtenden Gewand des Yogi.

Kantali war ein Kastenloser, hineingeboren in das klägliche Gewerbe, Lumpen zu wiederverwendbarem Stoff zusammenzuflicken, wie das vor ihm schon sein Vater und Großvater getan hatten. Nie hatte er die Freude oder auch nur einen vollen Bauch kennengelernt. Das Leben war für ihn nichts als Arbeit und Elend gewesen.

Als er eines Tages an der Arbeit saß, stach er sich versehentlich mit der Nadel in den Finger, und das Blut tropfte reichlich auf den Stoff, mit dem er sich seit Stunden abmühte. Er ertrug es nicht mehr und rannte aus seiner Hütte, hinaus zu einer abgelegenen Stelle des Waldes. Dort wälzte er sich am Boden, raufte sich das Haar und heulte wie ein verwundetes Tier.

Die Dakini Vetali, die Verkörperung der Leerheit der Elemente, erschien ihm in Gestalt einer freundlichen alten Frau und fragte ihn, warum er so verzweifelt sei.

Kantali schüttete ihr sein Herz aus und erzählte voller Schmerzen von seinem leidvollen Leben.

«Deiner Geschichte kann ich entnehmen», sprach die Dakini, «dass du in deinem letzten Leben großen Schmerz erlitten hast. Und ich fürchte, dass jener Schmerz dich auch im nächsten und übernächsten und überübernächsten deiner Leben verfolgen wird, wie der Schatten, der an deine Fersen geheftet ist. Im Kreislauf der Wiedergeburten ist nichts als Schmerz zu finden.»

Kantali stöhnte auf und wälzte sich am Boden. «Bitte, bitte», flehte er, «kannst du mir zeigen, wie ich diesem schrecklichen Schicksal entgehe?»

«Ich könnte dir ein Sadhana beibringen», meinte sie, «aber glaubst du, du hättest die Fähigkeit, es einzuhalten?»

«Wenn du mir nur den Weg weist», erwiderte er inbrünstig, «gibt es nichts, was mich abhalten könnte, das Sadhana zu üben.»

Worauf ihm die Dakini die Hevajra-Initiation und Ermächtigung gewährte. Darauf unterwies sie den Lumpensammler in den vier unermesslichen Geisteszuständen und lehrte ihn den Yoga der Identifizierung mit dem Guru wie auch den Yoga der Auflösung.

Der Lumpensammler kehrte nach Hause zurück und tat sein Bestes, ihren Anweisungen zu folgen. Doch kaum versuchte er zu meditieren, beschäftigten sich seine Gedanken immer wieder mit der Arbeit.

Die Dakini erschien ihm noch einmal und riet: «Nimm genau diese Gedanken als Führung auf dem wahren Pfad.» Und sie sang ihm das Lied:

Schau die Lumpen, die du sammelst, nähst, als leeren Raum.
Sieh die Nadel an als Achtsamkeit und Wissen.
Führ die Nadel mit Erbarmen,
nähe neue Kleider
allen Wesen der drei Welten.

Kantali machte sich mit großem inneren Frieden wieder an die Arbeit und setzte seine Meditationstechnik ein, um die Leerheit aller Elemente der Wahrnehmung zu erkennen. Dabei stieg in ihm ein mächtiger Springquell des Erbarmens auf. Als er verstand, dass Erbarmen und Leerheit eins sind, erlangte er Mahamudra-Siddhi. Er arbeitete selbstlos viele Jahre für andere und fuhr dann ins Paradies der Dakinis auf.

JAYANANDA

Der Meister der Krähen

Mein Königreich ist das Samadhi,
die Sphäre reinen Bewusstseins und Wissens.
Dort verweile ich in immanenter Reinheit,
frei von Dualität, Vorurteil und diskursivem Denken.
Meine Verwirklichung bringt mir die Freiheit.

Einst lebte in Bengalen ein Brahmanenpriester, der sich zu den Praktiken des tantrischen Buddhismus bekehrt hatte. Sein äußeres Leben verlief wie gewohnt, doch heimlich übte er sich in den tantrischen Mysterien. Zu seinen Opfergaben gehörten Tormas, kleine Kuchen, auf besondere Weise hergestellt und geweiht, die den Körper der Gottheit symbolisieren.

Wenn er im Verlauf einer Zeremonie die Tormas genossen hatte, folgte er dem Brauch, die Reste zum Wohl der Hunde, Vögel und hungrigen Geister auf die Erde zu werfen. Ein großer Schwarm Krähen, die sehr kluge Wesen sind, bemerkten bald sein Verhalten und warteten jeden Tag zu der bestimmten Zeit auf das geweihte Festmahl.

Ein neidischer Nachbar, auch ein Brahmanenpriester, der sehr streng und konservativ lebte, sah täglich die Versammlung der Krähen vor Jayanandas Haus und begann zu spionieren. Rasch hatte er entdeckt, dass sein Nachbar vom Glauben abgefallen war, rannte zum König, der ein eiserner Gegner des Buddhismus war, und meldete es.

Der König befahl, Jayananda in Ketten vor ihn zu führen.

«Es ist weder Sünde noch Verschwendung, den Göttern zu opfern», entgegnete der Gefangene auf die Vorwürfe des Königs. «Nimm mir die Fesseln ab!» Der König war nicht zu erweichen und befahl, Jayananda in den tiefsten Kerker unter dem Palast zu werfen.

Als später am Tag die Stunde der rituellen Mahlzeit näher rückte, versammelten sich die treuen Krähen vor dem Haus des Brahmanen. Sie warteten vergebens auf die schmackhaften Kuchen. Sie wurden wütend und unruhig und schickten Späher aus, die herausfinden sollten, wo sich ihr Wohltäter aufhielt. Ihr Zorn war ungeheuer, als sie erfuhren, er sei an die Kerkerwand gefesselt.

Der große, ebenholzdunkle Schwarm stieg wie eine Gewitterwolke auf und verfinsterte den Himmel über dem Palast. Die Krähen flogen durch alle offenen Türen und Fenster, stürzten sich im Throngemach auf die Menschen, hackten nach Köpfen, Augen und Händen. Die Leute flohen blutend vor dem Angriff, aber es gab kein Versteck.

Schließlich eilte ein Mann zum König, der die Sprache der Vögel verstand, und sagte dem Herrscher, der sich unter seinem Thron verbarg, dass die Krähen die Freilassung eines bestimmten Brahmanen verlangten, der für sie wie Vater und Mutter war.

Der belagerte König ließ sofort Jayananda holen. Kaum war der Brahmane erschienen, so ließen sich die Vögel auf jedem erreichbaren Platz nieder. Wie ein unheilvoller schwarzer Nebel warteten sie den Lauf der Dinge ab.

Der König warf sich vor dem Brahmanen nieder und bat um Vergebung. Dann flehte er Jayananda an, die Krähen aus dem Palast und zurück in die Lüfte zu schicken, wo sie hingehörten, und dabei gelobte er, sich persönlich darum zu kümmern, dass sie nie wieder hungern müssten.

Der Brahmane sprach freundlich mit seiner gefiederten Familie, und der Schwarm flatterte auf einen Schlag auf und erhob sich in die Lüfte. Der Anblick erfüllte den König mit starkem Glauben, und er nahm mit seinem Hof Zuflucht zum Buddha.

Danach wurden jeden Tag zwanzig Karren Reis an die Krähen wie an die Hungrigen und Bedürftigen verteilt.

Der Guru blieb viele Jahre in Bengalen und wirkte zum Heil aller Wesen. Und oft sang er dieses Lied:

> Hört her, die ihr's alle nötig habt.
> Hört auf Jayanandas Siegesworte:
> Die Gnade des Guru brachte mir Höchste Verwirklichung.
> Mein Schatzhaus ist gefüllt
> mit immanentem, spontan entstehendem Bewusstsein.
> Jetzt bin ich der Minister des reinen Entzückens,
> der nicht mehr an den Hof des Samsara kommt.
> Mein König ist die natürlich strahlende Wesenheit des Seins,
> der die feindlichen Mächte der Dualität zerstört,
> losgelöst von allem weltlichen Vergnügen.

Nach siebenhundert Jahren selbstlosen Dienens wurde Jayananda in das Paradies der Dakinis aufgenommen.

DHILIPA

Der Feinschmecker

Als ich meine Buddha-Natur verwirklichte,
wurde der Buddha die Natur der Wirklichkeit.
Ermächtigt vom immanenten Absoluten,
bin ich durchdrungen vom ungeborenen Vajradhara.

Dhilipa war ein Händler, der aus Sesam Öl presste. Das brachte so viel ein, dass er bald wohlhabend wie Kubera war, der Gott des Reichtums. Er gab sich allen Wonnen des guten Lebens hin, aber am meisten schätzte er die Freuden der Tafel. Er ließ Leckerbissen, seltene Gewürze und Kräuter aus aller Welt kommen und suchte sich die besten Köche, vor allem solche, die einem königlichen Hof angehört hatten.

Bald speiste er wie der König selbst. Zu jeder Mahlzeit aß er vierundachtzig der köstlichsten Gerichte, dazu zwölf außergewöhnliche Süßigkeiten und spülte alles mit den fünf Arten von Getränken herunter. Glücklicherweise wusste der König nichts von diesem Mann, der sich königliche Vorrechte anmaßte.

Eines Abends erreichte der Pandit Bhahana das Haus Dhilipas zur Essenszeit und wurde zum üppigen Bankett eingeladen. Nach dem Mahl sprach der Pandit aber zu seinem Gastgeber vom Leiden auf dem Lebensrad und den Mitteln, wie man ihm entkommen könne. Der Händler war von der Lehrrede so beeindruckt, dass er den Besuch bat, als Priester für das gesamte Haus zu bleiben.

Der Pandit war einverstanden, und es wurde Brauch, dass er jeden Tag seinem Gastgeber etwas vortrug, während der seinem Gewerbe nachging. Als der Guru eines Tages zusah, wie Dhilipa das goldene Öl aus den Sesamsamen presste, bemerkte er, dass der Händler so zwar reicher und reicher würde, dass er aber die Befreiung sicher nicht erreichen könnte.

Dhilipa war von der Bemerkung tief getroffen. Er hielt die Presse an, wischte sich die Hände und ließ sich zu Füßen seines Guru nieder. «Wie kann ich denn Befreiung erlangen, Heiliger?» erkundigte er sich.

Die Antwort des Pandits bestand in der Einweihung. Darauf unterwies er seinen Schüler in der Methode, den Geist von den Gedankengebäuden der Welt des Herkömmlichen zu befreien. Der Pandit sagte ihm, wenn alles Denken über die Erscheinungen aus dem Geist verschwunden wäre, würde er das, was übrig blieb, als nackte Wirklichkeit, bloße Energie und klares Licht sehen, das immanente Leuchten scheinbar greifbarer Gegenstände. Und er trug diese Verse vor:

Gewinne das Sesamöl deines Körpers,
kläre diese Flüssigkeit, das begriffliche Denken,
und gieß das geläuterte Öl
in das Gefäß der Leerheit des Geistes.

Dann entzünde den Docht,
gesponnen aus den Zwillingsfäden Erscheinung und Leerheit,
mit der Flamme des Wissens und reinen Bewusstseins.

So wird die Dunkelheit des Nicht-Wissens vertrieben,
und du wirst ewige Zeiten verweilen
im unerschöpflichen, unvergleichlichen Entzücken
der Befreiung.

Nach neun Jahren der Meditation gelang es dem Händler, aufbauende und auflösende Meditation zu vereinigen. Als er das Ziel erreicht hatte, ging ein goldenes Strahlen von seinem Wesen aus, das sich ausdehnte, bis der ganze Himmel ein Leuchten war.

Als der König von dem Wunder hörte, sandte er einen Boten aus, der es sich mit eigenen Augen ansehen und ihm dann darüber berichten sollte. Dhilipa selbst sang die Antwort an den König:

Wenn Reichtum an unerschöpflicher
Glückseligkeit gemessen wird,
bin ich ein König ohnegleichen.

Die Menschen kamen in Scharen zu Dhilipa, um sich unterweisen zu lassen, und der Weise maß jeden, wie er sein Sesamöl gemessen hatte. Und jedem Bittsteller gab er die Unterweisung, die dessen Natur und Fähigkeiten entsprach. Nach vielen Jahren selbstlosen Dienens fuhr er mit großem Gefolge in das Paradies der Dakinis auf.

DARIKAPA

Sklavenkönig der Tempeldirne

Reines Entzücken ist in unserem Innern,
doch die Illusion verschleiert es.
Bemüh dich wie du willst, einhundert Leben lang,
Tugend und mystisches Bewusstsein zu erreichen,
niemals wirst du reines Entzücken
ohne Führung eines Guru verwirklichen.

Einst kehrten spät am Nachmittag Indrapala, König von Pataliputra, und seine Treiber und Spurenleser von der Jagd auf einen Tiger zurück, der das Land heimsuchte. Der König war müde und hungrig und beschloss, den kürzesten Weg zum Palast einzuschlagen, der über den Marktplatz führte.

Dort entdeckte er eine Volksmenge, die einen anderen als ihn mit Verneigungen ehrte. Ärgerlich ritt er in die Mitte hinein, wo er sich dem Siddha Luipa gegenübersah. Der König erkannte in ihm sofort den Yogi, der dafür berühmt war, nur die Fischdärme zu essen, die die Fischer beim Ausnehmen den Hunden vorwarfen.

Indrapalas Ärger verflog, und er begrüßte den Yogi, dessen Anwesenheit eine Ehre für sein Reich war. «Du bist ein prächtiger, schöner Mann», sprach der König und sah den Yogi von Kopf bis Fuß an. «Weshalb isst du immer noch verfaultes Fischgedärm? Komm in meinen Palast, und ich gebe dir gute Speisen und alles, was du benötigst.»

Luipa umrundete den König, besah ihn von Kopf bis Fuß. «Fischgedärm gefällt mir», sagte er. «Und alles, was ich brauche, ist Befreiung vom Rad der Geburt und des Todes. Kannst du mir die geben?»

«Nein», meinte der König. «Aber wenn du bei uns bleibst, kann ich dir jeden Wunsch erfüllen. Ich werde dir sogar mein Königreich überlassen, sollte das dein Wunsch sein», fügte er hinzu, um den Yogi auf die Probe zu stellen.

«Bietest du mir den Weg zur Todlosigkeit und ewigen Jugend? Dann nehme ich es an», versetzte Luipa.

«Ich kann dir nur mein Reich und meine Tochter zur Ehe anbieten», erklärte der König.

«Bah!» machte der Yogi und schüttelte angewidert den Kopf. «Was nützt mir das alles?»

«Und mir?» fragte der König, den plötzlich Ekel vor seinem Leben übermannte. «Das Tragen einer Krone bedeutet nicht sehr viel im großen Plan der Dinge. Und Macht ausüben, hat viele schlimme Folgen.» Worauf der König sehr nachdenklich fortritt.

Einige Tage später rief der König seinen Minister, einen Brahmanen, zu einem privaten Gespräch zu sich. Indrapala gestand, dass er sein Leben überdacht und die bestürzende Entdeckung gemacht hatte, dass er kein glücklicher Mensch war. Das Luxusleben mit üppigen Speisen und schöner Kleidung gab ihm nicht das Gefühl der Zufriedenheit oder etwas erreicht zu haben.

«Ich habe mich zugunsten meines Sohnes zur Abdankung entschlossen und werde den Rest meines Lebens mit der Übung des Dharma verbringen», sprach der König.

«Es wäre mir die größte Ehre, euch auf diesem Pfad zu begleiten», antwortete der treue Minister.

Als der neue König gekrönt war und die Leitung der Regierung in den Händen anderer lag, machten sich König und Minister nicht anders als die ärmsten Bettler auf den Weg zur Verbrennungsstätte, auf der Luipa anzutreffen war. Der Yogi weihte beide in das Mandala des Shamvara ein. Da ihm beide keine Opfergabe darbringen konnten, waren sie damit einverstanden, ihm als Sklaven ihre Körper zu überlassen.

Luipa und die beiden Neulinge wanderten nach Orissa, wo sie sich eine Weile aufhielten, ihr Sadhana übten und um Almosen bettelten. Dann zogen sie weiter von Stadt zu Stadt, bis sie endlich Jantipur erreichten, eine große Stadt mit dreihunderttausend Haushalten.

Jantipur war berühmt für seinen riesigen Tempel, in dem sich siebenhundert Tanzmädchen dem Dienst an der Gottheit weihten. Luipa führte seine Sklaven in den Tempel, wo er nach Darima suchte, der Herrin der Tempeldirnen. Dreihundert stämmige Wächter, die den Eingang zu ihrem Reich schützten, verlegten ihnen den Weg.

Luipa rief mit lauter Stimme: «Ich habe einen Sklaven, der vielleicht eure Herrin interessiert!»

«Wenn mir gefällt, was ich sehe, wäre ich möglicherweise interessiert, ihn zu kaufen», erklang eine gelangweilte Stimme von drinnen.

Darauf öffneten sich die Türen zu den Gemächern der Tänzerinnen, und heraus trat eine wunderschöne Frau mit fein gestaltetem Körper. Das einzige, was die Vollkommenheit störte, war ein launischer Zug um ihren Rosenmund.

Luipa stellte den zum Sklaven gewordenen König vor, und Darima prüfte ihn mit geübtem Auge. Der Fang gefiel ihr, und sie bot dem Siddha die großzügige Summe von einhundert Tolas Gold.

Der Yogi nahm das Angebot unter zwei Bedingungen an: Zunächst sollte der Sklave ein eigenes Zimmer haben, damit es ihm immer möglich war, allein zu schlafen, und dann sollte er aus dem Dienst entlassen werden, wenn er seinen Kaufpreis abgearbeitet hatte. Darima war einverstanden, und der Handel wurde abgeschlossen.

Zwölf Jahre diente ihr der König auf bewundernswerte Weise. Er wusch ihr die Füße, massierte ihren Leib, überwachte die Zubereitung ihrer Speisen und kümmerte sich um jeden Wunsch. Doch nie vergaß er die Unterweisung seines Guru. Tagsüber diente er seiner Herrin, nachts meditierte er im Dienst des Dharma. Die anderen Diener lernten ihn schätzen und lieben, weil er ihnen Gefälligkeiten erwies und Arbeiten abnahm. Nach einiger Zeit machte ihn Darima zum Aufseher ihres Haushalts.

Gegen Ende seiner Dienstzeit kam ein sehr reicher König namens Kunchi mit fünfhundert Unzen Gold in den Tempel, die er dort in einem Rausch der Vergnügungen ausgeben wollte. Der Sklavenkönig kümmerte sich um den hohen Besuch und empfing für jeden Dienst sieben Unzen Gold.

Tage und Nächte zogen sich die Orgien hin. In jedem Vergnügen wurde geschwelgt, jeder Sinn gekitzelt, bis selbst der königliche Besuch allmählich gesättigt war. Nach einem besonders verschwenderischen Festmahl lehnte sich Kunchis Magen auf, und ein Spaziergang im nächtlichen Garten, um etwas Luft zu schnappen, schien das Richtige.

Der Nachtwind war kühl und trug einen so feinen Duft herbei, dass der König ihm nachging. Er wollte die blühende Pflanze finden und sie in seinen eigenen Palastgarten mitnehmen. Hier verzückte ihn etwas anderes als der wohlbekannte Jasmin und es waren auch keine Gardenien, und so folgte er der geheimnisvollen Duftspur durch das dichte Blattwerk des Tempelparks. In der Ferne erspähte er ein schwaches Leuchten und fragte sich, ob dort nicht die Quelle des Wohlgeruchs war.

Als Kunchi näher kam, wurde das Licht immer heller, bis er auf eine kleine Lichtung stolperte, wo ihn das Leuchten blendete. Der König schirmte seine Augen ab und vermochte so eine Gestalt zu erkennen, den Sklaven Darimas, der auf einem juwelengeschmückten Thron saß, umringt von fünfzehn überirdisch schönen Mädchen. Von Staunen überwältigt wich er in den Schatten zurück.

Kaum konnte Kunchi wieder einen Gedanken fassen, rannte er zum Tempel zurück und rief Darima. Er verband ihr die Augen und bat sie, ihn bei der Hand zu nehmen, er müsse ihr etwas Unglaubliches zeigen. Sie folgte ihm, angezogen vom berauschenden Duft und dem Leuchten, das selbst durch ihre Augenbinde drang.

Als sie die Binde von ihren Augen nahm, stockte ihr der Atem und sie fiel vor ihrem früheren Sklaven in die Knie. Von Gewissensbissen geplagt, weil sie sein wahres Wesen nicht erkannt hatte, umwandelte sie den Thron in ehrerbietigen Kreisen.

«Vergib mir», sagte sie und warf sich vor dem verwirklichten Yogi nieder. «Ich bin nur menschlich und habe den schrecklichen Fehler gemacht, den Heiligen in dir nicht zu sehen. Ich habe dich beleidigt. Ich habe gesündigt. Bitte verzeih mir von Herzen und bleib als unser Priester hier. Gewähre uns, dass wir dich ebenso viele Jahre verehren dürfen, wie du uns gedient hast.»

Der Sklavenkönig schwebte bis in eine Höhe von sieben Palmen auf und blickte gütig zur Menge der Höflinge, Tanzmädchen, Wächter und Sklaven hinab, die sich versammelt hatte. «Dir ist verziehen», sagte er. «Ich danke dir für dein Angebot, aber mein Dienst gilt allen leidenden Menschen auf der Erde.»

In jener Nacht wurden alle Versammelten seine Schüler, und er unterwies sie in dem Sadhana, das *die Stadt leeren* heißt, und sang ihnen sein Lied:

> Die sagenhaften Schätze der Könige
> mit ihren Schirmen, Elefanten, Thronsitzen,
> verblassen vor meinem erhabenen Zustand.
> Denn mich schützt der Schirm der Befreiung;
> ich bin im großen Fahrzeug Mahayana
> und regiere auf dem Thron der drei Welten –
> das ist Darikapas Entzücken!

Der Meister wurde überall, in jedem Land, auf jedem Kontinent, als der Guru Darikapa bekannt, der Sklave der Dirne. Viele Jahre diente er den Menschen selbstlos, und als er leiblich in das Paradies der Dakinis aufgenommen wurde, fuhren siebenhundert Gefährten mit ihm auf.

UDHILIPA

Der fliegende Siddha

Dem gewundenen Lauf eines Gedankens folgen
kann zum Wahnsinn führen:
Lass ab, und dem Karma ist Einhalt geboten.
Wenn nirgendwo dein Heim,
ist der Geist gesammelt.
Es bringt keinen Gewinn,
anderswo zu suchen.

In Devikotta lebte einst ein Mann von hoher Geburt und großem Reichtum. Das war der Lohn, weil er in früheren Leben tugendhaft und freigebig gewesen war. Und er genoss sein Glück in vollen Zügen und gönnte sich und seiner Familie jede nur erdenkliche Freude.

Eines Tages zog ihn das Spiel der Licht- und Schattenmuster auf dem glatten Boden zum Fenster. Er blickte zum Himmel und erblickte Wolkengebirge von fünferlei Farben und unzähligen Formen. Hier war ein Elefant mit zwei Rüsseln, dort ein Leopard, der zum Sprung ansetzte, drüben eine eingerollte, schlafende Katze, den Schwanz auf der Nase. Und dort, am schönsten von allem, ein Schwan im Flug. «Wie vornehm, wie anmutig, welche Kraft», dachte er, «ah, die Ekstasen, die jenem Wesen zuteil werden müssen!»

Noch lange, nachdem sich der Schwan in ein Dutzend andere Gestalten aufgelöst hatte, schaute Udhilipa ihn mit seinem geistigen Auge. Er wurde vom Wunsch besessen, fliegen zu können. Er begehrte von ganzem Herzen einen Weg zu finden, die höchste Freude, das Erhebende des Fliegens kennenzulernen.

Nicht lange danach kam der Guru Karnaripa (Aryadeva) bettelnd an seine Tür. Udhilipa hieß ihn willkommen und brachte ihm alles dar, was sich in der Küche an Bestem finden ließ. Dann gestand er seinen tiefsten Wunsch: ob ihm der Yogi das Fliegen beibringen könne?

«Ja», sprach der Guru. «Es gibt einen Weg. Doch er ist lang und mühselig. Meinst du, ein so schwieriges Sadhana üben zu können?»

«Mein Verlangen, mich in den Himmel aufzuschwingen», erwiderte der Gastgeber, «ist so stark, dass mich nichts davon abhalten kann, deinen Anweisungen zu folgen.»

«Nun gut», sagte Karnaripa und gewährte ihm die Einweihung in das Chatuspitha-Mahayogini-Tantra. Dann empfahl er ihm: «Suche die vierundzwanzig großen Kraftzentren auf. Dort musst du herausfinden, wo die vierundzwanzig Allheilmittel, die Keimessenzen dieser Plätze verborgen liegen. Um diese Geheimnisse zu lüften, musst du dir die vierundzwanzig Dakinis, die die Allheilmittel hüten, günstig stimmen. Dazu rezitierst du jedes ihrer Mantras zehntausend Mal.»

Udhilipa begab sich noch am selben Tag auf seine Meditationsreise. Im Lauf der Zeit vollendete er die Aufgabe, die ihm der Yogi gestellt hatte. Dann holte er sich weitere Unterweisungen bei seinem Guru.

«Du hast deine feste Entschlossenheit bewiesen», sagte Karnaripa. «Allerdings wartet eine noch schwierigere Aufgabe auf dich.»

«Und wenn schon, Heiliger», rief der Schüler. «Was muss ich tun, um das Geheimnis des Fliegens zu lernen?»

«Du musst nun das kostbare Elixier bereiten, das dich befähigt, mit den Schwänen aufzufliegen», erklärte der Yogi. «Die Allheilmittel müssen bis zur höchsten Vollkommenheit geläutert werden, und zwar in drei Schritten: Erst musst du sie in einem Kupfergefäß, dann in einem silbernen und schließlich in einem goldenen veredeln.»

Udhilipas alchemistisches Sadhana nahm zwölf lange Jahre in Anspruch. Dann erreichte er die Mahamudra-Siddhi. Seine Verwirklichung gab ihm die Kraft, mühelos durch den Himmel zu fliegen, bis sein gesamtes Wesen voller Entzücken war.

Seine Schüler nannten ihn den fliegenden Siddha. Als er für eine lange Zeit der Menschheit selbstlos gedient hatte, schwebte er auf Flügeln der Glückseligkeit in das Paradies der Dakinis.

LAKSHMINKARA

Die wahnsinnige Prinzessin

Sucher müssen erst die erleuchtete Schau erschaffen,
dann meditieren ohne Unterlass
über die Leerheit des Seins.
Schließlich, wenn sie intuitiv im Unwandelbaren
der mystischen Erfahrung fest verankert sind,
tun sie alles Notwendige mit Anmut und Bescheidenheit.

In Oddiyana, im Reich der Dakinis, regierte König Indrabhuti das Land Sambhola. Da er die freundlichen Beziehungen zum Nachbarland Lankapuri, über das König Jalendra herrschte, vertiefen wollte, verlobte er seine Schwester Lakshminkara im Alter von sieben Jahren mit dem Sohn Jalendras. Das einzige, was die beiden Königreiche unterschied, war die Religion, denn Sambhola war buddhistisch, und Lankapuri war es nicht. Die beiden Herrscher sahen das nicht als Hindernis für ihre Freundschaft oder jene Ehe.

Lakshminkara war ein außergewöhnliches Wesen. Von Geburt an war sie mit den Eigenschaften der Erwählten gesegnet. Sie war sorgsam erzogen worden. Schon früh hatte sie viele Tantras mit Hilfe der Unterweisung des Guru Kambala und anderer Meister vollständig verstanden. Ihre Familie hielt sie noch für zu jung, um die Heimat zu verlassen, und so wurde die Ehezeremonie verschoben, bis sie sechzehn war.

Der heiligen jungen Frau war dieser Tag immer sehr fern erschienen, doch schließlich musste sie der Wirklichkeit ins Auge sehen, dass ihr die Ehe mit einem viel älteren Prinzen bevorstand, den sie nur einmal vor neun Jahren gesehen hatte. Ihr war, als sei das Ende der Welt gekommen, als das Gefolge des Prinzen eintraf, um sie von ihrem Heim, von allem, was sie liebte, fortzuholen. Nach ihrer behüteten Kindheit hatte sie Angst, in die Welt hinaus zu müssen, wo sie doch nur ihre Übung fortsetzen wollte. Sie sah die Notwendigkeit der Diplomatie ein und verließ Sambhola in Begleitung buddhistischer Freunde und mit einer gewaltigen Mitgift, mit üppigen Geschenken für ihre neue Familie.

Ihre Abreise hatte sich etwas verzögert, und die königliche Gruppe traf ein paar Tage später als erwartet ein. Vor den Toren des Palastes von König Jalendra wurde sie von einigen Hofastrologen begrüßt, die ihr mitteilten, dass der Tag für ihre Ankunft nicht günstig sei und das sie bis zum nächsten Tag warten müsse.

Lakshminkara, die sich ohnehin in der neuen Umgebung fremd und unglücklich fühlte, hatte sich auf einen freundlichen Empfang gefreut. Auch gab ihr der Aufschub das Gefühl, sehr grob behandelt zu werden, und tiefe Niedergeschlagenheit befiel sie. Als sie untätig vor dem Palast wartete und das Leben in der Stadt beobachtete, vertiefte sich ihre Niedergeschlagenheit noch mehr. Es war ganz offensichtlich, dass die Bewohner dieser Stadt noch nie die Lehre des Buddha vernommen hatten.

Auf einmal erschallten in der Ferne Hörner, Hundegebell und Hufgetrappel, und eine königliche Jagdgesellschaft kehrte aus dem Wald zurück. An der Spitze der Gruppe ritt ein Mann mit finsterem Gesicht, dessen prachtvolle Gewänder mit dem Blut eines Rehs besudelt waren, das er vor sich über den Sattel geworfen hatte.

Die Prinzessin war verzweifelt, als sie sah, wie unmenschlich das Tier behandelt worden war. Ihre Haare standen aber zu Berge, und das Blut wich aus ihrem Gesicht, als sie erfuhr, dass jener Prinz ihr Gemahl sein würde.

«Mein Bruder, ein Fürst, der die Lehre des Buddha in Ehren hält, hat mich zu ungläubigen Weltkindern geschickt!» rief sie aus und sank in eine Ohnmacht.

Als sie zu sich kam, fasste sie einen neuen Entschluss. Alle Koffer, Kästen und Kisten, die sie mit sich gebracht hatte, wurden auf der Stelle geöffnet, und als die Neugierigen herbeiströmten, begann sie ihre gesamte Mitgift zu verschenken. Sie gab alles her, selbst ihr Geschmeide, das sie ihrer Dienerschaft überließ, welche sie anschließend nach Sambhola zurückschickte.

Als sie schließlich in den Palast eingelassen wurde, schloss sie sich in dem Gemach ein, das ihr der Gatte zur Verfügung stellte, und wollte zehn Tage lang niemanden sehen. Nach vielem Nachdenken war sie zu dem Schluss gekommen, dass es nur einen Weg gab, diesem quälenden Leben zu entfliehen. Sie musste sich wahnsinnig stellen. Und so riss sie sich die Gewänder vom Leib, beschmierte sich mit Öl und Lampenruß, löste ihr Haar und machte es schmutzig, bis sie wie eine Irrsinnige aussah. Im innersten Herzen aber konzentrierte sie sich unablässig auf ihr Sadhana.

Der Prinz war verzweifelt, als er sie sah. Er rief alle Hofärzte zusammen, um sie zu untersuchen. Lakshminkara begrüßte sie mit hysterischem Geschrei, schleuderte Öllampen und Haarbürsten gegen ihre Köpfe und griff sie mit Zähnen und Nägeln an.

Man schickte eine Botschaft an König Indrabhuti, in der Hoffnung, er würde eingreifen. Er unternahm zur Bestürzung der königlichen Familie von Lankapuri nichts. Sie begriff im Gegensatz zu ihm nicht, dass seine Schwester nur ihrem Abscheu vor dem Samsara Ausdruck gab. Der Bruder schämte sich, dass sie ihm an spiritueller Entwicklung so weit überlegen war.

Allem Anschein nach war Lakshminkara hoffnungslos dem Wahnsinn verfallen. Ihr Verhalten war so, dass sich niemand in ihre Nähe wagte, und eben das hatte sie sich erhofft.

Als eines Nachts aus irgendeinem Grunde die Wächter vor ihrer Tür verschwunden waren, schlüpfte Lakshminkara aus ihrem Gemach. Wie ein Schatten glitt sie die Hintertreppen des labyrinthischen Palasts hinab, bis sie die leeren Küchenräume fand. Sie verbarg sich hinter Abfallhaufen, und als die Kehrer kamen, um den Müll zu holen, konnte sie entfliehen.

Sie begab sich zu einer Verbrennungsstätte und entsagte der Welt, um eine Yogini zu werden. Sie ernährte sich von Essensresten, die man für die Hunde auf die Straße warf. Ein harter Weg für eine Frau, die so behütet aufgewachsen war, aber sie schwankte nicht in ihrem Entschluss. Sieben Jahre lebte sie so und vertiefte die Erfahrung des nicht-bedingten Nirvana, bis sie die Siddhi erlangte.

Ein Unberührbarer, ein Kehrer, der die Latrinen des Königs reinigte, sorgte in dieser Zeit treu für sie, und als sie sich verwirklicht hatte, gewährte sie ihm die Einweihung. Er erlangte rasch die Buddhaschaft, ohne dass es jemand außer seiner Lehrerin bemerkte.

Da begab sich König Jalendra, der Vater ihres früheren Verlobten, auf die Jagd. Er verlor die übrige Jagdgesellschaft aus den Augen, irrte suchend umher und wurde schließlich müde. Er stieg vom Pferd und fiel in Schlaf.

Als er erwachte, war es Nacht geworden, und er fand nur mit Mühe seinen Weg. Vorsichtig führte er sein Pferd durch das Dickicht, als etwas in der Ferne seine Aufmerksamkeit erregte. Es schien ein Licht zu sein, eine seltsame Erscheinung mitten im Wald. Neugierig bahnte er sich einen Weg hin zu dem seltsamen Leuchten. Endlich erkannte er, dass es aus einer Höhle drang. Er schlich näher und spähte hinein. Ein wunderbarer Anblick bot sich seinen Augen.

Auf juwelengeschmücktem Thron saß Lakshminkara, und ihr Körper strahlte goldenes Licht aus, das die Höhle durchflutete. Sie war von einem Kreis sie verehrender Göttinnen umgeben. Im Herzen des Königs erblühte tiefer Glaube, und er blieb die ganze Nacht und betrachtete alles, was in der Wunderhöhle vor sich ging.

Am nächsten Tag stieß er wieder auf die Jagdgesellschaft, die ihn verzweifelt gesucht hatte, und alle kehrten in die Stadt zurück. König Jalendra trieb es aber von

Zeit zu Zeit zur Höhle zurück. Als er eines Abends die Heimlichkeit nicht länger ertrug, betrat er sie und warf sich vor der Yogini nieder.

Die hatte freilich ihre Zweifel, was seine Beweggründe betraf. Der König sprach aber so bewegend von seinem Glauben, dass sie ein Buddha sei, bat so demütig um Unterweisung, dass sie am Ende seiner Lauterkeit vertraute und ihn diese Verse lehrte:

Alle Wesen auf dem Rad der Wiedergeburt leiden,
denn im Samsara ist nicht ein Augenblick Glückseligkeit –
selbst höhere Wesen, Menschen, Götter, leiden Qualen.

Die unteren Bereiche sind nichts als reiner Schmerz –
dort verschlingen einander ständig gierige Bestien,
und die Wesen quält endlose Hitze und Kälte.
O König, suche das reine Entzücken der Befreiung.

«Mein Schüler kannst du nicht sein», fuhr sie fort, «da dein Guru einer deiner Latrinenreiniger ist. Er gehört zu meinen Schülern und hat Siddhi erlangt.»

«Ich habe viele Kehrer», meinte der König. «Wie soll ich ihn erkennen?»

«Beobachte alle genau», versetzte sie. «Setz dein Vertrauen in den Mann, der nach seiner Arbeit die Armen speist. Geh nachts zu ihm und lass dich unterweisen.»

Der König tat, wie Lakshminkara gesagt hatte, und schon bald hatte er den Kehrer-Guru gefunden. Er lud den Mann in den Palast ein und empfing ihn im Throngemach. Als der Kehrer eintrat, erhob sich der König vom Thron, lief die Stufen hinab und fasste den Kehrer bei der Hand.

Er führte den Unberührbaren zum Thron und ließ ihn dort Platz nehmen. Dann warf er sich vor seinem Guru nieder und bat um Unterweisung. Der Kehrer-Yogi gewährte ihm durch die Übertragung der Gnade die Einweihung und unterwies den König in den aufbauenden und auflösenden Phasen des Sadhana der Vajravarahi.

Noch viele Jahre vollbrachten Lakshminkara und der Kehrer manche Wunder im Königreich Lankapuri, bis sie beide in das Paradies der Dakinis auffuhren.

NIRGUNAPA

Der erleuchtete Trottel

Die Lehren des wahren Guru offenbaren die friedvolle Mitte,
beruhigen wildes Fühlen und widerstreitende Gedanken.
Das Wogen der Störungen wird still in der Meditation;
und unser Dasein ist Aufmerksamkeit und Gleichmut.

Nirguna wurde in eine Familie von Haushältern niederer Kaste in Purvadesha geboren. Seine Geburt wurde mit einem großen, festlichen Mahl gefeiert. Als er jedoch heran wuchs, war er unfähig, auch nur die geringsten Arbeiten auszuführen, und seine Eltern gaben sich keinen Illusionen mehr hin. Ihr Sohn war mit einer trottelhaften Schlaffheit geschlagen.

«Dieser Trottel ist zu nichts nutze», sagte die Familie. «Am besten wäre er gar nicht geboren worden.» Als Nirguna eines Tages nach solcher Beschimpfung unsäglich niedergeschlagen war, schlich er sich davon und legte sich an einem einsamen Ort nieder, wo ihn ein Yogi fand.

«Steh auf und bettle in der Stadt um Almosen», forderte ihn der Yogi auf.

«Ich kann nicht aufstehen», versetzte Nirguna, der sich nicht aufraffen wollte.

Voll Mitgefühl reichte ihm der Yogi etwas zu essen. «Kannst du irgend etwas?» fragte er.

«Ehrwürdiger Herr, ich werde Trottel genannt», antwortete er wie selbstverständlich. «Ich kann überhaupt nichts.»

«Du musst doch essen und trinken», sagte der Yogi. «Fürchtest du dich nicht vor dem Tod?»

«Doch, schon», gab Nirguna zu. «Aber was kann ich tun?»

«Ich werde dir ein Sadhana geben, wenn du es üben willst», bot ihm der Yogi an.

«Wenn ich es im Liegen üben kann, unterweise mich bitte», meinte Nirguna.

Der Yogi weihte ihn in die Untrennbarkeit von Erscheinungen und Leerheit ein:

Wissender und Gewusstes sind beide Illusion,
und wer sich das nicht klarmacht
erfährt hoffnungslose Ängste und sollte bemitleidet werden.
Doch selbst diese Ängste sind in der Wirklichkeit ohne Grund.
Wenn der Strom des Geistes klares Licht geworden –
die Untrennbarkeit von Erscheinungen und Leerheit sich zeigt –
kannst du ungehemmt wandern,
von Dorf zu Dorf als verrückter Heiliger.

Nirguna hielt sich an die Unterweisungen, erbettelte seine Nahrung und übte sein Sadhana, bis er die Einheit von Erscheinungen und Leerheit als klares Licht verwirklichte und sein Ziel erreichte. Die Leute, denen er auf seinen Wanderungen begegnete, fragten immer, wer er sei, worauf er ihnen in die Augen blickte und weinte. Und wenn die Menschen die Tiefe des Mitgefühls in seinem Herzen sahen, weinten sie mit ihm. Seine Schüler lehrte er, dass Form Leerheit und Leerheit Form ist. Allmählich lösten sich seine Illusionen wie ein Schiff auf, das im Ozean versinkt, und er erlangte Mahamudra-Siddhi. Nirguna wurde leiblich ins Paradies der Dakinis aufgenommen.

MEKHALA UND KANAKHALA

Die kopflosen Schwestern

Wenn alle inneren und äußeren Erscheinungen
wahrgenommen werden als Geist,
schmecken alle Dinge gleich.
In höchster, müheloser Meditation fand ich
nicht-dualistisches Entzücken,
reine und vollkommene Buddhaschaft.

Als undurchdringliche Rüstung die Geduld,
gekrönt mit diamantklarer Kraft,
bestieg ich das Fahrzeug meines Geistes,
nahm meinen Körper zuversichtlich in Besitz.

Ein älterer Witwer in Devikotta hatte zwei unverheiratete Töchter, die ihm zur Last fielen. Das wäre nicht weiter schlimm gewesen, doch die beiden Mädchen waren seit ihrer Geburt als neckisch und mutwillig bekannt. Immer führten sie etwas im Schilde, und wenn die eine einmal nichts ausheckte, dann bestimmt die andere.

Ihr Vater konnte sie glücklicherweise an die nichts ahnenden Söhne eines Fischers in einem anderen Dorf verheiraten.

Schon bald wussten die Männer, dass sie danebengegriffen hatten. Die Schwestern vergällten ihnen das Leben, und die Männer wiederum konnten nicht aufhören, sie zu kritisieren. Und obendrein klatschten die Nachbarn mit spitzen Zungen über sie.

Die beiden Frauen waren zwar selbst an ihrer misslichen Lage schuld, klagten aber gemeinsam Tag und Nacht über ihr hartes Los. Schließlich schlug die jüngere vor, zu fliehen.

«Ich halte dieses Leben nicht länger aus», beschwerte sich Kanakhala. «Warum ziehen wir nicht in ein anderes Land, wo es uns vielleicht besser als hier gehen wird?»

Mekhala richtete freilich zum ersten Mal kluge Worte an ihre Schwester. «Weißt du», sagte sie nachdenklich, «ich glaube, wir haben unser Schicksal verdient. Wir selbst schaffen es uns. Ich sag' es nicht gern – aber wir werden bleiben müssen – anderswo wird es uns genauso ergehen, weil wir uns selbst mitnehmen.»

In diesem Augenblick brach draußen auf der Straße der unglaublichste Tumult los. Die beiden jungen Frauen rannten hinaus und sahen eben den Guru Krishnacharya mit siebenhundert Dakas und Dakinis vorüberziehen. Über seinem Kopf schwebte wie durch Zauber ein Schirm, und die Luft in seiner Umgebung erschallte von zahllosen Damaru-Schädeltrommeln.

Einer Eingebung folgend, warfen sich die Schwestern ihm zu Füßen, erzählten die Geschichte ihres Unglücks und erflehten seine Unterweisung.

Krishnacharya gewährte ihnen die Einweihung und lehrte sie, den Pfad der Vajravarahi, der Schau und Handeln vereint. Dann schickte er sie fort, ihr Sadhana zu üben.

Die Schwestern übten gewissenhaft zwölf Jahre und erreichten ihr Ziel. Als sie sich der Welt wieder bewusst wurden, beschlossen sie, gemeinsam den Guru aufzusuchen und sich weiter unterweisen zu lassen. Sie trafen ihn in seiner Einsiedelei an, warfen sich vor ihm nieder und umwandelten ihn dann ehrerbietig.

Der Guru grüßte sie freundlich, aber ihm war deutlich anzumerken, dass er nicht wusste, um wen es sich handelte.

Die Schwestern waren tief enttäuscht. «Erinnerst du dich nicht an uns?» fragten sie. «Wir sind die beiden unglücklich verheirateten Schwestern, die du vor zwölf Jahren eingeweiht hast.»

«Wenn ich euch die Einweihung gewährte», rief der Guru ärgerlich, «warum habt ihr dann keine Opfergaben mitgebracht!»

«Wir stehen dir zu Diensten», erwiderten die Schwestern. «Sag uns, was du möchtest.»

«Eure Köpfe!» verlangte der Guru ohne einen Augenblick nachzudenken.

«Wir geben, was der Guru will», versetzten sie ohne zu zögern. Die Schwestern fassten sich in den Hals und zogen das scharfe Schwert der reinen Erkenntnis heraus. Im Handumdrehen hatten sie sich geköpft, und als sie ihrem Guru die Opfergabe darbrachten, sangen die abgetrennten Häupter:

> Durch die Gnade des Guru und der Unterweisung
> haben wir aufbauende, auflösende Meditation vereinigt.

Der Unterschied zwischen Samsara und Nirvana ist aufgehoben.
In vollkommener Harmonie vereinigt sind Schau und Handeln.
Wir kennen weder Zustimmung noch Verneinung.

Wir verweilen in der seligen Einheit von weitem Raum
und reiner Erkenntnis,
wir kennen keinen Unterschied zwischen Ich und den andern.
Als Zeichen, dass der grenzenlose Zustand erreicht ist,
bringen wir diese Gaben dar.

Voller Entzücken rief der Guru aus:

Seht diese beiden großen Yoginis –
sie haben ihr Ziel mit Freuden erreicht!
Und jetzt vergesst euren Frieden, euer Glück,
beginnt für die anderen zu leben.

Worauf Krishnacharya die Köpfe so vollkommen auf den jeweiligen Hals setzte, dass nicht die kleinste Narbe mehr an das Geschehene erinnerte. Die versammelten Menschen waren voller Verwunderung und Ehrfurcht, und von nun an wurden die Schwestern die kopflosen Yoginis genannt.

Dankbar knieten Mekhala und Kanakhala vor ihrem Guru nieder und berührten ehrerbietig seine Füße. Sogleich hatten sie die Mahamudra-Siddhi erlangt. Sie wirkten noch viele Jahre zum Segen aller Wesen und wurden leiblich in das Paradies der Dakinis aufgenommen.

KIRAPALAPA
(KILAPA)

Der reumütige Eroberer

Wie sich das Sonnenlicht hinter der Wolke verbirgt,
so verbarg sich mir das Licht der Wirklichkeit,
wegen meiner Vorstellungen übers Ich, über andere.
Doch im Augenblick der Verwirklichung
sonnte sich mein Geist im Leuchten
seiner eigenen Leerheit.
Selbst Buddha war ein Begriff ohne Bedeutung.

Der König von Grahara war ein ruheloser Mann, nie zufrieden mit dem, was er hatte. Wie in einem endlosen Traum entzog sich ihm immer wieder der innere Friede.

Er herrschte zwar über ein riesiges, blühendes Land und genoss die köstlichsten Wonnen wie Kubera, der Gott des Reichtums, aber es genügte ihm nie. Immer griff er nach neuen Gebieten, größeren Schätzen. Um seinen Hunger zu stillen, überzogen seine Heere ständig die Nachbarkönige mit Krieg, und sie gewannen jede Schlacht.

Einst war der König so erpicht auf Ruhm wie auf neue Ländereien, dass er eine seiner Truppen auf einem Beutezug in die Hauptstadt eines fernen Königreichs begleitete. Der Sieg würde seine Grenzen bis ans Meer vorrücken, und wer wusste, welch unbeschreiblicher Reichtum dort auf ihn wartete.

Er hatte sich zwar seit seiner Kindheit in den Waffen geübt, aber die Schrecken des Krieges hatte er noch nie mit eigenen Augen erblickt. Seine Abscheu wuchs, als er die eigenen Leute sah, wie sie alte Männer und Frauen hinschlachteten, die zu hilflos waren, um aus dem Weg zu gehen. Er sah, wie kleine Kinder ihren Müttern entrissen und wie Tontöpfe gegen Wände geschmettert wurden, wie junge Frauen Sklavinnen gleich von einem Soldaten nach dem anderen missbraucht wurden. Er sah Frauen ohne Gatten, Kinder ohne Mütter, alle ohne ein Dach über dem Kopf. Dem König stieg der Blutgeruch in die Nase, seine Ohren füllten Schreie, die Augen Gräuel und sein Herz die Gewissheit, dass er der Urheber dieses sinnlosen Elends war.

Er war völlig verwandelt und wurde von Reue ergriffen. Tätiges Mitleid stieg in ihm auf, und er zog das Heer aus der Stadt zurück. Dort tat er, was er konnte, um das Geschehene wiedergutzumachen. Er befahl, die Stadt wieder aufzubauen, brachte die Familien wieder zusammen, kümmerte sich um Witwen und Waisen, unterzeichnete einen Friedensvertrag.

Als er in seine Stadt zurückkehrte, war er entschlossen, ein neues Leben zu beginnen. Er ließ große Mildtätigkeit walten und verteilte seine gesamten Schätze an die Armen.

Etwa zu der Zeit kam ein Yogi in Lumpen an das Palasttor und bettelte um Nahrung. Der König lud ihn an seine Tafel ein und legte ihm das Beste vor. Als sie gespeist hatten, erzählte der König dem Yogi von seinem großen Sinneswandel und dass er ein Sadhana üben wolle. Der Yogi lehrte ihn, seine Zuflucht zu den drei Juwelen zu nehmen, wie das Bodhisattva-Gelübde in die Tat umzusetzen sei, wie er sich in den vier unermesslichen Geisteszuständen üben könne.

Der König war freilich nach seiner Art damit nicht zufrieden. Er bat den Yogi, ihn das Dharma zu lehren, das in einem einzigen Leben zur Buddhaschaft führt. Der Yogi warnte ihn vor den Schwierigkeiten dieses Pfades, aber der König war unnachgiebig und ließ sich nicht von seinem Wunsch abbringen. Daraufhin gewährte ihm der Yogi die Shamvara-Initiation, dazu die Ermächtigung. Dann unterwies er den König in der aufbauenden wie auflösenden Meditation.

Mit großer Entschlossenheit betrat der König den Pfad. Doch schon bald traf er auf die Schwierigkeiten, vor denen er gewarnt worden war. Er hatte sich sein Leben lang um Regierung und Heer gekümmert. Wenn er meditierte, kehrten seine Gedanken stets zu den alten Tätigkeiten zurück. Er fragte seinen Guru um Rat. Diesmal schlug der Yogi ein Sadhana vor, das genau diese Gedanken als Hilfen auf dem Pfad der Selbstbefreiung einsetzte:

> Visualisiere alle Wesen der drei Welten
> als Heer stolzer Krieger.
> Fass sie zu einer tüchtigen Streitmacht zusammen –
> der grenzenlosen Leerheit des Geistes –
> und sieh all deine Feinde besiegt.
> Dann schwelge, großer König, in der
> Glückseligkeit des Siegs.

Zwölf Jahre meditierte König Kirapalapa auf diese Weise und erlangte Erleuchtung und Siddhi. Am Tag seiner Verwirklichung begann sein Körper einen goldenen Schein auszustrahlen, der bald den ganzen Palast durchflutete. Als das Leuchten wie die Strahlen der aufgehenden Sonne durch das Gebäude strömte, wussten die Frauen des Königs und seine Minister, dass er sein Ziel erreicht hatte, und sie versammelten sich vor ihm und brachten ihm ihre Ehrerbietung dar. Da gab er ihnen die Unterweisung:

> Wandelt die Gier nach Macht und Reichtum
> um in den Wunsch, mit allen Wesen der vier
> unermesslichen Geisteszustände Verbindung aufzunehmen.
> Mit der scharfen Schneide eures kriegerischen Zorns
> vernichtet ihr die Dämonen, die in euren Geist eindringen.

Nach siebenhundert Jahren selbstlosen Dienstes an allen Wesen fuhr der König mit sechshundert Schülern in das Paradies der Dakinis auf.

NAGABODHI

Der Dieb mit dem roten Horn

Welche Begünstigung, die Erde zu bewohnen.
Welche Schätze bergen die Tiefen des Ozeans.
Welch Entzücken, das Schwert des Gewahrseins zu schwingen,
und in den Absichtslosen unseren Freunden zu begegnen.

Vor vielen Jahren lebte der Arya Nagarjuna im Suvarna Vihara. Jeden Abend wurde ihm auf Tellern aus reinstem Gold ein Festmahl aufgetragen. Als er sich eines Abends zu dem köstlichen Essen niederließ, kam ein Brahmane aus dem westlichen Indien an der Tür vorüber und spähte hinein. Es war mehr als bloße Neugierde, die den Mann wie angewurzelt festhielt, als er das glänzend goldene Geschirr entdeckte. Er war zum Dieb geworden; der Anblick des vielen Goldes weckte seine Gier.

Doch bevor er noch einen Plan aushecken konnte, wie er an den Schatz gelangen könnte, flog auch schon ein goldener Pokal aus der Tür und landete in seinen Händen. Verblüfft über sein Glück und ohne Fragen zu stellen, stopfte er ihn in sein Gewand und zog sich rasch zurück.

Am nächsten Abend schlich er wieder an Nagarjunas Tür vorbei. Als der Dieb überlegte, wie er am leichtesten unbemerkt in das Haus eindringen könne, segelte ein goldener Teller wie ein großer vergoldeter Vogel aus dem Fenster und traf ihn am Schienbein. Wieder steckte der Dieb den Schatz sprachlos ins Gewand und humpelte in die Dämmerung.

Er dachte sich, aller guten Dinge sind drei, kam am folgenden Abend noch einmal hin und wollte sich dann mit dem ganzen Schatz davonstehlen. Doch kaum näherte sich der Dieb der Hausecke, indem er sich zur offenen Tür hinschlich, da klirrten die restlichen Teller, Schalen und Becher aus der Tür und stapelten sich sauber zu seinen Füßen. Diesmal war er wie erstarrt. Noch nie war seines Wissens etwas Derartiges in der Welt geschehen. Wer wohnte hier? Konnte der Mensch seine Gedanken lesen?

«Mein Reichtum gehört dir», rief eine freundliche Stimme aus dem Haus. «Nicht nötig, etwas zu stehlen. Komm herein. Iss und trink mit mir. Ich heiße Arya Nagarjuna. Bleib, so lang du willst, und wenn du gehen möchtest, nimm dir, was du brauchst.»

Der Dieb trat verblüfft in das Haus und speiste mit dem Heiligen zu Abend. Er hatte noch nie einen solchen Menschen getroffen und wollte ihn auf die Probe stellen. Alle Zweifel des Diebes wurden durch das Gespräch mit Nagarjuna beseitigt, und in ihm erwachte der Glaube, das vorbehaltlose Vertrauen in den Guru.

Am Ende wollte er nur noch die goldene Unterweisung des Guru mitnehmen. Nagarjuna war entzückt und weihte den Dieb in das Guhyasamaja-Tantra ein. Dann unterwies er ihn, wie er über die Gier meditieren müsse, um den Pfad der Selbstbefreiung zu finden:

> Lass zuerst jeden Gedanken an Handeln los.
> Dann visualisiere an der Fontanelle,
> am Scheitel deines Kopfes ein großes Horn,
> durchsichtig und rot, Rubinlicht strahlend.
> Das Horn der begehrenswerten Gegenstände –
> betrachte sie als Vorstellungen, als geistige Trugbilder.

Nagarjuna füllte dann die Hütte des Diebes mit Diamanten, Rubinen, Saphiren, Perlen, Smaragden und Opalen – mit allen erdenklichen Schätzen. Und über alle Maßen zufrieden setzte sich der Dieb nieder und meditierte nach den Anweisungen des Guru. Zwölf Jahre vergingen. Ein gewaltiges Horn wuchs ihm oben aus dem Kopf, und darin pulsierte ein zornig rotes Licht, als hätte es ein Eigenleben. Sein Körper krümmte sich und zuckte. Er litt große Qualen.

Als ihm Nagarjuna erschien und fragte, wie es ihm ginge, beschrieb der Schüler die schrecklichen Leiden. Der Meister sah sofort die Schwierigkeit und gab ihm weitere Unterweisungen:

> Das große Horn, Zelle für Zelle erbaut
> aus Erscheinungen und festen Vorstellungen,
> zerstört dir dein Glück, denn scheinbar
> greifbaren Gegenständen verhaftet sein
> bringt immer Leiden mit sich.
>
> Doch diese Gegenstände des Begehrens
> haben kein wirkliches Dasein.

Ereignisse sind nicht wirklicher
als Wolkengewirbel am Himmel.
Wie kann also Geburt, Leben oder Tod
uns schaden oder nützen?

Wenn Beobachter und Beobachtetes
beide wesentlich Leerheit sind,
wie kann die reine Geist-Natur dann
überhaupt berührt werden?

Durch Nagarjunas Worte verstand Nagabodhi die Leerheit der Natur seines Wesens. Die tiefe Versunkenheit in dieses Bewusstsein ließ das rote Horn während der folgenden sechs Monate völlig verschwinden, und er sah die Unteilbarkeit von Samsara und Nirvana ein. Er erreichte sein Ziel der Befreiung.

Als die Zeit kam, dass Nagarjuna diese irdische Ebene verlassen sollte, rief er Nagabodhi zu sich und machte ihn zu seinem Nachfolger und Meister der Übertragungslinie, die er selbst begründet hatte. Nagarjuna ermächtigte den verwirklichten Dieb auch dazu, seinen Schülern zu gegebener Zeit die acht großen Siddhis zu verleihen.

Diese magischen Kräfte schenkten dem Verwirklichten die Fähigkeit, durch Erde und Fels zu dringen, das Schwert der Weisheit zu führen, zu zerstören und zu vernichten, zu schaffen und fruchtbar zu machen, das Augenelixier der göttlichen Schau zuzubereiten, die Pille der Allwissenheit zu verabreichen, sich mit Blitzgeschwindigkeit fortzubewegen und dazu das Geheimnis der Alchemie des ewigen Lebens.

Nagarjuna trug sodann Nagabodhi auf, den Berg Sri Parvata nicht zu verlassen und selbstlos für alle Wesen zu arbeiten, bis ihm offenbart würde, dass der zukünftige Buddha Maitreya gekommen sei, die Herzensgüte in der ganzen Welt zu verbreiten.

Es heißt, dass er zwanzigtausend Jahre dort bleiben wird.

SARVABHAKSHA

Der Siddha mit dem leeren Bauch

Im Nicht-Wissen gibt es unterschiedlichen Geschmack,
in der Verwirklichung ist nur ein Geschmack,
im Nicht-Wissen sind Samsara und Nirvana getrennt,
in der Verwirklichung sind sie die Einheit des reinen Entzückens.

Sarvabhaksha entstammte einer niedrigen Kaste und hatte gewaltigen Appetit. Er wurde hungrig geboren. Er verbrachte seine Tage damit, seinen riesigen Bauch zu füllen. Hungrig ging er schlafen, träumte die ganze Nacht vom Essen und wachte hungrig wieder auf. Er aß alles, was ihm vor den Mund kam, aber es reichte ihm nie zum Sattwerden.

Eines Tages konnte er seinen Appetit nicht mehr befriedigen. Es gab nicht genug zu essen, um sein schreckliches Verlangen zu stillen. Verzweifelt zog er sich in eine Höhle zurück, um seine Fresssucht, seinen schmerzenden Magen zu bejammern.

Dort fand ihn der Guru Saraha und fragte, was los sei, warum er so verzweifelt heule und stöhne?

«In meinem Bauch wütet ein Feuer, Heiliger», sagte der Vielfraß. «Es verzehrt alles. Nie kann ich es befriedigen. Heute habe ich nicht genug Essen aufgetrieben, und mein Magen schmerzt grässlich.»

«Wenn du so geringen Hunger schon nicht erträgst», meinte der Guru, «wie wird das erst werden, wenn du als hungriger Geist wiedergeboren wirst?»

«Als hungriger Geist?» rief Sarvabhaksha entsetzt. «Was ist denn das?»

Saraha hob den Schleier von den Augen des Schülers lang genug, dass der einen der jämmerlichen Geister sehen konnte. «Das Karma der Gier, des Geizes verdammt sie zu zehntausend Jahren endloser Qual», warnte er. «Ihr Mund ist klein wie ein Nadelöhr, ihr Schlund dünn wie ein Haar, ihr Bauch gewaltig wie hohle Berge. Endlos gelüstet es sie nach Essen, und nicht die kleinste Befriedigung ist ihnen erlaubt, so dass sie die Gier nach mehr immer weitertreibt.»

Der Vielfraß war zutiefst erschüttert. Er warf sich vor Saraha nieder und flehte: «Wie kann ich mich vor einem so grauenhaften Schicksal retten? Weist mir bitte den Weg zur Befreiung.»

Saraha wusste, dass Erbarmen und Freigebigkeit die einzige Hoffnung bei einem solchen Schicksal waren, und so weihte er seinen Schüler in den Pfad des Bhusuku ein, der als Inbegriff der Faulheit bekannt war:

> Visualisiere deinen Bauch als den leeren Himmel,
> im Essen, in Getränken sieh alle Phänomene,
> fühl dein Verdauungsfeuer wie die endgültigen Flammen,
> wenn du isst, verschling das Universum.

Der Vielfraß übte diese Meditation mit großer Hingabe. Sein Appetit im Sadhana war so gewaltig, dass er den Weltberg Meru bis zum letzten Stein aufaß. Auch das genügte nicht. Er verschlang das Universum, schluckte Sonne und Mond. Dem Land war alles Licht geraubt, und die Leute zeigten große Angst.

Die Dakinis suchten überall nach dem Guru Saraha, fanden ihn und erflehten seine Hilfe. Der Yogi kehrte zu seinem meditierenden Schüler zurück und gab ihm folgende Anweisung: «Visualisiere alles, was du isst, als absolutes Nichts.»

Mit dieser Unterweisung war der Vielfraß fähig, die Identität von Erscheinungen und Leerheit zu verstehen und erreichte damit sein Ziel. Die Sonne erhellte wieder den Tag, der Mond glänzte als silberner Segen in der Nacht. Die Menschen jubelten.

Nach fünfzehn Jahren Üben erlangte Sarvabhaksha die Mahamudra-Siddhi. Danach diente er voller Erbarmen und mit Freigiebigkeit sechshundert Jahre der Menschheit. Er ging von tausend Schülern begleitet in das Paradies der Dakinis ein.

MANIBHADRA

Die ideale Gattin

Als mein Geist von Nicht-Wissen umwölkt war,
kümmerte sich das kritische Denken um jedes Geräusch.
Doch als mir die Geist-Natur enthüllt wurde,
verstand ich, dass alles, was vor mir erschien,
nichts als die Wirklichkeit selbst war.

Vor vielen Jahren lebte in der Stadt Agarche ein reicher Haushälter, der eine schöne, dreizehnjährige Tochter hatte. Sie wurde, wie es Sitte war, in diesem Alter mit einem Mann aus derselben Kaste verlobt, blieb aber zu Hause, bis sie alt genug sein würde, ihren Pflichten als Frau nachzukommen.

Eines Nachmittags war Manibhadra in der Küche, als der Guru Kukkuripa zum Haus kam und Nahrung erbettelte. Sie hieß ihn willkommen und wartete ihm auf, wobei sie ihn scheu unter den Wimpern hervor anblickte.

Schließlich gab sie ihre mädchenhafte Zurückhaltung auf und rief: «Was seid Ihr für ein schöner Mann! Was lauft Ihr im Flickengewand umher und bettelt um Essen, wo Ihr doch eine Frau nehmen und behaglich wie mein Vater leben könntet?»

Der Yogi lachte vergnügt über die unschuldige Frage des Mädchens. «Danke, meine Liebe», sagte er, «aber genau das will ich nicht. Der Kreislauf der Wiedergeburten jagt mir solche Angst ein, dass ich so lebe und meditiere, um mich von dieser karmischen Wiederkehr der Leben zu befreien. Vielleicht werde ich so schnell keine Gelegenheit mehr dazu haben, weißt du.»

«Wie das, heiliger Herr?» wollte das Mädchen wissen und machte große Augen.

«Weil die Geburt als Mensch eine kostbare Gelegenheit darstellt, spirituelle Fortschritte zu machen», antwortete er. «Als mir das klar war, gab ich mein altes Leben und alle Gedanken an die Frauen auf.»

Sofort war Manibhadras Glaube entfacht, und sie vertraute dem Yogi so sehr, dass sie ihn bat, ihr den Weg zur Befreiung zu weisen.

«Ich lebe auf der Verbrennungsstätte. Mich kennen alle», versetzte Kukkuripa. «Wenn du mehr wissen willst, frag dort nach mir.» Dann dankte er ihr für die Gastfreundschaft und ging.

Manibhadra war wegen der Worte des Yogi so in Gedanken versunken, dass sie ihre Arbeiten für den Rest des Tages vergaß. Als es Nacht wurde, konnte sie nicht einschlafen, weil sie unbedingt mehr erfahren wollte. Sie stand also auf, zog sich an und schlüpfte unbemerkt aus dem stillen Haus.

Obwohl sie noch nie allein draußen gewesen war, ging sie furchtlos durch die dunklen Straßen zur Verbrennungsstätte. Ein freundlicher Bettler zeigte ihr den Weg zu Kukkuripas Hütte, und der Yogi hieß sie drinnen willkommen.

Da er die Reife ihres Geistes und die Ehrlichkeit ihrer Absicht erkannte, gewährte er der jungen Bittstellerin die Einweihung und Ermächtigung. Darauf unterwies er sie in der Übung der aufbauenden und auflösenden Meditation. Kukkuripa gestattete dem Mädchen, sieben Tage bei ihm in der Hütte zu bleiben, damit sie in der Praxis ihres Sadhana sicher wurde.

Inzwischen konnte ihre Familie sie nirgends finden und war schier verzweifelt vor Sorgen. Sie konnten sich nicht denken, was mit der Tochter geschehen sein mochte, an wen man sich wenden sollte. Die Familie war eine der besten der Stadt, reines Blut seit Generationen, und ihrem Ansehen war noch nie ein solcher Schimpf angetan worden. Man wusste nicht, ob man vor Gram oder Scham weinen sollte.

Als Manibhadra endlich heimkehrte, wurde sie von ihren Eltern geschlagen und ausgeschimpft wegen ihres Verschwindens und wegen der Schande, die sie über die Familie gebracht hatte. Es war verwunderlich, dass ihr Verlobter immer noch an einer Heirat festhielt.

Die Tochter verteidigte sich mit großer Ruhe und sicherer Haltung. «Im ganzen Universum ist niemand, der nicht schon mein Vater oder meine Mutter gewesen ist», sagte sie. «Warum bin ich denn in eine Familie mit reinem Blut und gutem Ruf geboren worden? Darf ich diesen glücklichen Umstand nicht wahrnehmen, um mich aus der Fessel des Samsara zu befreien? Ich war bei meinem Guru, der mir ein Sadhana der Befreiung gezeigt hat. Und ich habe mit dem Üben bereits begonnen.»

Manibhadras Eltern waren vom Verhalten der Tochter so beeindruckt, dass ihnen die Worte fehlten. Sie erhoben auch keinen Widerspruch, als sie darum bat, von ihren Pflichten im Haus entbunden zu werden, damit sie ihr Sadhana zielstrebig üben konnte.

Ein Jahr verging. Schon bald würde der Verlobte Manibhadra als Braut heimführen wollen. Die Familie war voller Angst, sie könnte sich weigern, ihrer Ver-

pflichtung nachzukommen. Doch mit großer Überraschung sahen alle, dass sie ihrem Gatten klaglos und ohne jedes Widerstreben in das neue Heim folgte.

Die Familie war noch erstaunter, als ihr zu Ohren kam, dass Manibhadra die ideale Gattin war. Sie tat alles, was von ihr erwartet wurde, und noch mehr mit großer Fröhlichkeit und Freundlichkeit. Sie war nie gereizt, sprach stets liebevoll und war bescheiden. Zur bestimmten Zeit gebar sie einen Sohn, später eine Tochter, die sie vorbildlich erzog. Ihr Haushalt war vom Glück gesegnet.

So vergingen zwölf Jahre in vollkommener Harmonie. Am dreizehnten Jahrestag ihrer Begegnung mit dem Guru war sie frühmorgens auf dem Weg zurück vom Fluss mit einem Wasserkrug auf dem Kopf. In tiefer Meditation übersah sie eine Wurzel, die sich aus der Erde des Pfads befreit hatte. Sie stolperte und fiel, und der Krug zerschellte am Boden.

Niemand sah sie den ganzen Tag über. Man suchte überall nach ihr, und am Nachmittag erinnerte sich jemand, dass sie in der Frühe Wasser holen gegangen war. Der Gatte machte sich unruhig auf die Suche und fand sie still mitten auf dem Pfad sitzen und unverrückt auf die Scherben des Kruges schauen.

Er sprach sie an, aber sie schien ihn überhaupt nicht wahrzunehmen. Er rief sie laut an, versuchte dann, sie vom Boden hochzuheben, doch sie war wie angewurzelt. Er rief die Nachbarn zu Hilfe.

Manibhadra verharrte unbeweglich und still, bis die Nacht hereinbrach. Da blickte sie überrascht auf, so viele Menschen um sich zu sehen. Mit klaren, leuchtenden Augen sah sie alle zärtlich an und sang dies Lied der Verwirklichung:

> Von Anbeginn der Zeit zerbrachen die Wesen
> ihre Gefäße, und ihre Leben enden.
> Aber warum kehren sie nach Hause zurück?
> Heute habe ich mein Gefäß zerbrochen,
> doch ich gebe mein Samsara-Heim auf
> für die Sphären des reinen Entzückens.
> Wie wunderbar ist der Guru –
> wenn ihr euch Glückseligkeit wünscht,
> verlasst euch auf ihn.

Mit diesen Worten schwebte Manibhadra in die Höhe und blieb dort einundzwanzig Tage und lehrte die Leute von Agarche. Dann wünschte sie ihrer Familie und den Nachbarn Lebewohl und wurde leiblich in das Paradies der Dakinis aufgenommen.

SARORUHA

Das Lotoskind

Überwältigt im großen Kraftplatz des Tathata,
ließ Basuka, der Naga-König des Wissens,
Gaben regnen auf die Leidenden.
Wenn der Naga-König günstig gestimmt ist,
lässt er Erkenntnis der tantrischen Mysterien regnen
auf die männlichen, die weiblichen Eingeweihten.

Obwohl Indrabhuti als König von Kanchi über eine Million vierhunderttausend Haushalte regierte, hatte er keinen Sohn und Erben. Das machte den Herrscher und seine Gemahlin traurig und sein Volk sehr besorgt, da es Angst hatte, die blühende Friedenszeit könne in einem Krieg der Thronanwärter enden.

Der König betete Tag und Nacht; er rief irdische wie himmlische Gottheiten an, ihm einen Sohn zu schenken. Seine Verdienste waren groß, dass mit der Zeit offenbar wurde, dass tatsächlich ein Wesen in den Schoß der Gemahlin gelangt war. Die Schwangerschaft war leicht und fröhlich, und mit jedem Monat wurde die Königin gelassener.

Gegen Ende des sechsten Monats hatte sie drei Träume. Im ersten träumte sie, sie esse den Weltberg Meru auf. Im zweiten trank sie den Ozean leer. Und im dritten drückte sie die drei Welten mit ihrer Fußsohle nieder. Als sie ihrem Gatten die seltsamen Träume erzählte, war er nicht minder verwirrt als sie und rief die Hofpriester und Astrologen, die sie deuten sollten. Doch auch sie waren verwirrt und außerstande, die Traumgesichte übereinstimmend zu deuten.

Schließlich setzte der König eine hohe Belohnung für denjenigen aus, der die Träume der Königin erklären konnte. Eine große Versammlung trat zusammen und kam zu dem Schluss, es sei die Bedeutung der Träume, dass dem königlichen Paar ein Bodhisattva geboren würde, der über das Reich der Wahrheit herrschen sollte. Die Untertanen würden zwar unzufrieden bleiben, da die Thronfolge noch immer nicht gelöst wäre, doch würde es zur Stunde der Geburt Vorzeichen geben, um die Gemüter zu beschwichtigen.

Zur Mitte der zehnten Nacht des neunten Monats nach der Empfängnis wurde das Kind geboren. Die Geburt war freilich sehr geheimnisvoll. Wegen des früheren Karmas und Verdienstes erschien das Kind aus dem Blütenstaub im Zentrum einer prachtvollen Lotosblume heraus, mitten in einem See. Im Augenblick seiner Geburt regneten Schätze auf alle Bewohner des Königreiches herab.

Die Leute, entzückt über den plötzlichen Reichtum, fragten sich, woher er wohl stamme, und begannen nach den Anzeichen für ein Wunder zu suchen. Am Mittag des nächsten Tages entdeckte ein Fischer das lotosgeborene Kind in seinem Blütenbettchen mitten im See schwimmend, und es wurde unter lautem Frohlocken in den Palast getragen.

Nach einem Jahr gebar die Königin einen zweiten Sohn, der dann später herrschte, als der Ältere das Recht des Lotosgeborenen geltend machte, dem Thron entsagte und Mönch wurde. Der junge Mönch entschloss sich, seine spirituelle Erziehung zu vertiefen und zog zum großen Stupa von Sri Dahnyakataka, wo der Buddha das Kalachakra-Tantra gelehrt hatte.

Auf der Reise traf er einen Mönch, der das selbe Ziel hatte, und sie beschlossen, gemeinsam weiter zu wandern. In Wirklichkeit war der ältere Mönch kein anderer als der Bodhisattva des Erbarmens, Avalokiteshvara, der Guru des lotosgeborenen Königs. Er stellte die Tugendhaftigkeit und Vertrautheit seines jungen Begleiters mit dem Pfad auf die Probe und erbot sich, ihn in der Erscheinungsform des Buddha als höchstes Entzücken, dem Sambhogakaya, zu unterweisen.

Der junge Mönch wollte die Lehre hören, aber Avalokiteshvara bestand darauf, dass er erst sein Vertrauen in den Guru beweise, indem er zugab, den Sambhogakaya ohne Hilfe des Guru nicht manifestieren zu können. Saroruha warf sich vor dem Bodhisattva nieder, der daraufhin die Wirklichkeit des Hevajra und seines Gefolges offenbarte. Als er sich nach der Unterweisung seines Schülers in Luft auflöste, erkannte der junge Eingeweihte, wer sein Guru war.

Saroruha zog weiter nach Sri Dhanyakataka, um mit der Übung des Sadhana zu beginnen, das ihm die Verwirklichung all dessen bringen sollte, was ihm in der Einweihung offenbart worden war. Er war noch nicht lange dort, als sich ein Mann, der wie ein Yogi aussah, erbot, ihm während der Jahre der Meditation als Schüler zu dienen, wenn der königliche Mönch ihm die Einweihung gewahren würde, sobald er selbst die Siddhi erlangt hatte. Sie wurden sich einig, und der Schüler bezog eine leere Höhle in der Nähe seines Meisters und sorgte zwölf Jahre für ihn.

Der königliche Mönch wusste nicht, dass sich mit seinem Rückzug von der Welt auch die Regen des Monsuns zurückzogen. Eine Dürre suchte das Land heim.

Mit jedem Jahr wurden die Ernten schlechter, bis die neuen Pflänzchen in der sengenden Hitze gleich vertrockneten. Überall ging das Gespenst des Hungers um und holte die ganz Alten und die sehr Jungen. Alle übrigen litten Hunger.

Saroruhas Diener fürchtete sich, dem Meister von der großen Not im Land zu berichten, weil der dann seine Meditation aufgeben und die Einweihung des Dieners aufschieben würde. Der Yogi brachte die Nahrung, die er finden konnte, und lebte von den Resten. Am Ende der zwölf Jahre war nirgends mehr Essen zu bekommen. Die königlichen Kornspeicher waren geöffnet worden, und man verteilte kleine Portionen Reis an das Volk. Der Diener bettelte im Palast und erhielt eine Schale ungekochten Reis.

Er hatte Angst um jedes Körnchen und trug den Schatz zurück zur Höhle seines Meisters. Doch als er eben eintrat, verließen ihn die Kräfte, und er stürzte nieder. Die Reiskörner tanzten über den Boden der Höhle.

«Bist du betrunken?» fragte sein Guru, dem die Störung lästig war.

«Nein, Meister», antwortete der treue Diener, «wo könnte ich denn Alkohol auftreiben?» Er konnte die Wahrheit nicht länger verbergen und sagte: «Ich bin vor Hunger schwach.»

«Weshalb hast du nichts gegessen?» wollte Saroruha erstaunt wissen.

Und dann platzte der Diener mit der ganzen Geschichte heraus.

«Weshalb hast du nichts gesagt!» donnerte der Mönch voller Zorn. «Ich habe die Macht, den Regen zu rufen und das Getreide wachsen zu lassen. Geh jetzt!»

Saroruha sammelte jedes der Reiskörner auf und trug sie an einen nahen Bach. Er opferte den acht großen Naga-Wächtern geweihte Kuchen. Er plagte die Naga-Könige so lange mit Mudra, Mantra und Samadhi, bis ihnen schier die Köpfe platzten bei dem Lärm, und sie erschienen vor ihm und erkannten seine Meisterschaft an.

«Diese Hungersnot ist euer Werk», sprach der Meister. «Der Tod der unschuldigen Menschen komme über euch. Und jetzt macht ihr euer schändliches Tun wieder gut. Heute schickt ihr einen Regen von Reis, der jeden hungrigen Magen im verdorrten Land füllt. Morgen schickt ihr einen Regen von Korn. Dann lasst ihr alle möglichen Vorräte regnen, und die drei folgenden Tage wird es Gold und Edelsteine regnen. Am siebenten Tag – *schickt Regen*!»

Die acht Naga-Könige folgten dem Befehl aufs Wort. Sechs Tage lang ergoss sich Wohlstand auf die Hungernden, und ihre Leiden wurden gelindert. Am siebenten Tag kam der Regen, und das Leben kehrte zurück. Die durstige Erde trank in tiefen Zügen, und über Nacht zeigte sich ein Schimmer von Grün auf den Feldern. Verdorrte Bäume trieben aus, und Gras wuchs in Fülle, um die überlebenden Herden zu sättigen. Im Lauf der Zeit trugen auch die Schöße wieder Leben, und eine gute Ernte an Tier- wie Menschenkindern brachte Freude in jedes Haus.

Als die Leute nach dem Ursprung der Wunder forschten, erkannten sie bald die Kraft des Meisters. Und als mehr und mehr Menschen von ihm erfuhren, wuchs auch ihr Glaube.

Schließlich verzieh Saroruha den Fehler seines Dieners und gewährte ihm Einweihung und Ermächtigung. Darauf unterwies er seinen Schüler, der Rama hieß, in der aufbauenden und auflösenden Meditation des Hevajra, fügte aber die Warnung hinzu:

«Wenn du nicht selbstlos für die anderen wirkst, wirst du nie das Paradies der Dakinis erreichen. Geh nun zum Berg Sri Parvata und übe dort.»

Mit diesen Worten schwebte der Meister zum Himmel auf und war nicht mehr zu sehen.

Rama zog nach Sri Parvata, wo er eine schöne Prinzessin zur Gefährtin gewann. Das Paar zog sich in den Dschungel zurück, wo es der Gottheit Rama einen Tempel errichtete und treu sein Sadhana übte, bis es leiblich in das Paradies der Dakinis aufgenommen wurde.

Khordong Commentary Series:

I MARTIN J. BOORD. *A Bolt Of Lightning From The Blue, The vast commentary on Vajrakīla that clearly defines the essential points.* edition khordong, Berlin, 2002. reprint: Wandel Verlag, Berlin, 2010

II JAMES LOW. *Being Right Here, Commentary on The Mirror of Clear Meaning by Nuden Dorje.* Snow Lion, New York & Colorado, 2004

II.dt – *Hier und Jetzt Sein. Ein Kommentar zu »Don Sal Melong« – »Der Spiegel der klaren Bedeutung«, ein Dzogchen-Schatztext von Nuden Dorje.* Überarbeitete Neuauflage. edition khordong, Wandel, Berlin, 2018

II.pl – *Być tu i teraz.* wydawnictwo A, Kraków, 2005

II.it – *Esserci, Un commento a »Lo specchio del chiaro significato.«* Ubaldini Editore, Roma, 2005

II.fr – *Le Miroir au Sens Limpide. Tresor du Dzogchen.* Éditions Almora, 2009

II.es – *Aquí y ahora.* Ediciones Dharma, España, 2011

II.pt – *Estar Cá Presente Um Texto Do Tesouro Dzogchen De Nuden Dorje Intitulado O Espelho Do Signi cado Claro.* partly and digital only. 2017

III JAMES LOW. *Being Guru Rinpoche, Commentary on Nuden Dorje's Terma: The Vidyadhara Guru Sadhana.* Trafford, Canada, 2006

III.pl – *Być Guru Rinpocze.* Wydawnictwo Norbu, 2006

III.dt – *Eins mit Guru Rinpoche.* edition khordong, Berlin, 2007. reprint: edition khordong, Wandel Verlag, Berlin, 2012

III.fr – *Dans le Mandala de Padmasambhava.* Editions Khordong.France, Lyon, 2008

III.es – *SER GURU RIMPOCHÉ.* Ediciones Dharma, España, 2013

IV TULKU TSULTRIM ZANGPO (TULKU TSURLO). *The Five Nails – A Commentary on the Northern Treasures Accumulation Praxis.* edition khordong, Wandel Verlag, Berlin, 2011

IV.dt – *Die Fünf Nägel – Ein Kommentar zu den Vorbereitenden Übungen der Nördlichen Schätze,* edition khordong, Wandel, Berlin, 2011

V RIG-'DZIN RDO-RJE (MARTIN J. BOORD). *A Roll of Thunder from the Void, Vajrakīla Texts of the Northern Treasures Tradition, Volume Two.* edition khordong, Wandel Verlag, Berlin, 2010

VI Chimed Rigdzin Rinpoche, James Low. *Radiant Aspiration, The Butterlamp Prayer: Lamp of Aspiration.* Simply Being, London, 2011

VI.dt – *Lichter der Weisheit, Das Butterlampen-Wunschgebet von Chhimed Rigdzin Rinpoche. Mit einem Kommentar von James Low.* ed. khordong, 2014

VI.pl – *Ą Świetliste Dążenie.* kuntuzangpo.net, 2013

VI.es – *La Aspiración Radiante.* Ediciones Dharma, España, 2017

VII.tib Tulku Tsultrim Zangpo (Tulku Tsurlo). *Boundless Vision. A Byangter Manual on Dzogchen Training. An Outline Commentary on the Boundless Vision of Universal Goodness (Kun bZang dGongs Pa Zang Thal).* Tibetischer Text. edition khordong, Wandel, Berlin, 2012

VIII Rig-'dzin rdo-rje (Martin J. Boord). *Illuminating Sunshine, Buddhist funeral rituals of Avalokiteśvara.* edition khordong, Wandel, 2012

IX.dt James Low. *Zuhause im Spiel der Wirklichkeit. Ein Kommentar zum Dzogchen Schatztext »Unmittelbares Aufzeigen der Buddhaschaft jenseits aller Klassifizierung« von Nuden Dorje.* edition khordong, Wandel, 2012

X Rig-'dzin rdo-rje (Martin J. Boord). *Gathering the Elements, An overview of the Vajrakīla tradition. Vajrakīla Texts of the Northern Treasures Tradition, Volume One.* edition khordong, Wandel, 2013

XI Rigzin Pema Tinley / Khenpo Chowang. *The Path of Secret Mantra: Teachings of the Northern Treasures Five Nails. Pema Tinley's guide to vajrayāna practice.* edition khordong, Wandel, Berlin, 2014

XII Rig-'dzin rdo-rje (Martin J. Boord). *A Blaze of Fire in the Dark, Homa rituals for the fulfilment of vows and the performance of deeds of great benefit. Texts of the Northern Treasures Tradition, Vol. Three.* ed. khordong, 2015

XIII – *A Cloudburst of Blessings, The water initiation and other rites of empowerment for the practice of the Northern Treasures Vajrakīla, Vajrakīla Texts of the Northern Treasures Tradition, Volume Four.* edition khordong, 2017

XIV James Low. *Finding Freedom. Texts from the Theravadin, Mahayana and Dzogchen Buddhist traditions.* Introduced and translated by James Low with the guidance of Chimed Rigdzin Rinpoche. edition khordong, Wandel Verlag, Berlin, 2019

XIV.dt James Low. *Freiheit finden. Buddhistische Texte des Theravada, Mahayana und Dzogchen.* Eingeleitet und übersetzt aus dem Tibetischen von James Low unter der Anleitung von Chimed Rigdzin Rinpoche. edition khordong, Wandel Verlag, Berlin, 2022

XV Rig-'dzin rdo-rje (Martin J. Boord). *An Overwhelming Hurricane, Overturning samsara and eradicating all evil, Texts from the cycles of the Black Razor, Fierce Mantra & Greater than Great, Vajrakīla Texts of the Northern Treasures Tradition, Volume Five.* edition khordong, Wandel Verlag, Berlin, 2020

Weitere Titel

Die Geheimen Dakini-Lehren, Padmasambhavas mündliche Unterweisungen der Prinzessin Tsogyal, Ein Juwel der Tibetischen Weisheitsliteratur. Überarbeitete Neuausgabe: Klassiker Wiederaufgelegt, Bd. 1. edition khordong, Wandel Verlag, Berlin, 2011

Tulku Thondup. *Die verborgenen Schätze Tibets, Eine Erklärung der Termatradition der Nyingmaschule des Buddhismus.* Überarbeitete Neuausgabe: Klassiker Wiederaufgelegt, Bd. 2. Wandel Verlag, Berlin, 2013

The Seven Chapters of Prayer, as taught by Padma Sambhava of Urgyen, known in Tibetan as Le'u bDun Ma. Translated by Chhimed Rigdzin Rinpoche & James Low. With an introduction by James Low. Practice texts. edition khordong, Berlin, 2008. reprint: Wandel, Berlin, 2010

Das Gebet in sieben Kapiteln gelehrt von Padmasambhava (Le'u bDun Ma), editiert von Chhimed Rigdzin Rinpoche. Übersetzt aus dem tibetischen von Chhimed Rigdzin Rinpoche & James Low. Mit einer Einführung von James Low. Praxistext. edition khordong, Berlin, 2008. Überarbeitete Neuauflage: Wandel Verlag, Berlin, 2020

Die Fünf Nägel, Die vorbereitenden Übungen der Nördlichen Schätze. Überarbeiteter und ergänzter Praxistext. edition khordong, Wandel, Berlin, 2013

James Low. *Aus dem Handgepäck eines Tibetischen Yogi – Grundlegende Texte der Dzogchen-Tradition.* Überarbeitete Neuausgabe: Klassiker Wiederaufgelegt, Bd. 3. edition khordong, Wandel V., Berlin, 2013

Keith Dowman. *Der Flug des Garuda, Fünf Dzogchen-Texte aus dem tibetischen Buddhismus.* Erweiterte & überarbeitete Neuausgabe: Klassiker Wiederaufgelegt, Bd. 4. edition khordong, Wandel, Berlin, 2015

Dudjom Rinpoche. *Die Klausur auf dem Berge, Dzogchen-Lehren und Kommentare.* Erweiterte & überarbeitete Neuausgabe: Klassiker Wiederaufgelegt, Bd. 5. edition khordong, Wandel Verlag, Berlin, 2016

James Low. *Gesammelte Schriften von Chimed Rigdzin Rinpoche (C.R. Lama), Zusammengestellt und herausgegeben von James Low.* edition khordong, Wandel Verlag, Berlin, 2016

Dudjom Lingpa. *Buddhaschaft ohne Meditation, Eine visionäre Beschreibung, bekannt als »Verfeinerung der eigenen Wahrnehmung« (Nang-jang).* edition khordong, Wandel Verlag, Berlin, 2016

Chögyam Trungpa. *Das Herz des Buddha. Buddhistische Lebenspraxis im modernen Alltagsleben.* Durchgesehene Neuausgabe: Klassiker Wiederaufgelegt, Bd. 7. edition khordong, Wandel Verlag, Berlin, 2019

Jigme Lingpa. *Chöd Khandro Gadgyang. Sound of Dakini Laughter. The Methode for Cutting the Ego.* Praxistext. edition khordong, Wandel, 2020

Padmasambhava & Jamgön Mipham. *Die Girlande der Sichtweisen. Ein Leitfaden zu Sicht, Meditation und Resultat der Neun Fahrzeuge.* edition khordong, Wandel Verlag, Berlin, 2020

Tulku Thondup. *Heilung Grenzenlos: Meditative Übungen, die den Geist erleuchten und den Körper heilen.* Durchgesehene Neuausgabe: Klassiker Wiederaufgelegt, Bd. 8. edition khordong, Wandel Verlag, Berlin, 2021

James Low. *Freiheit Erlangen. Buddhistische Texte des Theravada, Mahayana und Dzogchen.* Eingeleitet und übersetzt aus dem Tibetischen von James Low. edition khordong, Wandel Verlag, Berlin, 2022

Jigme Lingpa. *Chöd Khandro Gadgyang. Das freudvolle Lachen der Dakinis. Die Methode zum Abschneiden des Ego.* Praxistext. edition khordong, Wandel Verlag, Berlin, 2022

Weitere Texte sind in Vorbereitung.
Bitte besucht uns auf:
www.wandel-verlag.de

Sowie »liked« uns auf:
www.facebook.com / wandel.verlag /

Sarva Maṅgalam

Wir unterstützen NatureFund beim Pflanzen von Bäumen (105WN):

BPC·105WN

Klassiker Wiederaufgelegt (Reihe):

PADMASAMBHAVAS MÜNDLICHE UNTERWEISUNGEN DER PRINZESSIN TSOGYAL

Die Geheimen Dakini-Lehren

Ein Juwel der tibetischen Weisheitsliteratur

TULKU THONDUP

Die verborgenen Schätze Tibets

Eine Erläuterung der Termatradition der Nyingmaschule

JAMES LOW

Aus dem Handgepäck eines tibetischen Yogi

Grundlegende Texte der Dzogchen Tradition

KEITH DOWMAN

Der Flug des Garuda

Fünf Dzogchen-Texte aus dem tibetischen Buddhismus

DUDJOM RINPOCHE

Die Klausur auf dem Berge

Ri Chö – Das Berg-Dharma. Dzogchen-Lehren und Kommentare

JAMES LOW

Hier und Jetzt Sein

Ein Dzogchen-Schatztext von Nuden Dorje mit dem Titel »Der Spiegel der klaren Bedeutung«

CHÖGYAM TRUNGPA

Das Herz des Buddha

Buddhistische Lebenspraxis im modernen Alltagsleben

TULKU THONDUP

Heilung Grenzenlos

Meditative Übungen, die den Geist erleuchten und den Körper heilen

ABHAYADATTA / KEITH DOWMAN / ROBERT BEER

Die Legenden der 84 Mahasiddhas

Die Leben der Meister des Tantra

9 783942 380355